가난의 찬가

성 프란치스코의 영적 권고 묵상

가난의 찬가
성 프란치스코의 영적 권고 묵상

2014년 9월 22일 | 서울 대교구 교회 인가
2022년 7월 15일 | 2판 4쇄 발행

지은이 | 하일성(멜키올)작은 형제회(프란치스코회)
펴낸이 | 김상욱
만든이 | 조수만
만든곳 | 프란치스코 출판사(제2-4072호)
주　소 | 서울 중구 정동길 9
전　화 | (02) 6325-5600
팩　스 | (02) 6325-5100
이메일 | franciscanpress@hanmail.net
홈페이지 | https://blog.naver.com/franciscanpress
인쇄 | 유진보라

ISBN　978-89-91809-58-1　93230
값 13,000원

가난의 찬가

성 프란치스코의 영적 권고 묵상

프란치스코
출판사

책을 추천하며

『가난의 찬가(성 프란치스코의 영적 권고 묵상)』는 작은 형제회의 하일성 멜키올(Melchor Fernandez) 신부님의 몇 년에 걸친 역작입니다. 오랫동안 쓰신 강의록을 생애 마지막 시기에 보충하고 문장을 다듬어 당신이 그처럼 사랑하셨던 젊은 수도자들과 프란치스칸 가족에게 유언처럼 남겨 주신 선물입니다. 20여 년간 수많은 피정과 강의를 통해 젊은 수도자들을 지도하신 하 신부님은 이 책에서 성 프란치스코의 지혜가 담겨 있는 권고 말씀의 내용을 우리들의 구체적인 삶으로 적용하는 방법을 예리하게 제시하고 있습니다.

성 프란치스코는 당신이 쓰시거나 쓰게 하신 「권고들」에서 영적 식별의 원칙을 밝히는 동시에 우리가 영의 세계에 들어가서 하느님과 이웃과 나 자신과의 관계를 반성하고 조명하며 올바르게 해결할 구체적인 길을 제시하고 있습니다. 하 신부님은 사부님의 권고 내용을 세밀하게 설명한 후에 우리 영적 생활을 반성하고 가난의 정신과 사랑의 삶을 지혜롭게 살아가도록 초대하고 있습니다.

그래서 이 책은 성 프란치스코의 사상을 연구하는 데 도움이 되지만 무엇보다도 개인적으로나 공동체적으로 묵상과 피정 자료로 큰 가치를 지니기에 수도자의 삶, 특히 프란치스칸 삶을 살아가는 우리에게 값진 길잡이가 되리라 믿습니다.

저는 하 신부님의 친구이자 동료, 형제로서 선하시고 자비로우신 하느님께서 하 신부님을 통해서 하신 업적을 찬미합니다. 독자 여러분도 이 묵상집에 실린 사부님의 가르침에서 영감을 받아 훌륭한 크리스천 삶을 살 수 있으리라 확신하며, 고맙고 기쁜 마음으로 이 책을 추천합니다.

2002년 10월 25일

수정판을 내면서

독자들의 꾸준한 사랑을 받아 2006년 절판되었습니다. 마침 새 성경도 나왔고, 또 권고 말씀도 새롭게 번역되어 있었습니다.

성경 구절은 모두 새 성경으로 인용했고 성 프란치스코의 글과 성녀 클라라의 글은 가능한 새 번역으로 바꾸었습니다. 또한, 책 제목과 표지 디자인, 그리고 본문 편집도 새롭게 했습니다. 새로워진 이 책이 독자 여러분의 영성생활에 새로운 자극이 되길 바랍니다.

2006년 9월 26일
배의태 요셉 형제
프란치스칸 사상 연구소 책임자

2판을 내면서

어느 빛 좋은 여름날 오후,

'벌컥' 하고 문이 열리며 들어선 수녀님 몇 분과 한 분의 외국인이 저의 나른한 오수를 깨웠습니다. 전날 비 맞으며 논의 피를 뽑아내는 작업을 해서인지 이날의 낮잠은 단맛 그 이상이었습니다. 안경 너머로 보이는 초롱초롱한 눈빛과 호기심 섞인 몸짓으로 저에 관해서 묻는 이 분의 목에는 저의 목에도 걸려 있었던 타우 십자가가 있었습니다. 서로의 십자가를 보면서 이내 우리는 반가운 얼굴을 서로에게서 읽을 수 있었고, 무엇인가 통함을 의식하면서 감동이 꿈틀대었습니다.

하 멜키올 형제님을 처음 뵙는 순간이었습니다. 무전 순례 여정 중에 이루어진 우연한 만남이었습니다. 저는 배론의 공소에서 머물며 동네 분들의 일손을 돕고 있었는데, 이를 안 수녀님들로부터 저에 관한 이야기를 들으시고 저를 보기 위해서 찾아오신 것이었지요. 갓 지원자에 불과한 저였기에 수도생활의 연배나 경험, 그리고 소임과 위치에서 비교조차 할 수 없었음에도 당신의 형제가 있다는 소리를 들으시고 그를 찾아 나선 이 형제님의 마음과 그 안에 깃든 영신 세계를 잠잠히 그려봅니다.

저는 성 프란치스코의 글에서 나타나는 "종(servus)"에 관한 연구를 신학교 졸업 논문으로 제출했습니다. 학문 연구라기보다는, 저는 구약의 예언자들의 모습에서 발견되고 예수 그리스도의 구원 역사에서 정점을 보여주는 하느님의 종의 내적 자세와 그것의 외적 현현(顯現)의 모습을 삶의 이상으로 꿈꿨던 모양입니다. 지원자 때의 만남 이후로 하느님께 돌아가셔서 더 이상의 인간적 만남을 할 기회는 없었지만, 논문을 쓰면서 저는 다시 하 멜키올 형제님을 만날 수 있었습니다. 그분이 남기신 바로 이 책, 『가난의 찬가(성 프란치스코의 영적 권고 묵상)』을 통해서였습니다. 하느님의 종에 대한 내적 이해를 하는데 이 책은 제게 실질적인 도움을 주었습니다. 게다가 그 과정을 통해서 하 멜키올 형제님의 열정과 관심, 그리고 그분의 외적인 모습이 흘러나오는 내적 원천의 자세가 무엇인지에 대해서 알 수 있었습니다. 이 책은 바로 그것을 말해주기 때문입니다.

이 책은 많은 분의 사랑을 받아왔습니다. 그만큼 인간 삶이나 관계, 그리고 신앙생활에 관한 이해와 함께 잔잔한 감동을 주기 때문이겠지요. 더불어 책을 만든 분을 만나기도 하고, 그분을 통해서 성 프란치스코에게 가 닿고, 이로써 하느님께 나아갈 수 있기 때문입니다. 책을 다시 만들면서 새롭게 번역된 성경과 『아씨시 프란치스코와 클라라의 글』을 반영하고, 겉과 속을 다시 꾸미게 되었습니다. 꾸미는 작업을 하는 내내 꾸밈이 결코 진실을 넘어설 수 없음을 절절히 느끼곤 했습니다.

『가난의 찬가(성 프란치스코의 영적 권고 묵상)』을 여러분에게 하나의 거울로 내어드립니다. 하 멜키올 신부님의 말씀의 호흡에 따라 천천히 읽어가면서, 하느님과 나와의 관계, 나와 너의 관계에 대하여 이해하고 알아가며, 내적 가난과 관계로 초대하시는 하느님의 음성이 어느새 여러분의 내면에 자리하게 되는 선물을 맛보길 기원합니다. 그래서 그것이 삶에 대한 긍정의 찬가를 부를 힘으로 자리하길 바랍니다.

정동 수도원에서
2017년 3월 30일
출판사 가족과 함께 이상호 세라피노 형제

책을 내면서

이 『가난의 찬가(성 프란치스코의 영적 권고 묵상)』는 성 프란치스코의 영적 권고에 대한 단순한 반성입니다. 저는 처음에 책을 낼 의도가 없었습니다. 이 책은 우리 작은 형제회 공동체와 여러 다른 프란치스칸 수녀 공동체에서 형제자매들과 함께 피정을 하면서 묵상한 결과입니다.

책을 낼 계획에서 한 것이 아니기 때문에, 강의 스타일을 그대로 보존하기로 했습니다. 그리고 각 권고는 두 부분으로 구분되어 있는데, 제1부는 여러 가지 신학적 숙고를, 제2부는 우리들의 개인적, 공동체적 생활을 반성하는 내용입니다.

프란치스코의 권고 말씀들은 총 28장으로 짧은 권고와 훈계, 그리고 주의 사항 등을 포함하고 있습니다. 여러 가지 권고의 말씀은 사부님의 다른 글에 비하면, 프란치스칸 공동체 안에서조차 잘 알려지지 않은 것 같습니다.

하지만 이 권고 말씀들은 성 프란치스코가 프란치스칸 카리스마에 대한 자기 이상을 제시하고 있기에, 그분의 생활양식을 따르도록 불림을 받은 우리에게는 '완덕의 거울'의 형태를 띠고 있다고 할 수 있습니다. 프란치스칸 학자들은 이 영적 권고들을 '프란치스코의 산상 설교' 혹은 '내적 가난에 대한 대찬가'라고 부르고 있습니다.

주요 참고 서적은 다음과 같습니다.

- The Admonitions of St. Francis of Assisi, by Lothar Hardick OFM.
- Le Ammonizioni di San Francesco, by Kajetan Esser OFM.

끝으로 이 책이 나올 때까지 도와주신 모든 형제와, 특히 강의를 녹음해서 글로 옮겨 정리하느라 노력을 아끼지 않으신 프란치스코 전교 봉사 수녀회의 자매님들께 감사드리고 싶습니다.

프란치스코의 '권고 말씀'이 저에게 도움이 된 것처럼 형제자매들께도 도움이 되었으면 합니다.

원주 프란치스코 전교 봉사 수녀회에서
1991년 10월 25일
하 멜키올 형제

약어표

▶ 구약 성경

창세	창세기
탈출	탈출기
레위	레위기
1열왕	열왕기 상권
2열왕	열왕기 하권
토빗	토빗기
시편	시편
잠언	잠언
아가	아가
이사	이사야서

▶ 신약 성경

마태	마태오 복음서
마르	마르코 복음서
루카	루카 복음서
요한	요한 복음서
로마	로마 신자들에게 보낸 서간
1코린	코린토 신자들에게 보낸 첫째 서간

2코린	코린토 신자들에게 보낸 둘째 서간
갈라	갈라티아 신자들에게 보낸 서간
에페	에페소 신자들에게 보낸 서간
필리	필리피 신자들에게 보낸 서간
콜로	콜로새 신자들에게 보낸 서간
1테살	테살로니카 신자들에게 보낸 첫째 서간
1티모	티모테오에게 보낸 첫째 서간
2티모	티모테오에게 보낸 둘째 서간
티토	티토에게 보낸 서간
히브	히브리인들에게 보낸 서간
야고	야고보 서간
1베드	베드로의 첫째 서간
2베드	베드로의 둘째 서간
1요한	요한의 첫째 서간

▶ 성 프란치스코의 글

권고	권고들
유언	유언
시에나 유언	시에나에서 쓴 유언
비인준 규칙	인준받지 않은 수도규칙
인준 규칙	인준받은 수도규칙
생활양식	클라라와 그의 자매들에게 준 생활양식

2신자 편지	신자들에게 보낸 편지 2
형제회 편지	형제회에 보낸 편지
봉사자 편지	어느 봉사자에게 보낸 편지
덕 인사	덕들에게 바치는 인사
하느님 찬미	지극히 높으신 하느님께 드리는 찬미
십자가 기도	십자가 앞에서 드린 기도
태양 노래	태양 형제의 노래
참기쁨	참되고 완전한 기쁨

▶ 성녀 클라라의 글

클라라 규칙	클라라의 수도규칙
클라라 유언	클라라의 유언

▶ 프란치스칸 원천

1첼라노	토마스 첼라노에 의한 「성 프란치스코의 제1생애」
2첼라노	토마스 첼라노에 의한 「성 프란치스코의 제2생애」
잔꽃송이	「성 프란치스코의 잔꽃송이」

차 례

책을 추천하며 / 수정판을 내면서 / 2판을 내면서

책을 내면서

약어표

권고 1 　그리스도의 몸　17
권고 2 　의지를 자기 것으로 삼는 악　53
권고 3 　완전한 순종　67
권고 4 　아무도 장상직을 자기의 것으로 삼지 말 것입니다　93
권고 5 　아무도 교만하지 말고, 주님의 십자가를 자랑할 것입니다　109
권고 6 　주님을 따름　127
권고 7 　지식에 선행善行이 뒤따라야 합니다　139
권고 8 　시기의 죄를 피할 것입니다　151
권고 9 　사랑　165
권고 10　육신의 제어　177
권고 11　다른 사람의 악행 때문에 무너지지 말 것입니다　187
권고 12　주님의 영을 어떻게 알 수 있는가　203

권고 13	인내　217
권고 14	영의 가난　229
권고 15	평화　243
권고 16	마음의 깨끗함　255
권고 17	하느님의 겸손한 종　271
권고 18	이웃의 고통에 함께 함　287
권고 19	하느님의 겸손한 종　301
권고 20	주님 안에서 행복한 수도자와 허울 좋은 수도자　315
권고 21	헛되고 수다스러운 수도자　327
권고 22	잘못을 고침　337
권고 23	겸손　351
권고 24	참된 사랑 1　363
권고 25	참된 사랑 2　363
권고 26	하느님의 종들은 성직자들을 존경할 것입니다　375
권고 27	악습을 몰아내는 덕　387
권고 28	선善을 잃지 않도록 감춥시다　411

맺는 말　424

권고 1

그리스도의 몸

*

　사부님의 「권고들」 중에서 모든 사본이 첫 번째로 전하고 있는 권고 1은 '그리스도의 몸'이란 제목으로 성체께 대한 프란치스코의 깊은 신앙심을 표현해 주고 있습니다. 권고 1의 역사적 배경은 당시 성체를 부정하던 카타리파나 다른 이단들을 반박해서 형제들을 이단으로부터 보호해 주려는 염려에서 생긴 말씀이 아닌가 생각됩니다. 모든 사본이 이 권고를 첫 번째로 기록하고 있는 것을 보면 그 중요성을 알 수 있습니다.

　권고 1은 그리스도의 신비 전체를 언급하고 있습니다. 그리스도의 인격과 그분의 구원 사업, 그리고 무엇보다도 그리스도의 '비하'(Kenosis)와 그분의 '가난'에 대해서 말해 주고 있습니다. 이 신비는 프란치스칸 생활과 깊은 관련이 있고, 기초가 되기 때문에 우리는 사부님의 이 권고를 깊이 이해하고, 성체께 대한 살아 있는 신앙심을 가지고 묵상하도록 해야 하겠습니다.

　권고 1의 내용은 한 가지, 즉 성체께 대한 내용이지만 말씀이 길기 때문에 세 부분으로 구분해서 말씀드리겠습니다. 이 권고는 프란치스코가 논리적으로 생각하지 않기 때문에 내용이 반복되며, 성체 신비를 전체적으로 바라보면서 우리의 생활에 적용시킵니다. 여기서는 이 권고를 다음과 같이 세 부분으로 나누겠습니다.

　제1부: 1-7절 / 제2부: 8-13절 / 제3부: 14-22절

제1부

¹ 주 예수님께서 당신 제자들에게 말씀하셨습니다. "나는 길이요 진리요 생명이다. 나를 통하지 않고서는 아무도 아버지께 갈 수 없다." ² "너희가 나를" 알게 되면 "내 아버지도" 알게 될 것이다. "이제부터 너희는 그분을 아는 것이고, 또 그분을 이미 본 것이다. ³ 필립보가 예수님께, '주님, 저희가 아버지를 뵙게 해 주십시오. 저희에게는 그것으로 충분하겠습니다' 하자, ⁴ 예수님께서 그에게 말씀하십니다. '필립보야, 내가 이토록 오랫동안 너희와 함께 지냈는데도, 너희는 나를 모른다는 말이냐? 나를 본 사람은 곧 내 아버지를 본 것이다.'"(요한 14,6-9) ⁵ 아버지는 "사람이 다가갈 수 없는 빛 속에"(1티모 6,16) 사시고, "하느님은 영靈이시며"(요한 4,24), "아무도 하느님을 본 적이 없습니다."(요한 1,18) ⁶ 그러므로 "생명을 주는 것은 영이고 육肉은 아무 쓸모가 없기 때문에"(요한 6,63) 하느님은 영 안에서가 아니면 볼 수 없습니다. ⁷ 이와 같이 아드님도 아버지와 같은 분이시기에 아버지를 보는 방법과 다르게 또한 성령을 보는 방법과 다르게는 아무도 아드님을 볼 수 없습니다.

1. 아버지는 그리스도를 통해서 우리에게 내려오십니다

　사부님은 예수님의 몇 마디 말씀을 인용하면서 이 권고를 시작하시는데, 예수님의 이 말씀을 더욱더 잘 이해하기 위해 둘째 문장부터 먼저 설명해 드리겠습니다.

> 아버지는 "사람이 다가갈 수 없는 빛 속에"(1티모 6,16) 사시고, "하느님은 영靈이시며"(요한 4,24), "아무도 하느님을 본 적이 없습니다."(요한 1,18) 그러므로 "생명을 주는 것은 영이고 육肉은 아무 쓸모가 없기 때문에"(요한 6,63) 하느님은 영 안에서가 아니면 볼 수 없습니다.

사부님은 여기서 복음의 여러 가지 말씀을 묶어 크리스천 생활은 물론 우리 수도생활까지 위협하는 어떤 위험에 대해 표현하고 주의를 주십니다.

봉헌된 생활인 수도생활이란 결국 하느님을 섬기는 생활이며 하느님을 위한 생활입니다. 그래서 하느님과 완전한 일치를 이루면서 그 일치 속에서 살기 위해 우리는 다른 모든 것을 완전히 잊어야 합니다. 끊어버려야 합니다. 이것이 바로 우리 생활의 이상이며 세례의 봉헌을 완전하게 하는 것이며, 하느님만을 위해서 사는 것입니다. "이와 같이 여러분 자신도 죄에서는 죽었지만 그리스도 예수님 안에서 하느님을 위하여 살고 있다고 생각하십시오."(로마 6,11)

하느님을 위해서 사는 것이 크리스천 생활이고, 수도생활은 이러한 크리스천 생활을 극단화하는 것이라고 말할 수도 있겠습니다. 그런데 하느님은 영적인 분이시기에 인간은 그분을 표현하는 말도 부족하고 그분을 상상해 보는 것도 부족한 것입니다.

아버지는 "사람이 다가갈 수 없는 빛 속에 사시고"(5절) 인간인 우리는 하느님께 가까이 갈 수 없으며, 위엄이 있으시고 위대하신 그분과 접촉을 할 수도 없습니다. 불붙은 떨기에서 모세에게 나타나실 때 모세의 공포(탈출 3장 참조)를 생각할 수 있습니다. 그리고 하느님이 아니고 단지 하느님의 사자인 천사가 인간에게 나타날 때마다, 첫마디 말은 항상 "두려워하지 말라"는 것입니다. 이것만 생각하더라도 우리는 도저히 접촉할 수 없는 하느님의 위대성을 알게 됩니다.

"하느님은 영靈이시며"(요한 4,24), "아무도 하느님을 본 적이 없습니다."(5절) 우리가 오관으로 하느님을 볼 수 없는 이유는 하느님은 영이시고 우리 인간은 육이기 때문입니다. 우리는 곁에 있는 사람이라면 여러 가지 방법으로 그를 알 수 있고, 접촉할 수 있습니다. 그 사람이 지금 나의 곁에 있다는 느낌과 확신을 가집니다. 그와 이야기를 할 수 있으며 그의 대답을 들을 수도 있습니다. 그와 함께한다는 것을 느낄 수도 체험할 수도 있습니다.

그러나 하느님의 경우 그 느낌과 체험은 정반대입니다. 우리는 하느님을 못 보는 맹인들이고, 하느님의 음성을 들을 수 없는 귀머거리들이며, 그분과 대화할 수 없는 벙어리들입니다.

그러면서도 우리는 크리스천으로서 또한 수도자로서 하느님만을 위해 살아야 하고, 기도 안에서 그분과 대화를 해야 하며, 그분만을 위해 존재해야 하는데, 이는 참 어렵고 불가능한 일처럼 느껴집니다.

우리가 하느님을 보지 못하는 어두움, 하느님과 대화하지 못하는 답답함과 무거운 짐은 우리에게 커다란 위험이 될 수 있습니다. 즉 하느님의 세계를 떠나서 물질세계로 피난하게 되고, 서로 잘 통할 수 있는 인간들과 접촉하는 활동의 세계로 도망치게 하는 위험이 바로 여기에서 생길 수 있습니다. 하느님과 접촉할 때와 달리 우리는 인간 세계에서 거북

함을 느끼지 않고 오히려 편안한 느낌이 들게 됩니다.

하느님은 인간의 이러한 어려움과 무거움을 알고 계시며 우리가 당신과 인간적으로 접촉하고 당신을 체험해야 할 필요성을 알고 계십니다. 그래서 하느님께서는 '사람이 다가갈 수 없는 빛 속에 사시고 영적인 분'이면서도 당신 아드님 안에서 육신을 취하시고 우리와 똑같은 인간이 되신 것입니다. 이것은 우리가 그분을 볼 수 있도록 하기 위한 것이며, 그분과 대화로 통할 수 있도록 하기 위한 것이었습니다. 이렇게 그리스도 안에서 하느님은 우리와 가까이 계시고, 인간이 되신 그리스도 안에서 하느님은 우리가 볼 수 있는 존재가 되셨습니다.

하느님의 이러한 크나큰 사랑 앞에서 넘치는 기쁨과 놀라움 가운데 프란치스코는 권고 1의 머리말로 요한복음 14장 6절에서 9절을 인용하면서 그리스도께 대한 개념을 표현하셨습니다.

"나는 길이요 진리요 생명이다. 나를 통하지 않고서는 아무도 아버지께 갈 수 없다. 너희가 나를 알게 되면 내 아버지도 알게 될 것이다. 이제부터 너희는 그분을 아는 것이고, 또 그분을 이미 본 것이다." 필립보가 예수님께, "주님, 저희가 아버지를 뵙게 해 주십시오. 저희에게는 그것으로 충분하겠습니다." 하자 예수님께서 그에게 말씀하십니다. "필립보야, 내가 이토록 오랫동안 너희와 함께 지냈는데도, 너희는 나를 모른다는 말이냐? 나를 본 사람은 곧 내 아버지를 본 것이다."(요한 14,6-9)(1-4절)

이렇게 하느님의 사랑은 인간이 되신 그리스도가 하늘에 계신 아버지를 보여 주시는 아버지의 계시입니다. 아버지는 그리스도 안에서 우리가 볼 수 있으며, 들을 수 있는 형태로 우리에게 내려오셨습니다. 그리스도는 볼 수 없는 하느님이 우리 인간 세계에 내려오시는 길이고, 우리에게 인간적으로 가까이하시는 길이며, 한마디로 우리에게 당신 자신을 계시하시는 길이십니다.

마찬가지로 인간이 되신 하느님의 아드님은 또한 사람이 다가갈 수 없는 빛 속에 사시는 하느님께로 올라가는 길이 되십니다. 다음 그림을 보십시오.

```
              ╱ 하 느 님 ╲
                 ↓통↑
   내려오시는 길 ↓   그 리 스 도   ↑ 올라가시는 길
                 ↓해↑
              ╲ 인 간 ╱
```

나를 본 사람은 곧 아버지를 본 것이다.

이 말씀과 같이 예수님을 보는 사람은 아버지를 보는 것이고, 예수님의 말씀을 듣는 사람은 그를 보내신 아버지의 말씀을 듣는 것입니다. "너희가 보는 것을 보는 눈은 행복하다"(루카 10,23)라고 하시는 그리스도의 말씀대로, 주님을 알게 되고 볼 수 있는 우리는 얼마나 복되며, 아버지의 말씀이신 그리스도의 말씀을 들을 수 있는 우리는 얼마나 복된 사람들입

니까? 위대하시고 볼 수 없으시며 가까이 갈 수 없으신 하느님은 그리스도 안에서 우리와 함께 사시는 우리의 임마누엘(하느님께서 우리와 함께 계신다는 뜻; 마태 1,23 참조)이 되심으로써 우리와 함께 계시게 된 것입니다.

하느님은 그리스도 안에 새롭고 영원한 계약을 맺으시며 우리와 함께 결합하셔서 우리와 일치가 되시는 것입니다. 그리고 우리가 당신께로 가는 길, 우리가 가야 하는 길을 그리스도 안에서, 그리스도를 통해서 보여 주십니다.

> 내가 너희에게 한 것처럼 너희도 하라고, 내가 본을 보여 준 것이다.(요한 13,15)

그래서 우리가 먼저 그리스도를 알고 사랑하며 그분을 체험해야 하느님 아버지를 알게 될 것이며, 그분을 사랑하게 될 것입니다. 우리는 또한 그리스도의 말씀을 들어야 하느님이 우리에게 하시는 말씀을 알아들을 수 있습니다. 이제 아드님이 인간이 되신 이후로, 영적인 존재이면서도 인간이 되셨기 때문에 하느님과 우리 사이에 놓여 있었고 건너갈 수 없었던 그 심연이 메워지고 사라진 것입니다. 이제 우리는 이 심연을 건너갈 수 있게 되었습니다.

하느님이 그리스도를 통해 내려오신 것은 우리가 그리스도를 통해서 하느님께로 올라갈 수 있게 하시기 위한 것입니다. 인간이 되신 그리스도는 하느님과 인간이 서로 통할 수 있는 유일한 길이십니다.

이렇게 그리스도께서는 세상에 오시어, 멀리 있던 여러분에게도

> 평화를 선포하시고 가까이 있던 이들에게도 평화를 선포하셨습니
> 다. 그래서 그분을 통하여 우리 양쪽이 한 성령 안에서 아버지께
> 나아가게 되었습니다.(에페 2,17-18)

이처럼 그리스도가 우리의 유일한 길이시지만, 그러나 유일한 길이신 그리스도를 우리는 올바르게 바라보아야만 합니다. 그래서 사부님은 계속해서 다음과 같이 말씀해 주십니다.

> 이와 같이 아드님도 아버지와 같은 분이시기에 아버지를 보는 방
> 법과 다르게 또한 성령을 보는 방법과 다르게는 아무도 아드님을
> 볼 수 없습니다.

그리스도 예수가 참 인간이 되셨기 때문에 우리는 그분께서 참 하느님이심을 쉽게 잊어버릴 수도 있습니다. 우리는 주님의 인간성을 잊지 않도록 주의하는 동시에 그분의 신성(천주성)을 잊지 않도록 해야 합니다. 특히 신심과 기도생활에서 그러해야 합니다. "내가 이토록 오랫동안 너희와 함께 지냈는데도, 너희는 나를 모른다는 말이냐?"고 필립보에게 하신 꾸지람의 말씀을 듣지 않도록 예수님을 영 안에서 깊은 신앙심으로 바라보아야 하겠습니다.

우리가 그리스도를 신앙 안에서 보아야만, 예수님께서 이 지상에 살아 계실 때 그분을 만나 보면서도 그분이 하느님이시라는 것을 믿지 않은 그 당시 사람들의 불신과 그로 인한 그들의 불행을 면할 수 있을 것입니다. "그분이 하느님의 참 아드님이시라는 것을 보지도 않았고 믿지

도 않았던 모든 사람은 단죄받았습니다"(8절)라고 하신 사부님의 말씀처럼 우리도 예수 그리스도의 신성을 믿는 이러한 바라봄을 할 수 있어야만 합니다.

"아들을 믿는 사람은 심판을 받지 않는다. 그러나 믿지 않는 자는 이미 심판을 받았다. 하느님의 외아들의 이름을 믿지 않았기 때문이다"(요한 3,18)라고 하신 그리스도의 말씀은 바로 예수님을 하느님으로 믿고 안 믿는 데에 따라서 우리들이 판결된다는 것입니다.

"나를 받아들이는 사람은 나를 받아들이는 것이 아니라 나를 보내신 분을 받아들이는 것이다"(마르 9,37)라고 하신 그리스도의 말씀대로 그분을 하느님의 아드님으로 신앙 안에 받아들일 때 곧 아버지를 받아들이는 것입니다.

이렇기 때문에 그리스도가 우리에게 중심이 되는 것입니다. 그분은 아버지가 우리에게 내려오시는 길이 되시고, 또한 우리가 하느님께로 올라가는 길이 되시는 것입니다. "나를 통하지 않고서는 아무도 아버지께 갈 수 없다."(1절)

그러므로 그리스도 안에서 모든 문제와 어려움이 해결됩니다. 왜냐하면, 그분이 인간이 되심으로써 우리는 하느님과 통할 수 있게 되고 구원을 얻을 수 있게 되었기 때문입니다.

2. 하느님 아버지를 그리스도를 통해서 발견하도록 합시다

이 권고 첫째 부분의 말씀을 묵상하면서 우리의 신앙을 반성하도록 하겠습니다.

우리는 그리스도를 통해서 그리스도 안에서 살아가기 때문에 그리스도께 대한 우리의 신앙은 크리스천 생활을 좌우하는 것입니다.

"하느님은 한 분이시고 하느님과 사람 사이의 중개자도 한 분이시니 사람이신 그리스도 예수님이십니다"(1티모 2,5)라고 하신 바오로 사도의 말씀대로, 그리스도는 하느님과 인간 사이의 유일한 중재자이십니다.

그러면 좀 더 구체적으로 그리스도의 중재 역할이란 무엇인지, 또한 그것이 무엇을 의미하는지에 대해 반성하도록 하겠습니다.

1) 우리는 그리스도의 인격과 그리스도의 신비를 더욱 깊이 파악하도록 구체적으로 무슨 노력을 하고 있습니까? 그분의 모습이 우리 마음 속에 새겨지도록 그리스도의 얼굴을 자주 바라봅니까? 우리는 매일 성경을 읽고 있는데 어떻게 읽습니까? 성경을 읽을 때 인간이 되신 하느님과 만나게 됩니까? 성경 안에서 하느님이 말씀하시는 소리를 들을 수 있습니까? 성경을 의무감으로 읽지는 않습니까? 아니면 정말로 하느님을 바라볼 수 있고, 그분의 입에서 나오는 말씀을 듣는 즐거운 시간이 됩니까? 성경을 읽을 때 연구하기 위해서나 공부하기 위해서 혹은 남에게 설명하기 위해서 읽지는 않습니까?

'어둠 속에서 빛이 비추어라' 하고 이르신 하느님께서 우리 마음을 비추시어, 예수 그리스도의 얼굴에 나타난 하느님의 영광을 알아보는 빛을 주셨습니다."(2코린 4,6) 우리는 이에 대해 감사드려야 합니다.

묵상을 할 때 어떠한 느낌이 들게 됩니까? 하느님을 체험합니까? 묵주의 기도를 드릴 때나 십자가의 길을 할 때, 주님 생애의 가장 중대한 신비를 깊숙이 파고드는 느낌을 가집니까? 하느님께서 우리에게 내려오시는 길, 또한 우리가 하느님께로 올라가는 길이 그리스도이심을 체험하고 있는가를 우리는 늘 반성해야 합니다.

주님의 말씀을 빌려서 사부님이 상기시켜 주시는 것을 잊지 말아야 하겠습니다. "생명을 주는 것은 영이고 육肉은 아무 쓸모가 없다"는 이 말씀을 늘 생각하면서 언제나 신앙의 눈으로만 주님을 바라보며 우리 구원을 위해 당신 아드님 안에서 당신 자신을 계시하시는 하느님을 영적으로 바라보아야 하겠습니다.

당신 얼굴을 비추소서. 저희가 구원되리이다.(시편 80,4)

2) 우리는 항상 더욱더 깊은 신앙심을 구하도록 해야 하겠습니다. 신앙은 하느님의 은총(선물)이기 때문에 온갖 선의 주인이신 하느님께 우리 신앙심을 더해 주시기를 청해야 합니다. 신앙 안에서만이 하느님의 아드님이신 그리스도의 신성을 깨달을 수 있으며 체험할 수 있기 때문입니다.

우리는 또한 우리가 이미 선물로 받은 이 신앙심을, 구하면 더해 주실 이 신앙심을 외적으로도 나타내도록 해야 합니다. 특히 성체와 말씀, 그리고 예수님을 표시하는 십자고상 등을 존경심을 가지고 모셔야 하겠습니다.

그러면 우리는 성체를 어떻게 모시고 있습니까? 십자고상이나 예수님을 표시하는 다른 벽화나 그림 등을 어떻게 모십니까? 성체 앞에서 우리의 몸가짐, 예절, 자세 등을 반성해야 하겠습니다.

우리는 성경을 어떻게 읽고 있습니까? 지식을 얻기 위해서입니까? 호기심을 채우기 위해서입니까? 다른 사람들에게 성경을 많이 아는 사람으로 보이기 위해서입니까? 아니면 다른 이들에게 그 지식을 그저 전달하기 위해서입니까? 이런 목적은 육의 정신이지, 아드님을 영적으로 보는 것은 아닙니다.

우리는 영적으로, 즉 말씀을 따르는 순종의 정신으로 성경을 읽어야만 생명을 주는 주님의 영을 얻게 될 것입니다. "생명을 주는 것은 영이고 육肉은 아무 쓸모가 없기 때문에(요한 6,63) 하느님은 영靈 안에서가 아니면 볼 수 없습니다"(6절) 하신 사부님 말씀대로 우리는 그리스도를 더욱 깊이 알고, 그리스도의 말씀을 더욱더 잘 따르도록 해야 하겠습니다. 사실 수도자에게 가장 위험한 것 중의 하나는 바로 신앙의 신비들에 대한 무관심과 습관적이고 기계적인 영신생활입니다.

3) 주님을 더 깊이 알고 주님의 말씀을 더 잘 인식한다는 것이 이론으로 끝날 일은 아닙니다. 그리스도께 대한 이러한 지식은 그리스도와의 일치로 우리를 인도해야 합니다.

주님과 결합하는 이는 그분과 한 영이 됩니다.(1코린 6,17)

주님을 바라보고 주님을 더욱 깊이 알려는 것은 주님과 사랑 안에서 일치하기 위한 것이며, 그리스도와의 이러한 일치를 통해 하느님과 일치하기 위함입니다.

인간이 되신 그리스도의 신비 안에서 하느님이 "사람이 다가갈 수 없는 빛 속"에서 나오신 것은 당신의 사랑을 우리에게 보여 주시며 계시해 주시고, 또한 우리를 사랑이신 당신의 생명에 참여시키기 위한 것입니다.

하느님의 사랑은 우리에게 이렇게 나타났습니다. 곧 하느님께서

당신의 외아드님을 세상에 보내시어 우리가 그분을 통하여 살게 해 주셨습니다.(1요한 4,9)

이러한 위대한 사랑은 우리에게 그 응답을 요구하고 있습니다. 보나벤투라의 표현 'redamare(사랑을 교환한다, 사랑을 되돌려 드린다)'는 아주 깊은 의미를 내포하고 있습니다. 하느님의 사랑에 대한 인간의 자세는 사랑의 응답 외에 다른 자세가 될 수 없습니다.

우리 영신생활의 모든 신심 행사(성경 묵상, 십자가의 길, 묵주의 기도 등)들은 주님을 더욱더 깊이 알고 주님께 대한 우리의 사랑을 표현하는 것이 그 목적입니다.

이러한 사랑 안에서 하느님께 대한 우리의 지식은 완전하게 될 것이고, 이러한 지식 안에서 하느님께 대한 우리의 사랑은 더욱더 성장하게 될 것입니다.

제2부

이 권고 제1부에서 우리는 그리스도를 하느님 아버지께 가는 우리들의 유일한 길로 알게 되었습니다. 이렇게 그리스도의 신비가 우리 수도생활에서 기초가 된다는 것은 분명한 일입니다. 제2부에서 프란치스코는 그리스도를 우리의 생명으로, 특히 성체 신비 안에서 우리의 생명으로 제시해 줍니다.

⁸ 그래서 주 예수를 영과 신성으로 보지 않고, 인성으로만 보아 그분이 하느님의 참 아드님이시라는 것을 보지도 않았고 믿지도 않았던 모든 사람은 단죄받았습니다. ⁹ 이와 마찬가지로 주님의 말씀을 통하여 제대 위에서 사제의 손으로 빵과 포도주의 형상으로 축성되는 성사를 보면서, 영과 신성에 따라 이것이 참으로 우리 주 예수 그리스도의 지극히 거룩하신 몸과 피라는 것을 보지도 않고 믿지도 않는 모든 사람도 단죄받습니다. ¹⁰ 지극히 높으신 분께서 친히 이것을 증명해 주시며 말씀하십니다. "이는 내 몸이며 [많은 사람을 위하여 흘리는] 새로운 계약의" 내 "피다."(마르 14,22.24) ¹¹ 그리고 "내 살을 먹고 내 피를 마시는 사람은 영원한 생명을 얻을 것이다."(요한 6,54) ¹² 그러므로 당신을 믿는 이들 안에서 머무르시는 주님의 영이 주님의 지극히 거룩하신 몸과 피를 받아 모시는 것입니다. ¹³ 바로 이 영을 지니지 않은 채 감히 주님을 받아 모시는 모든 사람은 "자신에 대한 심판을 먹고 마시는 것입니다."(1코린 11,29)

1. 성체께 대한 신앙심

그래서 주 예수를 영과 신성으로 보지 않고, 인성으로만 보아 그분이 하느님의 참 아드님이시라는 것을 보지도 않았고 믿지도 않았던 모든 사람은 단죄받았습니다.(8절)

프란치스코는 먼저 예수님을 신앙서 안에 받아들인 점에서 예수님 당시의 사람들과 우리를 비교하고 있습니다. 이 두 경우 모두 신앙이 요구됩니다. 주님이 이 지상에서 생활하실 때 그분의 신성은 당신 인성 안에 감춰져 있었기 때문에 신앙이 요구되었습니다. 이와 마찬가지로 지금은 주님의 신성뿐 아니라 그분의 인성까지도 빵과 포도주의 형상 안에 감추어져 있습니다. 그래서 지금도 우리에게 요구하시는 것이 바로 믿음, 곧 신앙입니다.

우리가 성체 안에 현존하시는 그리스도를 신앙 안에서 받아들이고 영 안에서 그분과 하나가 될 때 그리스도를 통해 구원을 얻게 되는 것입니다.

사부님에게는 생활의 가장 중요한 일, 생활의 중심이 되는 일은 바로 성체를 받아 모시는 일이었습니다. 그리스도의 몸인 성체를 받아 모시는 순간에 우리는 하느님이시고 사람이 되신 그리스도 예수와 하나가 되는 것입니다. 이것을 믿고 사는 사람은 그리스도의 구원에 참여하게 되며, 따라서 단죄받지 않을 것입니다.

사부님이 두 번씩이나 되풀이해서 사용하시는 "단죄받는다"는 표현이 좀 이상하게 들릴지도 모르겠습니다. 그것은 예수님의 말씀을 듣기도 했고 그분이 행하신 기적을 목격했음에도 불구하고 믿지 않은 유대인들의 불행, 곧 "그 사람의 피에 대한 책임은 우리와 우리 자손들이 질 것이오"(마태 27,25) 하고 소리치면서 예수님을 거절하고 받아들이지 못한 그들의 불행을 기억하면서 하신 말씀인 것 같습니다. 예수님을 받아들이지 않은 자는 자기 자신을 단죄(판결)하는 것입니다.

이와 마찬가지로 빵과 포도주의 형상 안에 예수님이 계신다는 것을 믿지 않는 사람 역시 단죄 받습니다.

내가 진실로 진실로 너희에게 말한다. 너희가 사람의 아들의 살을 먹지 않고 그의 피를 마시지 않으면, 너희는 생명을 얻지 못한다. 그러나 내 살을 먹고 내 피를 마시는 사람은 영원한 생명을 얻고, 나도 마지막 날에 그를 다시 살릴 것이다.(요한 6,53-54)

　예수님 당시의 사람들(예를 들어 나타나엘; 요한 1,46)보다 우리가 그리스도를 믿기 더 어려울지도 모릅니다. 왜냐하면, 우리 생활 안에는 성체 안의 예수님을 믿는 우리의 신앙심을 위협하는 위험이 많이 있기 때문입니다. 우리는 성체가 모셔져 있는 성당에 자주 들어가고, 미사성제를 매일 드리면서 매일 성체를 영하는 등 주님을 만나는 기회가 너무 많으므로 조심스럽게 주의를 하지 않으면 습관적인 일이 되고 형식이 되어 버리기 쉽습니다. 만약에 이렇게 된다면 "주님의 말씀을 통하여 제대 위에서 사제의 손으로 예수님이 빵과 포도주의 형상으로 축성되는 성사를 보면서"(9절 참조) 입으로는 믿는다고 하면서도 성체를 모시는 태도로 성체를 믿지 않는다는 것을 보이는 것이 되지 않겠습니까?

　사부님의 말씀에 의하면 이런 사람들은 믿지 않은 유대인들과 같은 판결, 곧 단죄받게 될 것입니다. 그래서 우리는 프란치스코처럼 "내 살을 먹고 내 피를 마시는 사람은 영원한 생명을 얻고, 나도 마지막 날에 그를 다시 살릴 것이다"(요한 6,54)라고 하신 주님의 말씀을 자주, 그리고 깊이 묵상하도록 해야 하겠습니다.

　이 점에서 우리 자신을 속이지 맙시다. 수도원 안에 머물면서도 극히 약한 신앙, 때로는 실질적으로 신앙이 없는 수도자들이 있을 수 있습니다. 문제는 모순이지만 신학적인 지식을 많이 가지고 있으면서도 실질적으로는 불신의 태도를 취할 수 있다는 데 있습니다. 우리는 성체께 대해서 많이 알고 있습니다. 성체께 대해 자주 묵상하며 성체 조배도 자주 합니다. 성체께 대한 수많은 강론을 들었고 성체 교리도 잘 가르칩니다. 우리는 정말로 머리로는 성체를 깊이 믿고 있습니다. 그러나 우리가 교리를 잘 안다고 해서 신앙이 있는 것은 아닙니다.

신앙이란 어떤 교의를 받아들이는 것 이상입니다. 신앙이란 결국 하느님께 의탁하는, 매달리는, 그분의 손에 자신을 온전히 내맡기는 것이며, 마음을 그분께 열어드리는 것입니다. 참되고 진정한 신앙이란 하느님만을 위해서 살고, 하느님의 소유가 되기를 갈망하며, 실제로 하느님의 것이 되는 바로 그것입니다.

우리는 이론이 아닌 성체께 대한 살아 있는 신앙심을 지니도록, 또한 그 신앙심의 은총을 구하도록 해야 합니다. 그리고 잊지 말아야 할 또 하나의 중대한 사실이 있습니다. 깊은 신앙심으로 성체를 모셔야 하겠지만, 우리의 신앙심 또한 성체를 통해서 성장한다는 점입니다. 왜냐하면, 우리가 성체를 받아 모실 때마다 신앙의 원천이며 우리의 생명의 샘이신 그리스도를 받아 모시기 때문입니다.

미사성제를 통해서 그리스도의 수난과 죽음과 부활, 즉 그리스도의 제사, 그리스도의 파스카 신비가 재현된다는 것을 우리는 잘 알고 있습니다. 예수 그리스도가 당신의 수난과 죽음으로 얻어 주신 새 생명에 우리가 참여할 수 있도록, 한 몫을 지니도록 최후 만찬 때에 당신의 파스카를 재현하는 미사성제를 세우신 것입니다.

그러므로 우리는 미사성제 안에서 하느님이신 예수님을 영적으로, 깊은 신앙심으로 발견해야 합니다. 우리의 주님이시고 절대자이신 하느님을 성체 안에서 만나야만 합니다. 우리가 주님의 소유가 되는 것, 그분의 것이 되는 것은 우리에게 표현할 수 없는 영광입니다.

그리고 또 성체께 대한 살아 있는 신앙심을 우리는 자신의 온전하고 절대적인 봉헌으로, 즉 수도생활로 이끌어야 할 것입니다. 사부 프란치스코의 말씀처럼 "그러므로 여러분에게 당신 자신 전부를 바치시는 분께서 여러분 전부를 받으실 수 있도록 여러분의 것 그 아무것도 여러분에게 남겨 두지 마십시오."(형제회 편지 29)

미사성제에서 희생 제물이 되시는 그리스도와 함께 우리도 자신을 위해 아무것도 남겨 두지 않는 온전한 희생 제물이 되어 아버지께 봉헌되어야 합니다. 모든 것, 자기 자신을 바치는 진정으로 가난한 자의 봉헌! 이런 의미에서 성체가 수도자 생활의 중심이 되는 것입니다. 즉 모든 크리스천에게도 그렇습니다만, "지극히 사랑하는 하느님께 전적으로 봉헌된"(교회 헌장 44) 우리 수도자에게는 특히 성체 안에서 희생 제물로 봉헌되시는 그리스도가 더욱더 중심이 되어야 합니다.

성체를 믿고 안 믿는 것이 우리 구원에 결정적인 것이 됩니다. 믿지 않으면 단죄받습니다. 그래서 9절에서 말씀하십니다.

> **이와 마찬가지로 주님의 말씀을 통하여 제대 위에서 사제의 손으로 빵과 포도주의 형상으로 축성되는 성사를 보면서, 영과 신성에 따라 이것이 참으로 우리 주 예수 그리스도의 지극히 거룩하신 몸과 피라는 것을 보지도 않고 믿지도 않는 모든 사람도 단죄받습니다.**(9절)

이와 반대로 믿는 사람들은 구원을 얻어 영원한 생명을 누리게 됩니다.

지극히 높으신 분께서 친히 이것을 증명해 주시며 말씀하십니다.

> "이는 내 몸이며 [많은 사람을 위하여 흘리는] 새로운 계약의" 내 "피다."(마르 14,22.24) 그리고 "내 살을 먹고 내 피를 마시는 사람은 영원한 생명을 얻을 것이다."(요한 6,54)

우리 신앙은 그리스도의 몸인 성체를 통하여 성장하는 것뿐만 아니라 그리스도의 생명으로 양육되고 성체는 또한 우리가 구원될 희망의 보증이 됩니다. 여기서 흘리신 피는 우리를 위한 새로운 계약의 피, 즉 주님의 피가 됩니다. 미사성제를 드릴 때마다 하느님이 당신 백성과 맺으신 영원한 계약은 새로워집니다. 그러므로 이 성사에 참여하는 사람은 영원한 생명을 얻습니다. 즉 그리스도를 통한 새롭고 영원한 계약, 구원의 약속, 영원한 생명의 약속이 선물로 주어지는 것입니다.

이것이 얼마나 큰 은혜이며 얼마나 큰 사랑입니까? 성체를 받아 모실 때마다 그리스도를 통해서 아버지와 일치되는 것입니다. 따라서 천국 영복을 미리 맛보는 것입니다. 아버지와 일치되리라는 우리들의 희망은 미래에 완성되지만 이미 성체의 신비 속에서 이루어지는 것입니다. "내 살을 먹고 내 피를 마시는 사람은 영원한 생명을 얻을 것"이라고 하신 예수님의 약속 말씀을 믿고 그것을 갈망하는 마음으로 성체를 받아 모셔야 하겠습니다.

> 그러므로 당신을 믿는 이들 안에서 머무르시는 주님의 영이 주님의 지극히 거룩하신 몸과 피를 받아 모시는 것입니다. 이 영을 지니지 않은 채 감히 주님을 받아 모시는 모든 사람은 "자신에 대한 심판을 먹고 마시는 것입니다."(1코린 11,29)

처음에는 이 말씀을 이해하기 어렵습니다. 당신을 믿는 이들 안에서 머무르시는 주님의 영이란 누구를 가리키는 것입니까? 그리고 또 주님의 바로 그 영이 "주님의 지극히 거룩하신 몸과 피를 받아 모시는 것입니다"라는 말은 무엇을 의미하는 것입니까?

사도 바오로의 말씀, 즉 "우리가 받은 성령을 통하여 하느님의 사랑이 우리 마음에 부어졌기 때문입니다"(로마 5,5)라는 말씀을 배경으로 하면 사부님의 말씀을 이해할 수 있습니다. 성령은 성부와 성자와 일치를 이루시는 사랑이며, 삼위를 일체가 되게 하는 사랑이십니다.

여러분의 몸이 여러분 안에 계시는 성령의 성전임을 모릅니까?(1코린 6,19)

우리 안에 계시는 성령은 우리를 그리스도와 일치시켜 주고, 그리스도 안에서 우리를 아버지와 일치시켜 줍니다. 이러한 일치, 즉 성삼위이신 하느님과의 일치는 바로 성체를 받아 모실 때 이루어지며, 성체를 받아 모시는 순간 사랑의 영이신 성령을 통해서 우리는 삼위일체의 생명에 참여하게 되는 것입니다.

그러므로 성체를 모실 때 주인공은 우리가 아니라 성령이시고 우리는 다만 성령에 힘입어 성체를 받아 모시는 것뿐입니다. "당신을 믿는 이들 안에서 머무르시는 주님의 영이 주님의 지극히 거룩하신 몸과 피를 받아 모시는 것입니다"(12절)라는 사부님의 말씀은 바로 이런 의미입니다.

이는 대단히 의미심장한 표현으로 사부님이 여기서 강조하시려는 것은 성체를 받아 모실 때 우리가 지녀야 하는 마음가짐, 즉 하느님께 대한 사랑의 자세입니다. 이 사랑은 사랑의 영이신 성령께서 부어 주시는 것입니다.

사랑이란 본질적으로 감정(정감)만이 아니라 사랑하는 이와 하나가 되는 일치입니다. 하느님은 본질적으로 사랑이시기 때문에 삼위를 지니고 계시지만 완전한 일치가 되는 일체를 이루십니다. 하느님의 본질과 생명은 사랑이기 때문입니다. 우리도 마찬가지로 하느님을 사랑한다면 하느님과 하나가 되는 일치를 이루게 될 것입니다. "누구든지 나를 사랑하면 내 말을 지킬 것이다. 그러면 내 아버지께서 그를 사랑하시고, 우리가 그에게 가서 그와 함께 살 것이다."(요한 14,23)

이렇게 사랑이란 성령께 마음을 완전히 개방해 드리고 성령께 절대적으로 순종하는 것입니다. 사랑이란 자기 자신을 하느님께 맡기는 것입니다. 이러한 마음으로 신약의 제사인 미사성제를 거행하며 성체를 받아 모실 때 주님의 영이 우리 안에서 머무르시게 되는 것입니다.

프란치스코는 또한 "이 영을 지니지 않은 채 감히 주님을 받아 모시는 모든 사람은 자신에 대한 심판을 먹고 마시는 것입니다" 하고 주님의 영을 모시지 않는 상태, 사랑이 없는 상태에서, 즉 죄 중의 상태뿐만 아니라 무관심하고(성체께 대한 별 관심 없이) 습관적인 영성체를 하지 않게 주의하도록 충고해 주십니다. 사랑하는 마음 없이 사랑의 성사인 성체를 받아 모신다면 우리는 단죄 받게 될 것입니다. 사랑의 성사인 성체는 우리에게 사랑을 요구하며 그 크나큰 사랑에 우리 또한 사랑으로 응답하지 않으면 안 되기 때문입니다.

요한 사도가 분명히 말씀해 주십니다. "사랑하지 않는 자는 죽음 안에 그대로 머물러 있습니다."(1요한 3,14)

2. 성체 안에 현존하시는 그리스도를 믿도록 합시다

사부님의 이 권고는 성체께 대한 단순하면서도 확고한 신앙심을 보여 주고 있습니다. 성체께 대한 새로운 교리나 새로운 면을 보여 주는 말씀은 아니지만 우리의 신앙심을 반성하기에 좋은 묵상 자료가 됩니다. 우리도 사부님과 같은 신앙과 희망과 사랑으로 성체를 바라보도록 해야 하겠습니다.

1) 신앙: 성체께 대한 우리의 신앙은 어떻습니까? 우리는 내적, 외적으로 이러한 신앙심을 어떻게 살아가고 있습니까?

내적으로: 우리는 보고 믿는 사람입니까? 아니면, 축성된 성사를 보면서 영과 천주성에 의해 참으로 우리 주 예수 그리스도의 지극히 거룩하신 몸과 피라는 것을 보지도 않고 믿지도 않는 사람들입니까? 주님이 우리의 주님이 되시고 우리는 그분의 소유가 되도록, 주님의 말씀과 그분의 뜻이 우리에게 가장 절대적이며 가장 중요한 것이 되기 위하여 우리 자신 전부를 주님께 희생의 제물로 바쳐 드리고 있습니까? 우리는 성체께 대한 신앙과 말씀에 대한 순종 안에서 살아가고 있습니까?

외적으로: 우리는 성체를 어떻게 모시고 있습니까? 몸가짐이나 다른 모든 외적인 것, 예절 등을 정성스럽게 지키고 있습니까?

인간의 외적인 것은 내적인 마음가짐을 드러내는 동시에 내적인 마음에도 큰 영향을 미칩니다. 그래서 외적인 자세나 옷차림, 성가나 다른 예절 등 외적인 예모를 잘 지켜야 하겠습니다. 인간은 단순히 영이 아니기 때문에 마음으로 믿는 우리의 신앙심을 외적으로도 표현해야 합니다.

2) 희망: 주님의 몸인 성체는 우리에게 희망의 기초가 됩니까? "내

살을 먹고 내 피를 마시는 사람은 영원한 생명을 얻을 것"이라고 하신 주님의 약속대로 성체는 우리가 영생을 얻게 되리라는 희망을 북돋워 줍니까? "Futurae gloriae nogis pignus datur(미래에 우리가 누리게 될 영광의 보증이 우리에게 주어진다)"라는 교회의 옛 기도문에서처럼 성체는 우리가 영복을 얻을 보증이라는 확실한 희망을 품고 성체를 영합니까?

성체를 받아 모실 때마다 후세에 좀 더 가까워진다는 우리의 희망이 성장합니까? "이는 내 몸이며 새로운 계약의 내 피다"라는 주님의 말씀대로 우리는 성체를 통해서 이 새롭고 영원한 계약에 참여하고 있다는 확신이 있습니까? 매일 거행하는 미사성제를 지낼 때마다 좀 더 가까이 우리의 목적지로 가고 있다는 사실을 의식하고 있습니까? 한마디로 나에게 성체는 하느님이 인류와 맺어 주신 계약의 표시가 됩니까? 그렇다면 우리는 이 지상의 것에 마음을 두지 말고 후세를 바라보면서, 후세의 생활을 갈망하면서 살아가야 합니다.

그리고 또 신약의 제사인 미사를 통해서 이루어지는 이 희망은 우리에게 가난의 정신을 요구하고 있습니다. 가난한 사람만이 하느님을 받아들일 수 있고, 또한 하느님은 그런 가난한 사람만을 채워 주실 수 있기 때문입니다. 가난한 사람은 하느님의 충만하심을 받아들일 수 있도록 자기 자신을 비워 둡니다. 따라서 가난한 사람만이 자유로운 사람이 되어 희망을 품을 수 있습니다.

3) 사랑: 우리 안에 머무르시는 "주님의 바로 그 영, 즉 사랑의 성령이 주님의 지극히 거룩하신 몸과 피를 받아 모시는" 것이라면 우리는 어떠한 사랑으로 성체를 영합니까? 우리가 주님을 사랑한다면 '나'라는 육신의 정신이 점점 작아지고, 주님의 영이 우리를 차지하고 있습니까? 사

랑은 보나벤투라의 말대로 사랑하는 님을 닮을 것을 요구합니다.

그래서 미사성제를 지낼 때마다 자신을 부정하고 주님을 긍정하는 것이 됩니까? "그분은 커지셔야 하고 나는 작아져야 한다"고 말한 세례자 요한의 말에 따라, 주님이 우리 안에서 커지도록 우리가 매일매일 작아져야 한다는 것입니다. 그렇지 않으면, 즉 "이 영을 지니지 않은 채 감히 주님을 받아 모시는 모든 사람은 자신에 대한 심판을 먹고 마시는 것입니다."(13절)

제3부

[14] 그러니 "사람의 아들들이여, 언제까지 굳은 마음을 가지렵니까?"(시편 4,3) [15] 왜 진리를 깨닫지 못하고 하느님의 아들을 믿지 않습니까?(참조: 요한 9,35) [16] 보십시오! 그분은 "어좌로부터"(지혜 18,15) 동정녀의 태중으로 오신 때와 같이 매일 당신 자신을 낮추십니다.(참조: 필리 2,8) [17] 그분은 겸손한 모습으로 매일 우리에게 오십니다. [18] 매일 사제의 손을 통하여 아버지의 품으로부터(참조: 요한 1,18) 제대 위에 내려오십니다. [19] 그리고 당신 자신을 참된 살로서 거룩한 사도들에게 보여 주신 것과 마찬가지로 지금 축성된 빵으로 우리에게 당신 자신을 보여 주십니다. [20] 그리고 그들은 육신의 눈으로 그분의 육신만을 보았지만, 영신의 눈으로 관상하면서 그분이 하느님이심을 믿었습니다. [21] 이와 같이 우리들도 육신의 눈으로 빵과 포도주를 볼 때, 그것이 참되고 살아 있는 그분의 지극히 거룩하신 몸과 피라는 것을 보고 굳게 믿도록 합시다. [22] 이처럼 "보

라, 내가 세상 끝 날까지 너희와 함께 있겠다"(마태 28,20) 하고 당신 자신이 말씀하신 대로 주님은 당신을 믿는 이들과 함께 항상 이렇게 계십니다.

구원의 때가 되었을 때 하느님은 인간이 되신 그리스도 안에서 당신 자신을 드러내셨습니다. 프란치스코 성인이 늘 강조하시는 대로, 우리가 볼 수 있고 들을 수 있으며 이해할 수 있는 형태로 자신을 우리에게 드러내셨고 당신을 계시해 주셨습니다. 우리가 그리스도의 인격과 생활 안에서 하느님이 우리에게 내려오신 길을 발견하게 되고, 그뿐만 아니라 우리가 하느님께로 올라가는 길을 그리스도 안에서 발견하게 됩니다. 그리스도는 길이십니다. 하느님이 우리에게 내려오시는 길, 우리가 하느님께로 올라가는 길은 그리스도 외에 다른 길은 없습니다.

또한, 하느님이 말씀하신 그리스도의 메시지를 통해서 우리를 구원하시려는 하느님의 뜻을 들을 수 있고 이해하게 되고, 그뿐 아니라 우리가 하느님의 뜻을 받아들이고 그 말씀에 순명할 때 구원을 받게 되는 것입니다. 그리스도는 진리이십니다.

우리는 그리스도를 통해서 하느님 앞에서 인간의 새로운 상태를 발견하게 됩니다. 즉 그리스도와 그 구원 사업을 통해서 인간이 하느님의 자녀가 되는 새로운 생명을 받을 수 있게 되었습니다. 그리스도는 생명이십니다. 그러므로 프란치스코는 그리스도의 말씀을 인용하면서 권고 1을 시작하십니다. "나는 길이요 진리요 생명이다."

우리는 인성과 신성을 지니시는 그리스도의 모습에서 그분이 우리의 길이요 진리요 생명이시라는 것을 발견해야 합니다. 그리고 우리의 길이요 진리요 생명이신 그리스도를 바라보는 우리들의 자세가 믿음과 희망과 사랑의 자세여야 하겠습니다. 주님은 '그리스도 몸의 신성'인 성체 안에서 우리가 걸을 수 있고 또 걸어야 할, 아버지께로 가는 우리의 길이십니다. "믿는 사람은 영원한 생명을 얻는다."(요한 6,47)

성체 안에서 우리는 또한 우리를 구원하려는 아버지의 뜻을 받아들여 그분의 말씀에 순명할 수 있는 힘을 얻게 됩니다. "내가 아버지로 말미암아 사는 것과 같이, 나를 먹는 사람도 나로 말미암아 살 것이다."(요한 6,57)

그리고 우리가 성체를 통해서 그리스도와 함께 우리 자신을 아버지께 봉헌할 때 하느님의 생명에 참여하게 됩니다. "이 빵을 먹는 사람은 영원히 살 것이다."(요한 6,58)

프란치스코는 성체를 통해서 하느님의 생명을 더 풍부히 얻을 수 있도록 권고해 주십니다. "그러므로 여러분에게 당신 자신 전부를 바치시는 분께서 여러분 전부를 받으실 수 있도록 여러분의 것 그 아무것도 여러분에게 남겨 두지 마십시오."(형제회 편지 29)

이렇게 성체와 가난을 아름답게 연관시켰습니다. 미사성제는 십자가의 제사를 재현하는 그리스도의 제사이기에 그리스도가 십자가상에서 우리 구원을 위하여 당신 자신 전부를 주신 것처럼 미사성제가 거행될 때마다 마찬가지입니다. 그래서 우리는 참되게 가난한 자로서, 구원을 필요로 하는 겸손한 자로서, 그리고 자기 자신을 위해 아무것도 남기지 않고 모든 것을 바치면서 자신을 비우는 가난한 자로서 미사성제에 참여하는 자세를 가지면 가질수록 더욱더 풍부히 하느님의 생명을 얻는 것입니다.

그래서 프란치스코가 이 권고 제3부에서 "그러니 사람의 아들들이여 … 항상 이렇게 계십니다"라고 계속하여 권고하는 것입니다.

1. 성체 안에서 그리스도의 비하

이 말씀은 당시 카타리파 이단에 대한 반박을 배경으로 하고 있지만, 그의 의도는 항상 유익합니다. 분석해 가면서 각 문장을 설명해 드리겠습니다.

> 그러니 사람의 아들들이여, 언제까지 굳은 마음을 가지렵니까?(시편 4,3) 왜 진리를 깨닫지 못하고 하느님의 아들을 믿지 않습니까?(요한 9,35 참조)(14-15절)

프란치스코는 생명과 구원의 성사인 성체를 먹고 마심으로 자기 자신을 단죄하며 영적인 죽음과 영원한 불행을 당하는 사람들이 있는 것을 마음 아파하시면서 열렬하게 "언제까지?" "왜?" 하고 질문하는 형식으로 충고하십니다. 성인께서는 인간이 취할 수 있는 두 가지의 위험스러운 태도를 보고 있습니다. 그 하나는 굳은 마음을 가지는 자세이며, 다른 하나는 진리를 깨닫지 못하고 하느님의 아들을 믿지 않는 자세입니다.

굳은 마음을 가지는 사람은 마음을 하느님께 열어 드리지 않고 무관심하므로 하느님의 생명에 참여할 수 없습니다. 마음이 굳은 사람은 누구를 가리킵니까? 마음이 굳은 사람은 바로 교만한 사람, 하느님을 등지고 자기 자신만을 믿는 사람, 하느님을 필요로 하지 않는 사람, 또한 지나친 자애심 때문에 자기 자신을 하느님보다 더 믿는 사람입니다.

인간의 위험스러운 두 번째 태도는 진리를 받아들이지 않고 성체 안에 계시는 하느님의 아들을 믿지 않는 태도를 말합니다. 실제로 중세의 대표적인 이단이었던 카타리파가 이런 오류에 빠졌습니다. 이 권고의 역사적 배경은 바로 이런 이단에서 형제들의 가톨릭 신앙을 보존하려는 것이었습니다. 이 말씀은 카타리파의 이단적인 사상을 반박하기 위해서 하신 권고이지만 우리에게도 적용할 수 있습니다. 우리도 성체께 대해 이론적인 면이나 실제 생활에서 이러한 오류를 범할 수 있기 때문입니다. 우리의 신앙생활이 기계적이 될 때, 또한 우리의 영성체가 습관적이 될 때 더욱 그렇습니다.

그래서 프란치스코가 이 두 가지의 위험에 대해 강력히 주의를 시켜 주는 것입니다.

> **보십시오! 그분은 어좌로부터 동정녀의 태중으로 오신 때와 같이 매일 당신 자신을 낮추십니다. 그분은 겸손한 모습으로 매일 우리에게 오십니다. 매일 사제의 손을 통하여 아버지의 품으로부터 제대 위에 내려오십니다.**(16-18절)

이 말씀에서는 이 권고의 실질적인 결론, 우리 생활에 적용되는 결론을 볼 수 있습니다. 이를 한마디로 표현하면 내적인 가난이라 할 수 있으며, 좀 더 풀어 말하면 겸손하신 그리스도, 즉 인간이 되실 때(육화의 신비)와 마찬가지로 성체 안에서 매일 자신을 낮추시는 겸손하신 그리스도를 본받아 우리도 겸손 속에서 겸손하신 그리스도를 따르라는 것입니다.

프란치스코는 먼저 어좌에 앉아 계시는 그리스도, 아버지의 품에 계시는 그리스도를 바라보았습니다. 위대하신 주님이시며 하느님이시고 영원히 주님이신 그리스도를 바라보았던 것입니다. 그리스도는 어좌에서 나오시고 아버지의 품에서 나오시어 성모의 태중에서 육신을 취하시고 인간이 되심으로써 겸손과 비하를 통해 인류를 구원하셨습니다.(필리

2,6-8 참조) 프란치스코는 주님의 이러한 비하를 감격과 놀라움 속에서 묵상합니다.

> 육화의 겸손과 수난의 사랑이 특히 그를 사로잡았으므로 그는 다른 것은 생각하고 싶지도 않았다.(1첼라노 84)

프란치스코는 그리스도의 육화의 겸손, 비하가 그리스도의 몸인 성체 안에서도 계속됨을 발견하셨습니다. 부활하시어 아버지의 오른편 어좌에 다시 앉으신 그리스도는 매일매일 성체 안에 우리의 구원을 위하여 겸손한 모습으로 우리에게 오십니다. 매일 아버지의 품으로부터 제대 위에 내려오시는 그리스도는 바로 이 성체 신비를 통해서 우리에 대한 아버지의 사랑을 보여 주시고 길이요 진리요 생명이신 당신을 계시해 주시는 것입니다.

"하느님의 아들을 믿는" 우리가 이 지극한 사랑 앞에서 "굳은 마음을" 가질 수 있겠습니까? 프란치스코는 신앙에 넘치는 마음으로 또한 그리스도의 사랑에 사랑으로 응답하면서 외칩니다.

> "살아 계신 하느님의 아드님, 그리스도께서"(요한 11,27) 사제의 손 안에서 제대 위에 계실 때, 모든 사람은 두려움에 싸이고 온 세상은 떨며 하늘은 환호할지어다! 오, 탄복하올 높음이며, 경이로운 공손함이여! 오, 극치의 겸손이여 오, 겸손의 극치여! 우주의 주인이시며 하느님이시고 하느님의 아들이신 분이 이토록 겸손하시어 우리의 구원을 위해서 하찮은 빵의 형상 안에 당신을 숨기시다니! 형제들이여, 하느님의 겸손을 보십시오. 그리고 "그분 앞에 여

러분의 마음을 쏟으십시오."(시편 61,9) 그분이 여러분을 높여 주시도록 여러분도 겸손해지십시오.(1베드 5,6; 야고 4,10) 그러므로 여러분에게 당신 자신 전부를 바치시는 분께서 여러분 전부를 받으실 수 있도록 여러분의 것 그 아무것도 여러분에게 남겨 두지 마십시오.(형제회 편지 26-29)

우리는 이 말씀에서 사부님의 의도를 분명히 알 수 있습니다. 즉 그리스도가 걸으신 길을 걸어가면서 주님의 발자취를 따라야 한다는 것입니다. 프란치스코에게는 그리스도가 걸으신 길, 즉 그리스도의 생활은 제사적인 성격을 지니고 있습니다. 그리스도의 삶 전체가 미사성제였다는 것을 확실히 믿고 있습니다. 그에게 그리스도 생애의 가장 중요한 사건은 바로 그리스도의 육화의 신비와 십자가상의 죽음이었습니다. 그리스도는 "하느님의 모습을 지니셨지만 하느님과 같음을 당연한 것으로 여기지 않으시고 오히려 당신 자신을 비우시어 종의 모습을 취하시고 사람들과 같이 되셨습니다. 이렇게 여느 사람처럼 나타나 당신 자신을 낮추시어 죽음에 이르기까지, 십자가 죽음에 이르기까지 순종하셨습니다."(필리 2,6-8)

예수님은 그 겸손과 비하의 길을 지금도 매일매일 다시 걷고 계십니다. 그래서 우리는 "그리스도 예수님께서 지니셨던 바로 그 마음을 여러분 안에 간직하십시오"(필리 2,5)라고 하신 바오로 사도의 말씀대로 그리스도와 같은 겸손, 그리스도와 같은 비하, 그리스도와 같은 순종으로 우리 자신들을 아버지께 희생 제물로 바쳐야 하겠습니다. "하느님의 겸손을 보십시오. 그리고 그분 앞에 여러분의 마음을 쏟으십시오."(형제회 편지 28)

성체 안에서 이루어지는 이 신비는 우리에게 "그리스도의 복음을 고백하는"(2코린 9,13) 신앙적인 순종을 요구하고 있습니다. 믿고 따르는 자세로 성체를 모셔야 하겠습니다.

> 그리고 당신 자신을 참된 살로서 거룩한 사도들에게 보여 주신 것과 마찬가지로 지금 축성된 빵으로 우리에게 당신 자신을 보여 주십니다. 그리고 그들은 육신의 눈으로 그분의 육신만을 보았지만, 영신의 눈으로 관상하면서 그분이 하느님이심을 믿었습니다. 이와 같이 우리도 육신의 눈으로 빵과 포도주를 볼 때, 그것이 참되고 살아 있는 그분의 지극히 거룩하신 몸과 피라는 것을 보고 굳게 **믿도록 합시다.**(19-21절)

프란치스코는 여기서도 요한복음 6장을 배경으로 해서 당신 몸을 양식으로, 당신 피를 음료로 주시기로 약속하신 예수님의 말씀을 믿지 않은 제자들과 믿은 사도들을 비교하면서, 그리스도의 말씀을 받아들여 순종하며 성체를 믿도록 권고하십니다.

카파르나움 회당에서 가르치신 예수님의 말씀을 듣고 많은 제자들이 "이 말씀은 듣기가 너무 거북하다. 누가 듣고 있을 수 있겠는가?"라고 투덜거리자 예수님께서는 제자들이 당신의 말씀을 두고 투덜거리는 것을 속으로 아시고 그들에게 "영은 생명을 준다. 그러나 육은 아무 쓸모가 없다"(요한 6,60-61.63)라고 대답하셨습니다. 이 일이 일어난 뒤로 제자들 가운데에서 많은 사람이 되돌아가고 더 이상 예수님과 함께 다니지 않았습니다. 그러자 베드로가 예수님께 "주님, 저희가 누구에게 가겠습니까? 주님께서는 영원한 생명의 말씀이 있습니다. 스승님께서 하느님의 거룩하신 분이라고 저희는 믿어 왔고 또 그렇게 알고 있습니다"(요한 6,66-69) 하고 고백합니다.

프란치스코는 믿지 않는 제자들과 그렇지 않고 믿는 사도들을 비교하면서, 성체를 약속하시고 후에 성체성사를 세우신 주님의 말씀을 믿는 절대적인 신앙심을 우리에게 요구하십니다. 주님이 우리와 같은 인간이 되셨으니, 당신 인성 안에 감추어진 천주성과, 빵과 포도주의 형상에 숨어 있는 당신의 몸과 피를 믿으라는 것입니다. 그러나 제자들 대부분은 믿지 않았습니다. "저 사람은 요셉의 아들 예수가 아닌가? 그의 아버지와 어머니도 우리가 알고 있지 않은가? 그런데 저 사람이 어떻게 '나는 하늘에서 내려왔다.'고 말할 수 있는가?"(요한 6,42)

그런데 사도들은 예수님의 말씀을 믿고 따르며 그 말씀을 받아들였기 때문에 주님도 사도들을 믿고 그들에게 당신 자신을 개방하실 수 있었습니다. 이와 마찬가지로 주님은 우리에게 "그리스도의 복음을 고백"(2코린 9,13)하는 신앙심을 요구하십니다. 우리는 인성뿐 아니라, 빵과 포도주의 형상 안에 숨어 계시는 그리스도를 우리의 주님이시요 하느님으로 믿어야 합니다. "육신의 눈으로 빵과 포도주를 볼 때, 그것이 참되고 살아 있는 그분의 지극히 거룩하신 몸과 피라는 것을 보고 굳게 믿도록 합시다"라고 하신 프란치스코의 말씀대로 성체께 대한 깊은 신앙심과 주님의 말씀에 대한 깊은 신뢰심을 가질 때, 우리 자신을 주님께 전적으로 봉헌할 수 있으며, 우리를 조건 없이 주님께 개방할 수 있습니다.

하느님과 우리의 만남은 바로 이러한 신앙심 안에 이루어지는 것이며, 신앙 안에서 하느님을 만날 때 우리의 존재가 완성되고 구원을 얻게 됩니다. 그래서 이 권고 제1부에서 인용하신 주님의 말씀, 육적인 것은 아무 쓸모가 없는 것이고 생명을 주는 것은 영적인 것이라는 말씀을 잊지 말고, 주님을 영적으로, 즉 깊은 신앙심으로 바라보아야만 하겠습니다. 신앙은 절대적인 것이고 가장 중요한 것입니다.

주님은 성체 안에서 우리와 함께 계십니다. "내가 세상 끝 날까지 언제나 너희와 함께 있겠다"(마태 28,20) 하고 말씀하신 대로 주님은 믿는 이들과 함께 계십니다. 그분은 어좌에 앉아 계시면서도 매일매일 성체 안에서 당신의 비하와 겸손의 완성으로 인도하는 길입니다.

이렇게 주님은 성체 안에서 길이며 진리이며 생명입니다. 하느님께로 가는 길이시며, 아버지를 계시해 주시는 진리이시며, 우리를 생활케 하시는 생명입니다.

2. 성체가 우리 생활의 중심이 되어야 합니다

이 권고를 읽어가면서 성체께 대한 사부님의 깊은 신심을 보았습니다. 구원 역사에서 우리를 구원하시려는 하느님의 업적 중 성체가 그 절정에 있으며, 그리스도의 몸의 성사인 성체가 우리 그리스도교 생활의 중심이라는 것을 알게 되었습니다. 여기서 이 권고 제3부를 시작하는 질문(언제까지? 왜?)을 갖고 잠시 묵상하며 우리 생활에 적용하겠습니다.

1) 언제까지 굳은 마음을 가지렵니까?

우리도 솔로몬과 같이 주님께 "당신 종에게 듣는 마음을 주시어 당신 백성을 통치하고 선과 악을 분별할 수 있게 해 주십시오"(1열왕 3,9)라고 기도해야 하겠습니다. 개방된 마음, 신앙이 깊은 마음, 하느님의 신비를 받아들이는 마음을 주님께 청합시다. 그러면 사부님에게 생활 중심이 된 성체가 우리에게도 중심이 되겠고, 폐쇄적인 마음을 갖지 않을수록 더욱 더 가까이 그리스도를 통해서 아버지께로 갈 수 있게 될 것입니다. 우리 마음이 개방된 마음일수록 더욱더 쉽게 그리고 깊이 하느님을 만날 수 있습니다. 하느님은 보이지 않는 존재이시고 아무도 다가갈 수 없는 빛 속에 계시지만, 그러나 인간이 되신 그리스도 안에서 그분을 발견하며 만날 수 있습니다. 또한, 성체 안에서 "내가 세상 끝 날까지 언제나 너희와 함께 있겠다"고 하신 말씀대로 주님은 항상 우리와 가까이 계십니다.

2) 왜 진리를 깨닫지 못하고 하느님의 아들을 믿지 않습니까?

사랑은 진리로, 신앙으로, 신뢰심으로 우리를 인도할 것입니다. 결국, 주님을 믿으면 믿을수록 우리 자신을 주님께 더욱더 봉헌하게 될 것입니다. 그리하여 그분과 하나가 되어 사랑 안에서 그분을 닮게 될 것입니다.(1베드 1,14-16 참조) 우리도 사부님과 같이 미사성제의 가치를 인식한다면, 성체가 우리 각 공동체의 중심이 되는, 즉 성체를 중심으로 형제들이 모이는 공동체가 되어야 할 뿐만 아니라, 공동체의 생활에서 미사를 그 날의 가장 중요한 사건으로 여겨야 하며, 형제들이 함께 바치는 미사는 형제들의 일치를 외적으로 나타내고 내적으로 형제애와 서로 간의 일치를 창조하는 가장 기쁘고도 즐거운 사건으로, 함께하지 않으면 못 견딜 가장 중요한 일로 생각해야 합니다.

모든 형제가 모인 공동체가 개인적으로나 공동체적으로도 자기 자신을 위해서 아무것도 남겨 두지 않고 자기 자신 전부를 하느님께 바치면서, 또한 우리에게 당신 자신 전부를 바치시는 주님을 받아 모시면서 삼위일체이신 하느님과 일치하는 것은 얼마나 아름다운 광경입니까?

끝으로 "우리를 무척이나 사랑하신 그분의 사랑을 한없이 사랑해야 합니다"(2첼라노 196)라고 하신 말씀이 우리 모두의 자세가 되었으면 합니다.

권고 2

의지를 자기 것으로 삼는 악

✶

¹ 주님께서 아담에게 말씀하셨습니다. "너는 낙원에 있는 모든 나무"에서 "열매를 따 먹어도 된다. 그러나 선과 악을 알게 하는 나무에서는 따 먹으면 안 된다."(창세 2,16-17) ² 아담이 순종을 거스르지 않았을 때까지는 죄를 짓지 않았으므로, 동산에 있었던 모든 나무에서 열매를 따 먹을 수 있었습니다. ³ 그런데 자기 의지를 자기의 것으로 삼고, 자기 안에서 주님께서 말씀하시고 이루시는 선을 자랑하는 바로 그 사람은 선을 알게 하는 나무에서 열매를 따 먹는 것입니다. ⁴ 결국, 악마의 꾐에 빠져 계명을 거슬렀기 때문에, 먹은 것이 그에게 악을 알게 하는 열매가 되어 버렸습니다. 그래서 그런 사람은 벌 받아야 마땅합니다.

사부님의 권고 말씀 대부분은 성경 말씀으로 시작하고 그 성경 구절이 출발점이 되어 우리 생활에 구체적으로 적용됩니다. 권고 2는 하느님께 대한 인간의 순종을 시험한 창세기 2장 16절과 17절의 말씀으로 시작합니다.

1. 하느님과 우리와의 관계에서 순명은 기초가 됩니다

> 주님께서 아담에게 말씀하셨습니다. "너는 낙원에 있는 모든 나무에서 열매를 따 먹어도 된다. 그러나 선과 악을 알게 하는 나무에서는 따 먹으면 안 된다."(창세 2,16-17)(1절)

여기서 우리가 볼 수 있는 것은 피조물과 인간과의 관계입니다. 하느님은 하늘과 땅, 그리고 다른 피조물을 창조하시고 인간은 모든 피조물의 관리인으로 창조하셨습니다. 하느님은 모든 것을 인간을 위해 창조하셨으므로 인간은 그 모든 피조물을 사용할 수 있었습니다. 미사의 감사기도 제4양식에서 교회는 이렇게 기도하고 있습니다. "사람을 아버지의 모습대로 지으시어 우주 만물을 돌보게 하시고 창조주이신 아버지만을 섬기며 모든 조물을 다스리게 하셨나이다."

하느님은 왜 이런 금지 명령을 인간에게 내리셨습니까? 하느님이 선악과나무 열매를 따 먹지 말라는 명령을 내리신 것은 바로 인간이 하느님께 대한 올바른 자세를 가지게 하려고 하신 것입니다. 인간으로 하여금 하느님의 이 명령에 순종하면서 하느님을 모든 조물의 절대적 주인으로 인정하여, 하느님을 모든 것의 소유자로 받아들이는 자세를 갖게 하려고 하신 것입니다. 이 세상의 모든 것은 하느님의 소유이고 인간은 관리인일 뿐입니다. 이러한 사상은 사부님의 많은 글에서 볼 수 있습니다. 예를 들어 권고 7, 8, 11이 그렇습니다.

하느님은 모든 선의 주인이시며 그분은 모든 좋은 것을 인간에게 맡겨 주셨습니다. 그러므로 인간은 순명을 통해 하느님께 영광을 돌리고 하느님을 찬미하며 하느님을 주인으로 찬양해야 합니다. 하느님이 인간에게 순명을 요구하신 것은 인간을 교만에서 보호하시려는 것이었습니다. 자기가 모든 것의 주인이 되려는 위험에서 인간을 보호하시려는 것이었습니다. 바로 이 때문에 창세기 악마의 유혹은, 글자 그대로 알아듣기보다 금지 명령을 통하여 인간에게 순명을 요구하신 것으로 이해해야 하겠습니다.

하느님과 우리와의 관계, 또한 우리와 피조물과의 관계에서 순명은 그 기초입니다. 하느님은 인간에게 순명을 요구하실 수밖에 없습니다. 그렇지 않으면 당신의 주권을 포기하시는 것이 되기 때문입니다. 하느님은 영원한 주인이십니다.

하느님이 영원한 주인이시라는 것은 무엇을 의미합니까? 하느님이 영원한 주인이시라는 것은 당신이 절대적 결정권(절대적 주권)을 지니고 계신다는 것을 의미하며, 따라서 인간은 항상 하느님의 뜻을 따라 생활해야 한다는 것입니다. 하느님의 뜻이 바로 우리 생활의 올바른 방향을 제시해 주기 때문입니다. 이렇게 순명하는 인간의 자유로운 결정을 통해서 인간은 하느님을 받아들이는 것이고, 하느님께 영광을 돌리는 것입니다. 하느님께 영광을 돌려 드린다는 것은 다름이 아닌 하느님을 주인으로 인정하고 받아들이는 것입니다.

> 아담이 순종을 거스르지 않았을 때까지는 죄를 짓지 않았으므로, 동산에 있었던 모든 나무에서 열매를 따 먹을 수 있었습니다. 그런데 자기 의지를 자기의 것으로 삼고, 자기 안에서 주님께서 말씀하시고 이루시는 선을 자랑하는 바로 그 사람은 선을 알게 하는 나무에서 열매를 따 먹는 것입니다. 결국, 악마의 꾐에 빠져 계명을 거

슬렀기 때문에, 먹은 것이 그에게 악을 알게 하는 열매가 되어 버렸습니다. 그래서 그런 사람은 벌 받아야 마땅합니다.(2-4절)

이 말씀에서 우리는 죄에 대한 사부님의 개념을 알 수 있습니다. 죄란 법적이고 윤리적인 것만이 아니라, 하느님과 우리의 관계를 끊어 버리고 하느님께 대한 순명을 거부하며 하느님을 주인으로 받아들이지 않는 것입니다. 죄를 범할 때 우리는 하느님을 순명 안에서 섬기기보다 자기 자신을 섬기게 되며, 죄를 지을 때 주님을 주인으로 받아들이기보다 자기 자신이 주인이 되는 것입니다. 죄는 선이 무엇이고 악이 무엇인지를 인간 자신이 결정하는 것입니다. 죄는 아무 제한도 받지 않으려는 것이며, 한마디로 하느님의 주권을 인정하지 않으려는 것입니다. 죄는 "너희가 그것을 먹는 날, 너희 눈이 열려 하느님처럼 되어서 선과 악을 알게 될 줄을 하느님께서 아시고 그렇게 말씀하신 것이다"(창세 3,5)라고 말하는 악마의 유혹에 떨어지는 것입니다.

죄는 바로 하느님의 위치에 올라서는 것입니다. 이것이 바로 아담의 죄였습니다. 아담은 하느님의 주권을 받아들이지 않고 마치 자기가 주인인 양 모든 것을 자기 소유로 하려고 하느님의 명령에 순명하지 않았습니다. '하느님처럼 선과 악을 알려는' 아담의 이 죄, 즉 하느님께 순명하지 않고 자기 자신의 주인이 되려는 것은 우리가 죄를 범할 때도 계속해서 반복됩니다. 말하자면 우리도 아담처럼, 나에게 선과 악이 되는 것을 내가 결정하고, 다른 피조물의 주인이 되려는 것은 물론이고 나 자신의 주인인 것처럼 행동한다는 것입니다.

성 프란치스코의 이런 개념은 다음의 두 문장에 아주 잘 표현되어 있습니다.

1) 자기 의지를 자기의 것으로 삼고

이 간단한 문장에서 우리는 성 프란치스코의 순명에 대한 개념을 볼 수 있습니다. 죄를 범할 때 인간은 자기의 의지를 그릇되게 사용하고 하느님의 선물 중 가장 위대하고 가장 아름다운 선물인 자유를 악용하게 됩니다. 인간의 완성은 바로 하느님께 대한 순명에 있습니다. 하느님을 자유롭게 섬기면서 하느님의 자유로운 종이 될 때 비로소 인간의 완성이 이루어집니다. 그러므로 죄는 인간의 완성을 방해하는 것입니다.

자기 자신의 주인이 되려는 인간은 자기 자신의 노예가 되고 맙니다. 악마의 꼬임에 빠져 악마의 노예가 되고 맙니다. 하느님의 자유로운 종이 되지 않으려는 사람은 반드시 하느님을 대항하는 세력의 노예가 되고 맙니다.

결국, 순명이란 자기 의지를 자기의 것으로 주장하지도 생각하지도 않는 것입니다. 하느님이 원하시는 대로 하느님의 뜻을 이루는 것입니다.

자기 의지를 자기 것으로 삼는다는 이 표현에서 우리는 또 한 가지를 배울 수 있습니다. 하느님께 대한 순명 외에도 가난에 대해서 우리에게 가르쳐 주십니다. 가난에 대해 말씀하실 때 특수한 표현, 즉 "소유 없이"라는 표현을 자주 하십니다. 그리고 순명에 대해 말씀하실 때도 가끔 "자기 의지를 자기 것으로 하지 않는다"는 표현을 사용하십니다.

수도자들이 서원하는 세 가지 복음적 권고인 정결, 가난, 순명이 맨 처음 기록으로 나타난 것은 바로 우리 수도규칙입니다. 그 전의 수도자들도 물론 가난과 정결을 지키면서 살았지만 순명만을 서약했습니다. 세 가지 복음적 권고의 제일 오래된 기록은 성 프란치스코가 작성한 1221년의 인준받지 않은 수도규칙 1장입니다.

이렇게 순명은 소유 없는(Sine proprio) 우리 생활, 즉 일종의 가난입니다. 순종은 가난과 같은 것이며, 따라서 내적 가난, 혹은 영의 가난이라고도 말할 수 있습니다. 그래서 자기의 뜻을 포기하는 순명은 프란치스칸 생활에 가장 중요한 역할을 하고 있습니다. 그리고 물질이나 외적인 물건들을 포기하는 가난보다 내적인 것들과 자기의 의지까지도 포기하게 하는 순종은 더욱 어려운 것이며 따라서 사부님은 더 많은 희생을 권고 2에서 요구하십니다.

2) 자기 안에서 주님께서 말씀하시고 이루시는 선을 자랑하는
   바로 그 사람

사부님은 이 말씀으로 참된 겸손, 내적 가난을 설명해 주십니다. 주님이신 하느님은 만물의 창조주일 뿐만 아니라, 우리의 입과 행동을 통해서 이루어지는 모든 선행의 창조자이십니다. 그래서 우리는 그 선행을 우리의 것으로 생각하지도 말고, 우리를 통해서 이루어지는 그 선행을 우리의 소유라고 주장하지도 말아야 하며, 오히려 하느님을 모든 선의 주인으로 생각하고 모든 영광을 하느님께 돌려드려야 합니다.

여러분도 경험으로 아시겠지만, 내적인 가난과 겸손이 얼마나 힘든 것입니까? 인간은 본능적으로 다른 이들로부터 인정을 받으려고 자기가 잘한 것에 대해서 자랑도 하고, 어떤 때는 과장도 하면서 잘된 일이 자기 것인 양 생각하고 말하게 됩니다. 이것이 사부님에게는 자기 것이 아니고 하느님의 소유인 선행을 자기 소유로 만드는 것이며, 따라서 도둑질하는 것입니다. 이런 사람은 참으로 가난한 사람이 아닙니다.

이와 똑같은 내용이 권고 8의 3절에도 나옵니다. "따라서 누구든지 주님께서 자기 형제 안에서 말씀하시고 이루시는 선을 보고 그 형제를

시기하면, 모든 선을 말씀하시고 이루어 주시는 지극히 높으신 분 자신을 시기하는 것이기에(마태 20,15 참조) 하느님을 모독하는 죄를 범하는 것입니다." 질투의 상대자는 사람이 아니고 하느님이십니다. 그러므로 나나 다른 형제자매를 통해서 좋은 말씀을 하시고 선을 이루실 때 자기 자랑이나 질투는 필요 없는 것입니다.

사부님의 이 말씀을 긍정적으로 보면, 참으로 가난한 사람은 권고 11,4절의 "황제의 것은 황제에게 돌려주고, 하느님의 것은 하느님께"(마태 22,21) 돌려드리라고 하신 그리스도의 말씀대로 모든 영광스러운 일과 선한 모든 것을 하느님께 돌려드리는 사람입니다. 참으로 겸손한 사람은 자기를 위해서 아무것도 남겨 두지 않고 하느님의 절대적인 주권을 받아들이는 사람입니다. 겸손과 가난은 소극적인 덕행이 절대 아닙니다. 말로 다할 수 없는 노력을 요구하는 적극적인 덕행입니다.

3) 선을 알게 하는 나무에서 열매를 따 먹는 것입니다

맨 처음에 하느님의 뜻을 받아들이지 않은 것은 악마입니다. 하느님께 순명하는 것을 맨 처음으로 거부했던 마귀는 허위적인 약속으로 인간을 현혹하여 하느님과 멀어지게 하고 하느님을 등지게 하려고 늘 인간을 유혹하고 있습니다. 그러므로 악마의 유혹에 빠지는 사람은 하느님을 주인으로 받아들이지 않기 때문에 악한 사람이 되며 악으로 향하게 되는데, 결국, 하느님과의 관계가 끊어지고 선 자체이신 하느님의 원수가 됩니다. 인간은 불순종으로 하느님의 자유로운 종의 상태에서 벗어나 악마의 노예가 되는 상태에 떨어지게 됩니다. 하느님의 세계와 악마의 세계는 타협이 있을 수 없기 때문에 하느님의 종이 되느냐 악마의 노예가 되느냐, 이 둘 중의 하나를 택해야 하는 것입니다.

4) 그런 사람은 벌 받아야 마땅합니다

아담과 하와가 무슨 벌을 받게 되었는지 우리는 잘 알고 있습니다. 그들은 낙원에서 쫓겨나 하느님과 가까이 사는 행복을 잃게 되었습니다. 하느님은 아담과 하와가 원하는 대로 그대로 해주셨습니다. 하느님을 불신하여 하느님과의 관계를 끊으려고 한 아담과 하와의 뜻대로 하느님은 해주셨습니다. 이것이 바로 아담과 하와가 받은 벌입니다. 이제 아담과 하와는 하느님과 관계없이 살게 되는데 그들은 주님이 없는 생활의 고독과 주님과 멀리 떨어져 사는 생활의 불행이 얼마나 큰 것인가를 체험하게 되었습니다. 하느님을 불신했기 때문에 피조물들도 인간의 원수가 되었고, 인간도 땀 흘려 먹게 되었으며, 결국 죽음을 당하게 되었습니다.

> 네가 아내의 말을 듣고, 내가 너에게 따 먹지 말라고 명령한 나무에서 열매를 따 먹었으니, 땅은 너 때문에 저주를 받으리라. 너는 사는 동안 줄곧 고통 속에서 땅을 부쳐 먹으리라. 땅은 네 앞에 가시덤불과 엉겅퀴를 돋게 하고 너는 들의 풀을 먹으리라. 너는 흙에서 나왔으니 흙으로 돌아갈 때까지 얼굴에 땀을 흘려야 양식을 먹을 수 있으리라. 너는 먼지이니 먼지로 돌아가리라.(창세 3,17-19)

이와 마찬가지로 하느님께 대한 불신과 교만 때문에 죄를 짓는 우리도 하느님이 없는 생활, 그런 생활의 고독과 불행을 벌로 받게 된 것입니다.

2. 순명 안에서 주님을 찬미합시다

1) 하느님께 대한 우리의 순명

우리는 하느님께 어떻게 순명하고 있습니까? 다른 모든 것보다 하느님의 뜻이 우리에게 정말 절대적인 것입니까? 우리가 하루에도 여러 번 "아버지의 뜻이 하늘에서와 같이 땅에서도 이루어지소서!"라는 기도를 바치면서 정말 무슨 말을 하고 있는지 알고 바칩니까? 나의 생활에 누가 주인공의 역할을 하고 있습니까? 하느님인가 나인가를 자주 자문해야 합니다. 정말로 누구의 뜻을 따르려고 하는지 우리 양심에 물어보아야 합니다.

하느님의 뜻을 발견하려고 특별히 노력하고 있습니까? 하느님의 뜻은 십계명뿐만 아니라 성경, 수도규칙, 하느님의 대리자들, 자신의 양심 등 여러 가지 방법으로 알 수 있습니다. 앞에서도 말했듯이 하느님의 뜻에 순명할 때 하느님의 뜻을 찬미하는 것이고 모든 것을 하느님께 돌려드리면서, 즉 하느님을 주인으로 인정하면서 주님으로 받아들이는 것입니다. 그러므로 아무 소유 없는, 자기 자신까지 포기하는 이러한 가난 속에서 생활할 때 하느님을 주인으로 찬미하는 것이며 하느님의 절대적인 주권을 받아들이는 것입니다.

2) 하느님 앞에서 우리의 겸손

하느님 앞에서 나를 어떻게 평가하고 있습니까? 나라는 사람, 나의 존재, 내가 가진 모든 것이 하느님의 것임을 깊이 인식하며 의식하고 있습니까? 내가 알고 있거나 내가 갖고 있는 모든 자연적, 초자연적 능력이 하느님의 선물이며 따라서 하느님의 소유라는 것을 인식하고 있는지 반성해야 합니다.

하느님은 모든 피조물을 우리에게 선물로 주셨고, 우리는 피조물을 올바르게 관리하여 하느님의 영광을 위해 사용해야 합니다. 우리는 관리인일 뿐 주인이 아니라는 것을 알아야 하며 모든 것을 하느님께 되돌려드려야 합니다. 인간이 목적이 되어서는 안 된다는 것입니다. 따라서 우리는 자신의 자연적, 혹은 영적인 능력 등에 대해서 자랑하지 말아야 하고 그것이 내 것인 양 생각하지도 말아야 하며 교만해서도 안 됩니다.

이렇게 내적인 가난이라고 볼 수 있는 겸손은 각자의 자만심과 자랑 등을 물리치는 것이며, 참으로 겸손한 사람이란 하느님을 사랑하고 섬기며 언제나 하느님의 영광만을 찾는 사람입니다.

3) 죄 앞에서 우리의 태도

우리는 죄를 어떻게 보고 있으며, 어떻게 대항하고 있습니까? 사부님처럼 본능적으로 죄가 얼마나 무서운 것인지를 알고 악의 신비를 인식하고 있습니까? 아니면 죄를 별것이 아닌 것으로 생각하고 있습니까? 유혹을 당할 때 어떻게 물리치고 있습니까? 특히 공동생활을 하면서 나의 교만과 자만심을 꺾을 기회가 생길 때, 자신의 성격대로 하고 있습니까? 나의 교만한 성격을 극복하려고 노력하고 있습니까?

만약 우리가 죄 중에 있다면, 벌 받는 것은 마땅한 일(5절)이라는 사부님의 말씀을 명심해야 합니다. 죄 중에 있는 사람의 마음에 하느님이 계실 수는 없습니다. 하느님과 악과의 타협은 있을 수 없습니다.

이와 반대로 아무 소유 없는 가난과 겸손 속에서 생활하려고 노력하는 사람의 마음에는 죄악이 들어갈 자리가 없습니다. "행복하여라, 마음이 가난한 사람들!"(마태 5,3)이라는 주님의 말씀대로 영으로 가난한 사람,

내적으로 겸손한 사람은 이미 하느님 나라에 들어간 사람이고, 하느님은 그에게 중심이 됩니다.

사부님 권고 2의 말씀처럼 참된 행복이란 하느님께 대한 순명과 가난 속에 살면서 자기 자신을 하느님의 한 도구로 인식하고 하느님의 도구로서 하느님과 그분의 영광을 찾는 데 있는 것입니다.

권고 3

완전한 순종

✻

¹ 주님께서 복음에서 말씀하십니다. "자기 소유를 다 버리지 않는 사람은 내 제자가 될 수 없다."(루카 14,33) ² 그리고 "정녕 자기 목숨을 구하려는 사람은 목숨을 잃을 것이다."(루카 9,24) ³ 자기 장상의 손 안에서 순종하기 위해 자기 전부를 바치는 사람은 가지고 있는 것을 모두 버리고 [자기 영혼과] 자기 몸을 잃는 사람입니다. ⁴ 그리고 장상의 뜻을 거스르지 않는다는 것을 본인 자신이 알고, 또 하는 일이 선한 것이라면, 그가 행하고 말하는 것은 무엇이나 참된 순종입니다. ⁵ 그리고 아랫사람은 장상이 자신에게 명하는 것보다 자신의 영혼에 더 좋고 더 유익하다고 여기는 경우가 있을 때라도, 기꺼이 자기 것을 하느님께 희생으로 바칠 것입니다. 그리고 장상이 명한 것을 실행에 옮기도록 힘쓸 것입니다. ⁶ 사실, 이렇게 하는 것이 하느님과 이웃을 흡족케 하므로, 이것이야말로 사랑의 순종(참조: 1베드 1,22)이 됩니다.

⁷ 그러나 만약 장상이 아랫사람에게 그의 영혼에 거스르는 어떤 것을 하도록 명한다면, 그 장상에게 순종하지 않아도 되지만 그를 버리지는 말아야 합니다. ⁸ 그리고 만일 이 때문에 다른 이들로부터 핍박을 당하더라도 하느님 때문에 그들을 더욱더 사랑하도록 해야 할 것입니다. ⁹ 왜냐하면 자기 형제들과 헤어지기를 바라기보다는

핍박을 견디는 이가 자기 형제들을 위하여 "자기의 목숨"(요한 15,13)을 내놓기에 완전한 순종에 참으로 머무는 사람이기 때문입니다. ¹⁰ 사실, 자기 장상들이 명하는 것보다 더 나은 것을 본다는 핑계로, 뒤를 돌아다보며(참조: 루카 9,62), "토해 낸"(잠언 26,11; 2베드 2,22) 자기 의지로 되돌아가는 수도자들이 많습니다. ¹¹ 이들은 살인자들이며 또한 자기들의 악한 표양으로 많은 영혼을 잃게 합니다.

성 프란치스코의 정신과 영성을 배우는 데 무엇보다도 중요한 글이 바로 이 권고 3의 말씀입니다. 다른 글들은 대부분 어떤 목적을 위해서 쓰신 것입니다. 예를 들어 수도규칙은 수도회의 인가를 받기 위해서 오랫동안 폰테 콜롬보Fonte Colombo에 있는 은둔소에서 기도하면서 작성하셨고, 유언은 병중에 있으면서 심리적으로 형제회에 대해 염려하는 가운데 쓰셨습니다. 그래서 유언에는 그분답지 않은 강한 표현들이 많이 있음을 발견할 수 있습니다.

권고 말씀들은 형제들이 자연스럽게 모이는 때 아무 준비 없이 그때그때 필요하다고 생각하여서 하신 말씀들이기 때문에 사부님의 정신을 잘 보여 주는 아주 중요한 글입니다.

권고 말씀의 공통점은 두 가지로 내적 가난과 형제애입니다.

성 프란치스코는 형제회의 생활에서 특히 순명을 중요시했습니다. 예를 들면 형제회의 생활에서 입회라는 말을 쓰지 않고 "순종 생활로 받아들인다"라는 표현을 사용하십니다. 성녀 클라라의 수도규칙 역시 같은 표현을 사용합니다. 우리가 프란치스칸 생활의 근본으로 가난만을 생각해 왔기 때문에 처음에는 이상하게 들릴 수도 있습니다. 우리가 평소 순종과 가난을 지나치게 분리해 생각해 온 데 반해 성 프란치스코는 순종을 항상 가난과의 관계에서 보았습니다.

제1부: 1-6절

1. 자기 의지의 포기

> 주님께서 복음에서 말씀하십니다. "자기 소유를 다 버리지 않는 사람은 내 제자가 될 수 없다."(루카 14,33) 그리고 "정녕 자기 목숨을 구하려는 사람은 목숨을 잃을 것이다."(루카 9,24)

성 프란치스코는 다른 권고와 마찬가지로 여기서도 프란치스칸 공동체 생활에서 중요하게 여겨지는 복음 말씀으로 시작하고 있습니다. 주님이 제자들에게 하신 이 말씀들은 주님이 오늘 우리에게도 하시는 말씀들입니다. 수도자는 물론이고 프란치스칸들에게 특별한 의미로 적용되는 말씀들입니다.

주님의 제자가 되려면 모든 것을 버리고 모든 것을 포기해야 합니다. 모든 것 중에서도 먼저 자기 자신을 버려야 합니다. 완전히 가난한 사람이 될 것을 요구하시는 말씀들입니다. 주님의 제자가 되려면 자기 자신을 위해서 아무것도 남겨 두지 말아야 합니다.

> 그러므로 여러분에게 당신 자신 전부를 바치시는 분께서 여러분 전부를 받으실 수 있도록 여러분의 것 그 아무것도 여러분에게 남겨 두지 마십시오.(형제회 편지 29)

주님의 제자라면 주님의 소유가 되어야 하고 더욱더 완전하게 주님의 소유가 되기 위해 항상 노력하는 자세를 취해야 합니다.

자기 장상의 손 안에서 순종하기 위해 자기 전부를 바치는 사람은 가지고 있는 것을 모두 버리고 [자기 영혼과] 자기 몸을 잃는 사람입니다.(3절)

그러면 가지고 있는 모든 것을 버리는 사람, 자기 자신을 잃은 사람은 누구입니까? "자기 장상의 손 안에서 순종하기 위해 자기 전부를 바치는 사람입니다." 즉 자기 의지와 뜻을 완전히 버리고 바치는 사람입니다.

물론 인간은 자기 뜻과 주장대로 생활해 나갈 수 있으며 그것은 인간이 받은 선물 중 가장 고결한 선물입니다. 사실 여러분도 경험으로 알겠지만 자기의 뜻을 버리는 것보다 더 어려운 것은 없을 것입니다. 그렇다고 무조건 자기 자신의 뜻과 의지를 포기하라는 것이 아닙니다. 다만 우리의 뜻보다 더 높은 뜻, 즉 하느님의 뜻이 우리 생활 안에 이루어지도록 하기 위한 것입니다. 그래서 성 프란치스코는 인준받은 수도규칙 10장 2절에서 이렇게 권고해 주십니다. "아랫형제들은 하느님 때문에 자기 의지를 포기했다는 것을 기억할 것입니다."

우리는 주님을 섬기려는, 주님의 뜻만을 따르려는, 주님께 순명 하려는 자세를 지녀야 합니다. 그러나 우리는 하느님을 볼 수 없고 그분의 목소리도 들을 수 없습니다. 그러므로 하느님은 당신의 뜻을 반드시 인간들을 통해 밝혀 주십니다. 인간적인 도구를 통해서, 어쩌면 너무나도 인간적일지도 모르겠지만 바로 장상을 통해서 밝혀 주십니다.

제2차 바티칸 공의회가 가르쳐 주시는 대로 순종이란 "자기 의지를 희생 제물로 온전히 하느님께 바치는 것"이며 "수도자는 성령의 인도로 신앙 안에서 하느님의 대리자인 장상들에게 순명한다"는 것입니다.(수도생활 교령 14) 이러한 순명은 신앙 안에서만 가능하며 따라서 우리에게 큰 신앙심이 요구됩니다. 즉 장상이 하느님의 대리자로서 우리를 인도한다는 것을 믿는 신앙심과, 성령이 교회 안에서 활동하신다는 것을 믿는 신앙심입니다.

> **그리고 장상의 뜻을 거스르지 않는다는 것을 본인 자신이 알고, 또 하는 일이 선한 것이라면, 그가 행하고 말하는 것은 무엇이나 참된 순종입니다.(4절)**

참된 순명은 그저 장상의 명령만을 따르는 것만이 아니며, 또한 장상이 무엇을 지시할 때나 명령할 때만 순명하는 것으로는 너무 부족합니다. 순명의 범위는 이보다 훨씬 넓습니다. 수도자의 모든 생활과 행동이 순명의 정신에 젖어 있어야 하는 것입니다. 장상의 뜻을 거스르는 일이 있어서는 안 되고, 명령이 없더라도 언제나 그 뜻을 따르려는 것입니다.

성 프란치스코는 순명의 한계를 인정합니다. 즉 그 일 자체도 선이라면. 그러니까 장상이 명하거나 원하는 것이 악이 아니고 선일 때, 그것이 바로 순명의 한계입니다. 순명을 통해 우리가 따르는 하느님의 뜻이 악이 될 수 없기 때문입니다. 이때 참된 순명이 됩니다.

사부님은 장상에게도 요구하십니다. 장상도 어떤 지시를 내리기 전에 하느님의 뜻을 알고 발견하기 위해서 온갖 방법을 사용해야 합니다. 사부님의 생애에도 자주 나오듯이 순종하기보다 장상의 소임을 수행하기가 훨씬 어렵습니다. 아랫사람은 주어진 대로, 또 장상이 원하는 대로 생활하면 되지만, 장상은 그때그때 하느님의 뜻을 발견해야 하기 때문에 힘이 듭니다. 이 권고에서는 아랫사람의 자세에 대해 말씀하시고, 권고 4에서는 장상의 자세에 대해서 말씀하시므로 장상에 대해서는 그때 다시 자세하게 설명하겠습니다.

> 그리고 아랫사람은 장상이 자신에게 명하는 것보다 자신의 영혼에 더 좋고 더 유익하다고 여기는 경우가 있을 때라도, 기꺼이 자기 것을 하느님께 희생으로 바칠 것입니다. 그리고 장상이 명한 것을 실행에 옮기도록 힘쓸 것입니다.(5절)

어떤 문제에 대해서는 장상보다 아랫사람이 더 올바르게 판단할 수 있습니다. 사부님의 표현대로 "자신의 영혼에 더 좋고 더 유익하다고 여기는 경우가 있을 때" 어떻게 해야 합니까? 사부님은 그런 경우라도 자기 판단과 자기 의견을 따르는 것보다 순명하라고 하십니다.

물론 여기서도 "장상의 명령이나 그 일 자체도 선"이라는 원칙이 적용되지만, 순명하지 않고 보다 큰 선을 얻기보다 순명하는 가운데서 작은 선을 얻는 것이 더 낫다는 것입니다. 나의 주장이 옳더라도 양보할 때 인간은 정말로 자기 자신을 버리는 것이 되며, '가지고 있는 것을 모두 버리고 자기 영혼과 자기 몸을 잃는' 것이 되기 때문입니다. 이런 때일수록 하느님께 모든 것을 내맡기는 큰 신앙심이 요구됩니다. 하느님은 우리가 생각하는 것과는 다른 방법으로, 우리가 계획하는 것과는 다른 계획으로 우리를 구원하십니다.

우리는 깊은 신앙심으로 하느님 손에 자기 자신을 내맡기는 신앙심을 키워야 합니다. 제2차 바티칸 공의회 문헌 중 수도생활 교령에서 순명에 대해 말할 때 신앙심을 강조하는 것도 바로 이런 이유 때문입니다. 우리가 장상에게 순명하는 것은, 장상이 능력이 많아서가 아니라 그가 하느님의 대리자이기 때문입니다. 장상과 의견 충돌이 생길 때도 장상이기 때문에 양보하는 것이 아니라, 그가 하느님의 대리자임을 믿기 때문에 신앙 안에서 포기하는 것입니다. 하느님은 나의 방법이 아닌 당신의 방법으로 우리를 인도하십니다.

사실, 이렇게 하는 것이 하느님과 이웃을 흡족케 하므로, 이것이야말로 사랑의 순종이 됩니다. (6절)

사부님은 여기서 신앙심 이외에 사랑을 요구하십니다. 인준받지 않은 수도규칙 5장 15절에 "이것이 바로 우리 주 예수 그리스도의 참되고 거룩한 순종입니다"라는 내용처럼 우리의 순명은 하느님과 이웃을 흡족하게 하는 것이며 이는 예수님의 순종을 생각하면 쉽게 이해할 수 있습니다. 이것은 바오로 신학이라 불리는 것으로, 바오로 사도는 그리스도께서 십자가 위에서 돌아가심으로써 구원하신 것이 아니라 십자가상의 죽음을 받아들이실 정도로 순명하셨기 때문에 우리를 구원하신 것이라고 자주 말씀하십니다. 그리스도의 순명은 구원적인 가치를 지니고 있기 때문입니다.

우리의 순명도 이런 구원적인 가치를 지니고 있습니다. 수도자의 순명은 바로 그리스도의 순명에 참여하는 것입니다. 이러한 의미에서 순명은 하느님은 물론 이웃을 흡족하게 하는 것입니다. "그리스도 예수님께서 지니셨던 바로 그 마음을 여러분 안에 간직하십시오"(필리 2,5)라고 하신 바오로 사도의 말씀대로 우리도 그리스도와 같은 마음으로 순명해야 합니다. 이러한 순명은 하느님을 기쁘게 해 드리는 것은 물론이고, 그리스도의 구원에 참여하는 것이기 때문에 이웃에게도 유익이 됩니다. 수도생활을 하면 할수록 어려워지는 것이 바로 순명입니다.

나이를 먹을수록, 자기의 주장이 강해지고 그만큼 다른 사람의 의견을 받아들이기 어렵게 됩니다. 그러나 우리는 순명을 어쩔 수 없이 짊어지고 가야 할 하나의 짐처럼 생각할 것이 아니라, 그리스도의 구원에 참여하는 것이므로 우리를 구원하실 때 예수님이 지니셨던 바로 그 사랑하는 마음과 자세로 해야 합니다.

> 수도자는 하느님의 뜻을 믿고 사랑하는 마음으로 … 겸손되이 순명하여야 한다.(수도생활 교령 14)

사부님은 이와 같은 내용을 6절에서 이렇게 표현하고 있습니다. "이것이야말로 사랑의 순종이 됩니다."

2. 순종을 통해서 구원에 참여합시다

권고 3은 오늘날 우리에게도 해당하는 것을 지적하시는 것 같습니다.

사부님이 요구하시는 순종은, 특히 순종의 정신이 희미해져 가는 우리 시대에 더욱더 절실합니다. 그 말씀을 거울삼아 우리의 순종을 반성해 봅시다.

1) 우리는 주님의 말씀을 위해 모든 것을 버리기로 준비되어 있습니까?

한 형제가 의견 주머니를 간직하고 있다면, 그 형제는 주님을 위하여 아무것도 포기하지 않은 것이라고 이야기하곤 하였다.(2첼라노 140)

자기 의지를 버리지 못하는 사람은 참으로 주님의 가난한 사람이 아닙니다. 외적인 것은 버리기 쉽습니다. 그러나 자기 자신을 버리는 것, 자기 의지를 포기하는 것은 매일매일 일생 노력해야 합니다. 나이를 먹을수록 더 어려워집니다.

"아버지의 뜻이 이루어지소서!"라는 이 기도는 바로 우리의 기도가 되어야 하고, 아버지의 뜻을 이루려는 마음 자세를 취해야 합니다. 하느님의 나라가 임하시도록 우리의 전부를 바쳐야만 합니다. 순종의 참된 의미는 바로 이것입니다. 하느님의 나라가 임하시는 데 협력하는 것입니다.

2) 교회가 하느님의 대리자로 정해 주는 장상에게 순명할 준비가 되어 있습니까?

순명하는 형제는 장상 안에서 인간을 볼 것이 아니라 그리스도를 보아야 합니다. 왜냐하면 그는 그리스도에 대한 사랑 때문에 자기 자신을 내놓았기 때문입니다. 장상이 부족한 사람이면 부족한 사

람일수록 그에게 순종하는 형제의 겸손은 하느님을 더욱 즐겁게 하는 것입니다.(2첼라노 151)

명하는 이가 보잘것없는 사람이면 그럴수록 순종하는 이의 겸손은 더욱 값진 것입니다. 우리도 이런 신앙을 가졌는지, 신앙적으로 보려고 노력하고 있는지, 아니면 인간적으로 보고 판단하고 있는지 반성해야 하겠습니다.

우리가 모든 것을 신앙적으로 보려고 노력하고 있다면 언젠가는 주님이 보시는 대로 보는, 주님의 맑은 눈을 갖게 될 것입니다. 요한복음의 눈먼 사람같이 우리도 새로운 눈, 주님의 눈을 얻게 될 것입니다.

그가 밖으로 내쫓겼다는 말을 들으신 예수님께서는 그를 만나시자, "너는 사람의 아들을 믿느냐?" 하고 물으셨다. 그 사람이 "선생님, 그분이 누구이십니까? 제가 그분을 믿을 수 있도록 말씀해 주십시오." 하고 대답하자, 예수님께서 그에게 이르셨다. "너는 이미 그를 보았다. 너와 말하는 사람이 바로 그다." 그는 "주님, 저는 믿습니다." 하며 예수님께 경배하였다. 그때에 예수님께서 이르셨다. "나는 이 세상을 심판하러 왔다. 보지 못하는 이들은 보고, 보는 이들은 눈먼 자가 되게 하려는 것이다." 예수님과 함께 있던 몇몇 바리사이가 이 말씀을 듣고 예수님께, "우리도 눈먼 자라는 말은 아니겠지요?" 하고 말하였다. 예수님께서 그들에게 이르셨다. "너희가 눈먼 사람이었으면 오히려 죄가 없었을 것이다. 그러나 지금 너희가 '우리는 잘 본다.' 하고 있으니, 너희 죄는 그대로 남아 있다."(요한 9,35-41)

"주님, 저는 믿습니다"라고 한 맹인의 자세가 우리의 자세가 되어야 합니다. 이와 반대로 언제나 자기 눈이 옳고 자기 판단이 나으며 자기 스스로 잘 본다고 하는 사람은 "너희 죄는 그대로 남아 있다"고 주님의 꾸지람을 듣게 될 것입니다. 항상 장상보다 자기 의견이 낫다고 생각하는 사람은 오히려 영적으로 눈먼 사람이 되고 말 것입니다.

우리는 장상의 결점이나 결함 때문에 순종할 것을 거부하지는 않았습니까?

"그리하여 나아만은 하느님의 사람이 일러 준 대로, 요르단 강에 내려가서 일곱 번 몸을 담갔다. 그러자 그는 어린아이 살처럼 새살이 돋아 깨끗해졌다."(2열왕 5,14) 시리아 사람 나환자 나아만은 자기 의지를 꺾고 하느님의 사람 엘리사가 시키는 대로 하여 몸이 깨끗이 나았습니다.

물론 장상이나 책임자 수녀가 말할 때 노예같이 순종해야 한다는 말은 아닙니다. 아랫사람도 자기 의견을 발표할 줄 알아야 합니다. 그리고 장상의 명에 대해 선과 악을 판단할 수 있어야 합니다.

> 그러나 만일 봉사자들 가운데 누군가가 어떤 형제에게 우리 생활과 반대되거나 영혼에 해가 되는 것을 명한다면 그에게 순종할 의무가 없습니다. 범죄나 죄를 저지르게 하는 그런 순종은 있을 수 없기 때문입니다.(비인준 규칙 5,2)

우리는 장상이라는 한 인간에게 순명하는 것이 아니고 그를 통해 하느님께 순종하는 것입니다. 참된 순종이 추구하는 것은 언제나 어디서나 하느님의 뜻을 이루는 것입니다. 한편으로 우리는 장상의 지시에 대해 지나치게 판단하는 경우와 또 너무 판단하지 않는 두 경우 모두를 피해야 합니다.

장상이 무엇을 물어올 때 함께 하느님의 뜻을 찾는 자세가 되어 있어야 합니다. 하느님은 반드시 장상을 통해서만 당신의 뜻을 밝히시는 것이 아니라 공동체 안에서 가장 보잘것없는 형제를 통해서도 말씀해 주십니다. 또 의견 교환 때 지나치게 자기주장만을 내세워도 안 됩니다. 발표하는 것에서 끝나지 않고 반드시 자신의 주장을 관철하려는 태도는 이미 하느님의 뜻을 찾는 태도가 아닙니다. 공동체 생활에서 상대방의 의견도 내 의견 못지않게 진리가 있을 수 있음을 인정해 주고 존중해 주어야 합니다.

3) 우리는 그리스도처럼, 그리스도와 함께 순종할 준비가 되어 있습니까?

대부분 사람은 하느님의 뜻을 등지고 자기의 뜻만을 따르고 생활합니다. 완전한 선이신 하느님을 떠나서 자기 자신의 완성과 행복을 찾고 있는 것입니다.

교회 안에서도 평신도들이나 성직자들이 어머니인 교회에 대해 불순종으로 그리스도의 신비체에 많은 고통과 상처를 입히고 있습니다. 수도자의 순명은 교회의 이러한 아픔을 덜어 주는 것이며 그것이 수도자의 신앙에 의한 순종이 아닌가 생각합니다.

"한 지체가 고통을 겪으면 모든 지체가 함께 고통을 겪습니다. 한 지체가 영광을 받으면 모든 지체가 함께 기뻐합니다. 여러분은 그리스도의 몸이고 한 사람 한 사람이 그 지체입니다"(1코린 12, 26-27)라고 하신 바오로 사도의 말씀대로, 교회 신비체의 많은 지체들의 불순종으로 교회가 당하는 고통을 신앙에 의한 우리의 순명으로 덜어 주어야 합니다. 과거에도 그러했듯이 오늘의 교회도 수도자의 이런 순명을 필요로 하고 있습니다.

"내가 너희에게 한 것처럼 너희도 하라고, 내가 본을 보여 준 것이다"(요한 13,15)라는 말씀처럼 순명할 때 우리는 그리스도를 본받는 것이고 그리스도의 구원적인 순명에 참여하는 것입니다.

"우리는 언제나 예수님의 죽음을 몸에 짊어지고 다닙니다. 우리 몸에서 예수님의 생명도 드러나게 하려는 것입니다."(2코린 4,10) "그리스도의 환난에서 모자란 부분을 내가 이렇게 그분의 몸인 교회를 위하여 내 육신으로 채우고 있습니다"(콜로 1,24)라고 하신 바오로 사도의 말씀처럼 우리는 순명이 어려울 때 순명을 통해서, 순명하기 위해서 십자가에 못 박히신 그리스도의 구원에 참여한다는 것을 확신해야 합니다. 그리고 이런 정신으로 미사성제를 드리고 우리 자신을 희생 제물로 주님께 봉헌해야 합니다. 우리는 수도생활, 이 순명의 십자가를 기꺼이 지는 힘을 미사성제에서 얻습니다. 미사가 바로 십자가의 제사이기 때문입니다.

> 모든 형제들은 "주님의 계명을 어기고"(시편 118,21) 순종을 벗어나 돌아다닐 때마다, 그것을 알면서도 그 죄 중에 머물러 있는 한, 예언자의 말대로 자신들이 순종을 벗어난 저주받은 자임을 알아야 합니다. 그리고 거룩한 복음과 자신의 생활을 통하여 약속한 주님의 계명을 굳게 지킬 때, 자신들이 참된 순종 안에 머물러 있게 되고, 주님의 축복을 받는 자들이 된다는 것을 모든 형제들은 알아야 합니다.(비인준 규칙 5,16-17)

신앙 안에서 주님의 거룩한 복음에 순명할 때 사부님은 우리를 축복하실 것이고, 죄 중에 머무는 것인 줄 알면서도 순명의 자세를 거부할 때 저주를 받을 것입니다.

제2부: 7-11절

내적 가난의 절정은 바로 순명입니다. 자기 자신을 위해 아무것도 남겨 두지 않고 자기 자신까지도 버리고 모든 것을 바치는 내적으로 가난한 사람만이 순명의 참뜻을 알 수 있습니다. 순명은 한마디로 자기 자신에게서 해방되는 것이며, 자기 자신에게 해방되어 하느님을 위하여 자유를 얻는 것입니다. 언제나 하느님께 "예!" 하고 자유로이 응답할 수 있도록 자기 자신을 부정하고 버리는 것입니다.

그런데 하느님은 장상을 통해서 당신의 뜻을 알려 주시므로 우리는 장상을 통해서 하느님께 순명하게 되며, 순명의 어려움은 바로 여기에 있습니다. 우리가 직접 하느님의 뜻을 알 수만 있다면 아무리 어려운 일이라도 쉽게 따를 수 있을 것입니다. 그래서 순명하기 위해서는 장상을 통해서 하느님의 뜻을 발견하는 신앙의 눈과, 장상을 통해서 하느님의 뜻을 받아들이는 신앙의 자세가 필요합니다.

장상도 인간입니다. 장상이 책임자가 되었다고 해서 자기 자신의 인간적인 약점을 극복하고 완전한 사람이 되는 것은 아닙니다. "만일 봉사자들 가운데 누군가가 어떤 형제에게 우리 생활과 반대되거나 영혼에 해가 되는 것을 명한다면 그에게 순종할 의무가 없습니다."(비인준 규칙 5,2) 여기서 사부님은 장상이 잘못 지시할 때 아랫사람이 지닐 자세를 제시해 주고 있습니다.

1. 장상을 통해 하느님께 순명

여기서 성 프란치스코는 강한 표현들을 사용하십니다. "토해 낸 자기 의지로 되돌아가는", "살인자들"이라는 표현들을 볼 때 놀라지 않을 수 없습니다. 다른 글에서는 총봉사자란 말을 사용하시면서 이 권고에서만은 장상이라는 표현을 쓰고 있음을 볼 수 있습니다.

우리는 초대 프란치스칸 공동체를 이상적인 공동체로 생각하는 경향이 있습니다. 예나 지금이나 인간들이 모여 사는 공동체라면 죄인들의 공동체이며 인간적인 문제점들을 안고 있는 공동체입니다. 이런 강한 표현들을 보면 사부님 시대의 모든 형제가 열심히 살았던 것만은 아닌 것 같습니다. 그 시대에도 역시 살인자들이란 표현을 사용하실 만큼 양심의 문제를 일으키거나 순명을 거부하는 형제들이 있었음을 짐작할 수 있습니다.

> **그러나 만약 장상이 아랫사람에게 그의 영혼에 거스르는 어떤 것을 하도록 명한다면, 그 장상에게 순종하지 않아도 되지만 그를 버리지는 말아야 합니다.**(7절)

이 말씀을 다음 글과 비교하면 그 뜻을 쉽게 이해할 수 있습니다. "그리고 축복받은 나의 다른 모든 형제들은 영혼의 구원에 관한 일과 우리 생활에 반대되지 않는 일에 있어서, 봉사자들에게 충실히 순종할 것입니다."(비인준 규칙 4,3) 그러니까 아랫사람의 영혼 구령에 해가 되는 것은 명하지 말아야 하고, 그런 경우에 아랫사람은 순명하지 말아야 합니다. 왜냐하면 "범죄나 죄를 저지르게 하는 그런 순종은 있을 수 없기

때문입니다."(비인준 규칙 5,2)

　별 의미가 없는 것 같이 들리는 말씀이지만, 실은 순명의 의미와 권한 행사의 목적을 정확하게 표현하고 있는 부분입니다. 권한 행사와 순명은 똑같이 하느님의 뜻을 추구하는, 따라서 실행하는 유일한 목적입니다. 죄, 악한 일은 하느님의 뜻이 될 수 없기 때문에 책임자는 명하기 전에 하느님의 뜻을 발견하도록 해야 합니다.

　오늘날 공동체 내에서는 대화를 중요시합니다. 이것은 공동체 생활의 질서와 사도직의 더욱 나은 효과를 위한 것만도 아니고, 또한 순명을 보다 쉽게 만들려는 인간적인 목적을 달성하기 위한 것만도 아닙니다. 책임자들과 형제자매들과의 대화, 공동체 내에서 의견 나눔 등의 목적은 하느님의 뜻을 더욱더 확실하게 발견하는 데 있습니다. 그래서 나눔, 대화, 의견 교환 등은 중요한 것입니다. 그리고 공동체의 모든 구성원은 적어도 중요한 일에 대해서는 각자 자기 의견을 발표할 의무가 있다고 생각됩니다. 이것은 자기 의견, 자기주장을 내세우기 위해서가 아니라 공동체가 함께 하느님의 뜻을 더욱더 확실하게 찾도록 하기 위한 것입니다.(클라라 규칙 4,18 참조) 그래서 우리는 이 회합에 능동적으로 참여해야 합니다. 하느님이 원하시는 공동체를 함께 창조해 나가는 일이기에 인간적인 두려움을 물리치고 능동적으로 참여해야 할 것입니다. 물론 나의 의견과 달리 결정되었을 때 또한 따를 줄 알아야 합니다. 이것이 바로 적극적인 순종입니다.

　그런데 장상이 그의 영혼에 거스르는 어떤 것을 명한다면 "순종하지 않아도 되지만 그를 버리지는 말아야 합니다." 장상을 버린다는 표현은, 그룹 지어 돌아다니면서 노동하고 사도직을 이행하던 초대 공동체의 순회 생활을 생각하면 쉽게 알아들을 수 있습니다. 수도원이 아직 없던 단계

였으므로 수도원을 떠나기보다는 공동체를 떠난다는 의미의 표현입니다.

장상이 어떤 부당한 지시를 내리고 아랫사람이 장상과 충돌할 경우에도 아랫사람은 그를 버려서는 안 됩니다. 그 이유는 그래도 장상은 하느님의 대리자이기 때문입니다. 물론 오늘날은 아주 극단적인 경우가 아니면, 다시 말해 수도원을 떠나는 경우가 아니면 외적으로 한집에 사는 장상의 곁을 떠나기는 어렵습니다. 그러나 내적인 면에서는 수도원 안에 함께 살면서도 얼마든지 장상과 헤어진 상태에서 살 수 있으며, 사실은 그렇게 사는 수도자가 뜻밖에 많습니다. 또 장상과 맞지 않아서 해결책으로 이동을 요구하는 수도자도 있습니다.

여러분들 가운데에는 이런 일이 없겠습니다만, 이런 경우에 사부님의 유언 말씀이 적용됩니다.

그들 안에서 죄를 보고 싶지 않습니다.(유언 9)

바로 이런 자세입니다. 우리는 책임자 안에서 주님을 발견하고 알아뵙는 신앙의 눈을 가져야 합니다. 결점이 있고 죄인인 경우라도 하느님의 대리자이기 때문에 우리는 믿는 마음으로 장상을 공경해야 합니다.

장상을 신뢰할 수 없는 것은 신앙의 결핍입니다. 인간적으로 장상을 신뢰하기 어려울 때도 있으나 그가 하느님의 대리자이기 때문에 신뢰하는 것입니다. 하느님은 그렇게 미약하고 죄스러운 장상을 도구로 삼아 우리를 인도하신다는 신앙심에서 생기는 신뢰심을 가져야 합니다. 성녀 테레사는 "하느님은 아무리 비뚤어진 줄에서도 똑바로 글을 쓰십니다"라고 말씀하셨습니다.

이런 신앙심을 가지고 "우리 생활에 반대되지 않는 일에 있어서, 봉사자들에게 충실히 순종"(비인준 규칙 4,3)할 때 프란치스코는 축복 된 나의 형제라고 축복하실 것입니다.

> 하느님께서 나에게 주신 여러 은혜 중에 다음과 같은 것이 하나 있습니다. 입회한 지 한 시간밖에 안 되는 수련자가 나의 수호자가 된다면, 나는 그에게 노인이나 아주 생각이 깊은 사람에게 심혈을 기울여 복종하듯 그렇게 순종할 것입니다. 이것이 바로 그 은혜입니다.(2첼라노 151)

우리는 이 말씀을 그저 하나의 권고로만 생각할 것이 아니라 극단적인 순종을 요구하는 의무로, 인간적인 관점을 초월하여 절대적인 신앙심을 요구하는 의무로 받아들여야 합니다.

> 그리고 만일 이 때문에 다른 이들로부터 핍박을 당하더라도 하느님 때문에 그들을 더욱더 사랑하도록 해야 할 것입니다.(8절)

프란치스코는 이런 경우에 순종하지 않는 형제자매는 핍박과 괴롭힘을 당한다고 가정하고, 그런 경우에 어떻게 해야 하는가 하는 방향을 지적해 주고 있습니다. 장상도 감정이 있으므로 선입견, 차별 등으로 아랫사람을 못살게 굴 수 있습니다. 순명의 의무는 그런 장상 손에 무서운 무기가 될 수 있습니다. 아랫사람은 어떻게 해야 합니까? 프란치스코는 인내하는 것보다 더 적극적인 자세를 요구하고 있습니다. "하느님 때문에 그들을 더욱더 사랑하도록 해야 할 것입니다."

이것이야말로 신앙인의 참다운 자세입니다. 만사를 바라보는 그의 신앙의 눈과 우리의 눈이 얼마나 거리가 먼 것인지를 느끼게 됩니다. 우리는 모든 것을 나를 중심으로 인간적으로 자연적으로 보고 판단합니다. 그러나 프란치스코는 모든 것을 하느님 중심의 신앙의 눈으로 보십니다. 그래서 "하느님 때문에 그들을 더욱더 사랑하도록 해야 할 것입니다"라고 하실 때 그 의도는 다른 데 있는 것입니다.

부당한 명령을 내린 장상은 하느님 앞에 죄를 짓는 죄인이며, 그러므로 자칫 잘못하면 하느님에게서 멀어지는 위험을 안고 있다는 것을 지적해 주시고자 하는 것입니다. 그러므로 핍박을 당하는 형제자매는 장상이 그 위험을 피하도록, 그가 자신의 인간적인 약점 때문에 영혼의 해를 입지 않도록 도와주어야 할 것이고 하느님 때문에 그를 더욱더 사랑해야 할 것입니다. 그는 도움(자비)을 받아야 할 죄인이므로 나의 분노와 미움의 감정적인 대상이 되기보다 오히려 기도와 희생, 사랑과 봉사의 대상이 되는 것입니다.

핍박을 당하는 아랫사람은 하느님 때문에 그런 장상을 내적, 외적으로 떠나지 말고 그를 위해 기도와 희생을 바침으로써 더욱더 사랑해야 합니다. 인간적으로 볼 때 그런 장상은 밉지만, 신앙의 눈으로 볼 때 불쌍한 죄인에 지나지 않으므로 죄인을 사랑하시는 예수님의 사랑으로 장상을 사랑해야 합니다.

"사랑이 있는 곳에 하느님이 계십니다"라는 성목요일 후렴에서처럼, 당하면서도 사랑한다면 그들 사이에 하느님이 현존하실 것이며 하느님의 사랑은 다시 회복될 것입니다.

왜냐하면 자기 형제들과 헤어지기를 바라기보다는 핍박을 견디는

이가 자기 형제들을 위하여 "자기의 목숨"(요한 15,13)을 내놓기에 완전한 순종에 참으로 머무는 사람이기 때문입니다.(9절)

이 말씀을 이해하기 위해서는 다른 말씀들과 비교해 보아야 합니다. "친구들을 위하여 목숨을 내놓는 것보다 더 큰 사랑은 없다."(요한 15,13) "그분께서 우리를 위하여 당신 목숨을 내놓으신 그 사실로 우리는 사랑을 알게 되었습니다. 그러므로 우리도 형제들을 위하여 목숨을 내놓아야 합니다."(1요한 3,16) "당신 자신을 낮추시어 죽음에 이르기까지, 십자가 죽음에 이르기까지 순종하셨습니다."(필리 2,8)

남을 위해서 자기 목숨을 내놓는 것은 사랑의 극치이며 우리는 순명함으로써 그리스도의 구원적인 순명에 참여하는 것입니다. 사부님은 바오로 사도의 말씀과 같은 말씀을 「형제회에 보낸 편지」에서 하고 계십니다. "우리 주 예수 그리스도께서는 지극히 거룩하신 아버지께 대한 순종을 떠나지 않기 위하여 당신의 목숨을 바치셨기 때문입니다."(형제회 편지 46)

예수님은 사랑으로 당신 목숨을 내놓으셨고 아버지께 대한 순종으로 십자가상의 고통과 죽임을 당하셨습니다. 그리스도는 바로 당신의 순명을 통해 하느님의 새로운 백성, 새로운 이스라엘인 교회를 건설하신 것입니다.

성 프란치스코에게 아랫사람이 장상 곁을 떠나는 것은 곧 형제들과 헤어지는 것을 의미했습니다. 그래서 형제들과 헤어지는 것보다 고통과 괴로움을 이겨 나가는 수도자는, 인류에 대한 사랑 때문에 자기 자신을 희생시키시고 아버지께 대한 순종 때문에 십자가를 받아들인 그리스도와 같이 사랑과 순종에 참으로 머무는 것입니다. 이런 수도자는 당신의 순종으로 하느님의 새로운 백성인 교회를 세우신 그리스도와 같이, 자기 희생으로 형제적인 공동체를 건설하는 것입니다. 공동체는 그저 주어진 것이 아니라 서로의 순명과 사랑으로 건설하는 것입니다. 이러한 수도자는 모든 어려움과 희생을 하느님의 선에서 나온 하느님의 뜻으로 받아들이기 때문에 사부님 표현처럼 "완전한 순종에 참으로 머무는 것입니다."

> **자기 장상들이 명하는 것보다 더 나은 것을 본다는 핑계로, 뒤를 돌아다보며**(참조: 루카 9,62), **"토해 낸"**(잠언 26,11; 2베드 2,22) **자기 의지로 되돌아가는 수도자들이 많습니다. 이들은 살인자들이며 또한 자기들의 악한 표양으로 많은 영혼을 잃게 합니다.**(10-11절)

사부님은 9절에서 완전한 순명에 머무는 형제가 공동체에 가져오는 사랑의 복에 대해 말씀하신 다음, 10-11절에서 불순종이 공동체에 끼치는 악에 대해서 말씀하십니다. 우리는 항상 순명을 피하기 위해 핑계와 변명을 찾는 데는 빠르면서도 참된 마음으로부터 우러나오는 순명을 하는 데는 참으로 느립니다. 내가 나를 따르기 쉽기 때문에 더욱 그렇습니다. 순종을 피하려고 대는 핑계나 변명 중에 자주 사용하는 것이 자기 의견이나 생각이 장상의 그것보다 더 낫다는 것입니다. "장상들이 명하는 것보다 더 나은 것을 본다는 … 수도자들이 많습니다." 사부님은 여기서, 이렇게 살고 이렇게 주장하는 형제들이 입게 되는 개인적 손해는 물론 공동체에 끼치는 해에 대해 말씀하십니다. 쟁기를 잡고 뒤를 자꾸 돌아다보는 사람은 하느님 나라에 들어갈 자격이 없으며 개가 자기가 토한 것을 도로 먹듯이 하느님의 뜻을 모르는 미련한 자가 되는 것입니다. 포기란 자기 의지로 되돌아가는 것입니다.

또한, 이런 수도자는 자기의 악한 표양으로 다른 형제자매들도 하느님을 떠나게 하기 때문에 "살인자"라고 말씀하십니다. 공동체의 분위기를 깨뜨리고 다른 형제자매의 영혼을 잃게 하는 이런 일은 없어야 합니다. 사부님은 경험을 통해 내적으로 가난한 사람이 아니면 형제적인 공동체도 이룰 수 없음을 아시고, 형제들과 헤어지기보다는 어려움 속에서도 순명하는 수도자가 형제들을 위하여 자기 목숨을 내놓는 것이므로 이런 수도자를 축복하십니다. 반면에 순명하지 않는 형제는 "살인자"라고 저주하십니다.

2. 장상을 이해하도록 합시다

이 제목의 내용을 우리 생활에 적용해 보기로 하겠습니다.

1) 자기의 의견이나 견해만이 마치 절대적인 것인 양 너무 지나치게 주장하지는 않습니까? 모든 이에게 순명해야 하며, 장상이 위임받은 권한을 남용할 때에도 신앙 안에서 순명함은 물론, 사부님 말씀대로 하느님 때문에 그런 장상을 더욱더 사랑해야 할 것입니다. 순명 안에서 형제자매를 위하여 자기 목숨을 내놓는 수도자는 그리스도와 같이 희생 제물이 되고, 그리스도의 구원적 순명에 참여한다는 것을 생각해야 합니다. "예수님께서는 아드님이시지만 고난을 겪으심으로써 순종을 배우셨습니다."(히브 5,8)

2) 수도회의 책임을 맡은 장상들을 위하여 기도합니까? 우리는 장상에게 큰 기대를 걸고 있지만, 장상에게도 모든 인간적인 약점이 있을 수 있으며, 따라서 모든 것을 초월한 완전한 사람으로 생각하지 않아야 합니다.

불만을 가지기 전에 장상의 모든 지시가 하느님의 뜻에 맞는 것이 되도록, 장상이 하느님 손에 쥐어진 도구가 되도록 기도하는지 반성해야 합니다. 장상에 대한 불만이나 비평 등 사랑이 없는 이야기는 하지 말아야 합니다. 이런 일들은 자신과 공동체에 큰 손해를 끼치는 것은 물론이고 자신의 노예가 되게 하기 때문입니다. 결점이 많고 이기적인 장상이 공동체에 큰 도움이 될 수 없는 것도 사실이지만 공동체 안에서 해결책을 찾아야 하고 그의 곁을 떠나지 말 것입니다. 극단적인 해결책이라면 상위 장상에게 말하는 것이겠지만 그러기 전에 먼저 하느님께 말씀드려야 합니다. 기도가 우선적인 해결책이 되어야 합니다.

3) 장상을 이해하도록 노력합니까? 우리는 "입장을 바꾸어서"라는 표현을 자주 사용합니다. 곧 내 입장을 생각해 달라는 말입니다. 우리도 입장을 바꾸어 어떤 불만을 말하기 전에, 내가 장상이라면 어떻게 처리하겠는가를 진지하게 자문해 보는 태도가 필요합니다.

장상을 이해하려고 노력하고 그를 사랑하는 마음이 있다면 장상과 대화가 이루어질 수 있을 것입니다. 장상 역시 입장을 바꾸어서 아랫사람을 이해해야 하며 대화할 수 있는 분위기를 조성해 주어야 할 것입니다.

공동체 안의 모든 문제점의 가장 중요한 해결책은 바로 대화입니다. 우리가 장상과 면담할 때 공격하는 자세를 가진다거나 장상 역시 변명으로 일관한다면 대화는 이루어질 수 없습니다. 권고 22에 이러한 내용이 나옵니다.

> 꾸지람을 듣고는 그 꾸지람을 넓은 마음으로 받아들이고, 부끄러운 마음으로 순종하며, 겸허히 고백하고, 기꺼이 보속하는 좋은 복

됩니다. 자신을 변명하는 데 빠르지 않고, 자기 탓이 아닌 죄에 대해서도 부끄러움과 꾸지람을 겸손히 참아 받는 좋은 복됩니다.(권고 22,2-3)

장상이나 아랫사람 모두 하느님의 뜻을 찾아야 하며 그러므로 대화와 공동체의 모임이 필요합니다. 장상이 하느님의 뜻을 독차지하고 있는 것은 아닙니다. "사실 주님께서는 더 좋은 것이 무엇인지 자주 더 작은 이에게 드러내시기"(클라라 규칙 4,18) 때문에 주님의 뜻을 알기 위해 형제자매들과 함께 의논하는 공동체의 회합에 대해 말씀하시는 것입니다.

4) 매일매일 우리를 불순종으로 이끄는 핑계나 변명에 대해 성찰하고 있습니까? 순명이 어려워질 때 장상이나 아랫사람 모두 상대방을 공격하지 말아야 하며, 다 함께 개방된 마음으로 하느님의 뜻을 찾는 자세가 되어 있어야 하겠습니다.

권고 4

아무도 장상직을 자기의 것으로
삼지 말 것입니다

*

¹ "나는 섬김을 받으러 온 것이 아니라 섬기러 왔다"(마태 20,28)고 주님께서 말씀하십니다. ² 다른 사람들 위에 있게 된 이들은, 형제들의 발을 씻어 주는 직책을 위임받은 것을(참조: 요한 13,14) 자랑하는 그만큼 그 장상직을 자랑할 것입니다. ³ 그리고 발을 씻어 주는 직책에서 면직될 때보다 장상직에서 면직될 때 더 흥분한다면, 그만큼 영혼의 파멸 쪽을 향해 자기의 "돈주머니를"(요한 12,6) 챙기는 것입니다.

여기서 사부님은 권력의 유혹에 대해 말씀하십니다. 자기가 위임받은 권한을 남용할 수 있는 유혹과 위험은 아무리 신앙심이 깊은 사람에게도 따르게 마련입니다.

수도 공동체 안에서 장상직(최고 장상만이 아니라 여러 가지 책임을 맡은 모든 책임자도 포함)을 맡은 사람도 역시 마찬가지입니다. 그래서 사부님은 프란치스칸적 생활, 곧 작은이들의 생활을 위협하는 권력의 유혹에 대해 비교적 자주 주의를 주십니다. 예를 들어 권고 10, 인준받지 않은 수도규칙

4, 5, 17장, 인준받은 수도규칙 10장 등에서 말씀하시는데 수도원도 인간이 모여 사는 곳이기 때문에 그때나 지금이나 높은 지위를 좋아하는 형제들이 있었음을 알 수 있습니다.

사부님은 이상주의자로서 공동체 내에 장상직이 있는 것을 바라지 않으셨습니다. "모든 형제들은 이 점에 있어서 특히 형제들 서로 간에 어떤 권한이나 지배권도 가져서는 안 됩니다."(비인준 규칙 5,9) "그리고 아무도 장상이라고 부르지 말고, 반대로 모두가 똑같이 작은 형제들이라 부를 것입니다. 그리고 서로서로 발을 씻어 줄 것입니다."(요한 13,14 참조) (비인준 규칙 6,3-4)

장상직에 대해 말씀하실 때 사부님은 거의 매번 제자들의 발을 씻어 주시는 예수님의 모범을 지적하시면서 장상직을 발을 씻어 주는 직책으로 부르십니다.

1. 장상은 종이 되고 봉사자가 되어야 합니다

비교적 짧은 권고이지만 내적 가난이라는 사부님의 이상이 잘 드러나 있습니다.

> "나는 섬김을 받으러 온 것이 아니라 섬기러 왔다"(마태 20,28)고 주님께서 말씀하십니다.(1절)

아담과 하와의 원죄 이후, 그러니까 하느님이 허락하시지 않은 것을 차지하려는 원죄 이후 인간은 누구나 다 권력욕, 즉 남을 지배하려는 경향을 가지게 되었습니다. 하느님의 권세에서 벗어나서 자기 자신을 다스리려는 욕망, 자기 나라, 자기 왕국을 만들고자 하는 인간의 이런 욕망은 모두 원죄의 결과입니다. 남에 대한 지배권, 이것이 바로 악의 세력, 악마의 나라인 것입니다.

그러므로 예수님은 당신의 가난과 겸손으로 하느님 나라를 다시 세우러 오셨으며, 우리 또한 그분의 가난과 겸손으로 소유욕과 권력욕의 죄악에서 해방되었습니다. 그리하여 우리는 하느님과 화해할 수 있게 되었고 하느님 나라가 다시 세워진 것입니다. 우리도 하느님 나라의 건설에 참여하고 협력하기 위해 "가난과 겸손과 우리 주 예수 그리스도의 거룩한 복음을 실행"(인준 규칙 12,4)해야 할 것입니다.

성 프란치스코가 지니셨던 이상에 의하면, 복음을 따르는 생활이란 다름이 아니라 가난하신 그리스도, 겸손하신 그리스도를 본받고 그 발자취를 따르는 생활입니다. 그래서 당신 자신을 모범으로 보여 주시는 주님의 말씀으로 권고 4를 시작하는 것입니다.

메시아의 나라에서 누가 첫 자리를 차지하겠는가 하고 논쟁하는 제자들에게 "너희도 알다시피 다른 민족들의 통치자들은 백성 위에 군림하고, 고관들은 백성에게 세도를 부린다. 그러나 너희는 그래서는 안 된다. 너희 가운데에서 높은 사람이 되려는 이는 너희를 섬기는 사람이 되어야 한다. 또한 너희 가운데에서 첫째가 되려는 이는 너희의 종이 되어야 한다"(마태 20,25-27)고 예수님은 말씀하셨습니다.

이렇게 보면 하느님 나라는 우리의 생각과 다를 뿐만 아니라 하느님의 가치관과 인간의 가치관은 정반대입니다. 다른 사람을 지배하려는 인간의 권력욕은 봉사와 섬김으로 변해야 하고 봉사의 정신으로 이러한 본능을 극복해 나가야 합니다. 우리의 본보기가 되어 주신 그리스도를 따라서 항상 봉사하며, 필요하다면 그리스도처럼 자기 목숨을 바치면서까지 남을 섬기는 자세를 가져야 합니다.

하느님 나라의 헌법은 바로 사랑입니다. 작은 형제들인 우리는 더욱더 그렇게 살아야 합니다. 그러므로 같은 수도회 형제자매들끼리 무조건 사랑해줄 것입니다. 형제자매라는 것, 그 밖의 다른 이유는 필요 없습니다.

이렇게 우리가 겸손하면 할수록, 작아지면 작아질수록 하느님 나라가 우리 안에서 커지고 발전하며 하느님과 일치하는 복, 하느님 나라에서 이미 사는 행복을 누리게 될 것입니다. 그뿐만 아니라 이러한 형제적인 봉사를 통해서 우리는 함께 공동체를 건설하고 창조해 나가는 것입니다. 죄 때문에 파괴된 하느님 나라의 질서가 회복되는 것입니다.

> 이와 같이 모든 형제들은 이 점에 있어서 특히 형제들 서로 간에 어떤 권한이나 지배권도 가져서는 안 됩니다. 주님께서 복음에서 이렇게 말씀하시기 때문입니다. "통치자들은 백성 위에 군림하고, 고관들은 백성에게 세도를 부린다."(마태 20,25) 그러나 형제들끼리는 그러면 안 됩니다. 형제들 "가운데에서 높은 사람이 되려는 이는" 형제들의 "봉사자"와 종이 "되어야 합니다."(마태 20,26-27) 형제들 가운데에서 "높은 사람은 낮은 사람처럼 되어야 합니다."(루카 22,26)(비인준 규칙 5,9-12)

우리는 큰 사람이 되려고 하지 말고 더욱더 작은 자가 되려고 온갖 노력을 다해야 합니다. 원죄 이후로 가지게 된 본능, 남을 지배하고자 하는 권력욕의 본능에서 해방되어 자유를 얻도록 노력해야 합니다. 우리는 작은 형제들로서 주님의 겸손과 봉사를 본받아야 하며, 특히 공동체 안에서 어떤 책임을 지고 있거나 봉사직을 맡은 장상은 더욱더 그러해야 할 것입니다. 그래서 사부님은 형제들이 당신의 의도를 잘못 알아들을까 봐 "봉사자와 종"이라는 표현을 사용하셨던 것입니다.

다른 사람들 위에 있게 된 이들은, 형제들의 발을 씻어 주는 직책을 위임받은 것을 자랑하는 그만큼 그 장상직을 자랑할 것입니다.(2절)

어느 공동체든지 공동체는 윗사람과 아랫사람들로 구성되어 있습니다. 또 어느 공동체든지 질서를 위해 책임자가 있어야 하고 그럼으로써 혼란과 무질서를 면할 수 있습니다. 공동체가 크면 클수록 더욱더 그렇습니다. 성 프란치스코는 공동체의 이러한 필요성을 체험했습니다. 처음 몇 명밖에 안 되는 형제들의 조그만 공동체였을 때는 당신만으로 아버지요 스승이며 지도자로, 즉 장상으로서 충분했지만 형제회가 발전함에 따라서 장상직과 함께 다른 장상들도 생기게 되었습니다. 그러나 사부님은 이상주의자로서 이것을 원하지 않으셨습니다. 형제회에 장상직을 받아들인 이후 장상들에게 올바른 정신을 심어주시기 위해 이 장상직에 대해 자주 말씀하십니다.

이 권고도 바로 이런 목적에서 쓴 글입니다. 첼라노가 기록하고 있는 대로 프란치스코는 대개 관구장은 봉사자로, 공동체 원장은 원장으로 부르긴 하면서도 항상 "원장 형제"라고 불렀습니다. 원장이긴 하지만 원장은 이차적인 것이고 일차적인 것은 형제라는 것입니다.

"그리고 어떤 봉사자나 설교자도 봉사 직분이나 설교의 직책을 자기의 것으로 소유하지 말 것이며, 오히려 어느 때라도 명령을 받았으면 어떤 이의도 제기하지 말고 자기의 직책을 그만둘 것입니다."(비인준 규칙 17,4) 권고 4와 같은 내용인 인준받지 않은 수도규칙 17장은 내적 가난과 겸손에 대한 찬가라고 볼 수 있는 아름다운 내용입니다. 예를 들면 "어떤 때 하느님께서 여러분 안에서 그리고 여러분을 통해서 행하시거나 말씀하시고 이루시는 좋은 말과 일에 대해서, 더 나아가 어떤 선에 대해서도 자랑하지 말고, 스스로 기뻐하지 말며, 마음속으로 자기 자신을 높이지 않도록 하십시오. 주님께서 말씀하시는 대로, '영靈들이 복종하는 것을 기뻐하지 마십시오.'(루카 10,20) 그리고 우리의 것이라고는 악습과 죄밖에는 아무것도 없다는 사실을 우리는 확실히 알고 있어야 합니다. 오히려 '갖가지 시련을 당할 때'(야고 1,2)와, 영원한 생명을 얻기 위하여 이 세상에서 영혼이나 육신의 온갖 괴로움이나 고생을 견딜 때 우리는 더 기뻐해야 합니다. 그러므로 형제들이여, 우리 모두 온갖 교만과 헛된 영광을 조심합시다. … 그리고 우리는 지극히 높으시고 지존하신 주 하느님께 모든 좋은 것을 돌려드리고, 모든 좋은 것이 바로 그분의 것임을 깨달으며, 모든 선에 대해 그분께 감사드립시다. 모든 선이 그분에게서 흘러나옵니다. 그리고 모든 선의 주인이시며 홀로 선하신, 지극히 높으시고 지존하시며 홀로 참되신 하느님께서 모든 영예와 존경과 모든 찬미와 찬송과 모든 감사와 영광을 지니시고, 또한 돌려받으시며, 받으시기를 빕니다."(비인준 규칙 17,8-9.17-18)

또 "봉사자들은 당연히 모든 형제들의 종이 되어야 합니다"(인준 규칙 10,6) 하고 날카롭게 지적하시듯이 봉사자들은 모든 형제의 종이 되어야 합니다. 그리스도와 같은 겸손으로, 그리스도와 같은 봉사의 정신으로, 주님이시고 스승이신 그리스도가 제자들의 발을 씻어 주신 그와 같은 정신으로 장상은 자기가 맡은 임무를 수행해야 하는 것입니다. "주님이며 스승인 내가 너희의 발을 씻었으면, 너희도 서로 발을 씻어 주어야 한다."(요한 13,14) "서로서로 발을 씻어 줄 것입니다."(비인준 규칙 6,4)

인준받지 않은 수도규칙 17장의 내용처럼 장상이 되면 그것 때문에 자랑하지 말 것은 물론이고 기뻐하지도 말아야 합니다. 기뻐해야 한다면 형제자매들에게 봉사하게 된 데 대해, 형제들의 발을 씻어 주는 직책을 위임받은 데 대해 명예스럽게 생각해야 할 것입니다.

장상이 형제자매들에게 이렇게 봉사해야 한다면 그 형제자매들은 어떤 눈으로 장상을 보아야 합니까? 사부님은 유언에서 우리가 지녀야 할 자세에 대해서 말씀해 주십니다.

> 그리고 나는 이 형제회의 총봉사자와, 그리고 총봉사자가 나에게 정해 주고자 하는 다른 수호자에게 기꺼이 순종하기를 간절히 원합니다. 그리고 수호자는 나의 주인이기에 순종과 그의 뜻을 벗어나서는 아무 곳에도 가지 못하고 무엇을 하지도 못할 정도로 그의 손안에 매여 있기를 원합니다.(유언 27-28)

장상은 그가 봉사하는 그 형제자매들 안에서 주님을 발견해야 하고, 아랫사람들은 자기들이 순종하는 그 장상 안에서 주님의 모습을 발견할 줄 알아야 합니다. 이러한 신앙의 눈으로 서로 안에서 주님을 발견하려고 노력한다면 큰 존경심과 사랑으로 다른 형제자매들을 대할 수 있을 것입니다.

그리고 발을 씻어 주는 직책에서 면직될 때보다 장상직에서 면직

> 될 때 더 흥분한다면, 그만큼 영혼의 파멸 쪽을 향해 자기의 돈주
> 머니를 챙기는 것입니다.(3절)

　장상이 자기 직책에 대해서 명예스럽게 생각할 것이 있다면, 참되게 영으로 가난한 사람으로서 형제들에게 봉사하게 된 데 대해 명예스럽게 생각하는 것뿐입니다. 장상도 역시 내적으로 가난한 사람이 되어야 합니다. 장상이 내적으로 가난한 사람인가 아닌가를 어떻게 알 수 있습니까? 바로 면직될 때 알 수 있습니다. 면직될 때 흥분하고 슬퍼하면 그 사람은 장상직에 대한 애착심을 가진 사람이고, 따라서 영으로 가난한 사람도 겸손한 사람도 아닙니다. 또 봉사의 정신으로 형제들에게 봉사하는 것도 아닐 것입니다. 자기가 맡은 책임의 완수를 위해 정성을 다함은 물론 일단 그 책임이 면직되면 기쁘게 작은 자로 사는 이것이 바로 프란치스칸 정신이며 크리스천 정신입니다.

　면직될 때 흥분하는 사람은 지배하려는 권력욕 때문에 유다와 같이 배신자가 되는 것입니다. 돈주머니를 맡은 것을 기회로 "거기에 든 돈을 가로채곤 하였다"(요한 12,6)는 유다와 같이 도둑이 되는 것입니다. 유다가 주님을 팔아넘긴 그 돈으로 자기 죽음과 영혼의 파멸을 가져온 것과 같이 그런 장상도 같은 위험을 향해 있는 것입니다.

　결론적으로 말하면, 권고 4에서 우리는 프란치스칸 가난의 이상을 잘 볼 수 있습니다. 아무 소유도 없는, 자기 자신을 위해서 아무것도 남겨 두지 않는 가난, 물질은 물론 지식이나 능력이나 어떤 지위도 원하지 않고 모든 것을 하느님과 그 나라를 위해서 사용하는 가난, 그것입니다. 영으로 가난한 사람은 자기 권력이 아니라 하느님의 권세, 자기 왕국이 아니라 하느님 나라를 바라보면서 아버지의 나라가 임하시는 데 협력하

는 사람입니다.

"행복하여라, 마음이 가난한 사람들! 하늘나라가 그들의 것이다"(마태 5,3)라고 하신 예수님 말씀대로 가난과 겸손으로 하느님 나라를 재건설한 그리스도와 같이, 영으로 가난한 사람은 타인을 사랑으로 섬기면서 아버지의 나라를 재건설하는 데 협력하게 되는 것입니다.

성녀 클라라도 그녀의 수도규칙에서 비슷하게 말하고 있습니다.

> 선출된 자매는 자기가 어떤 짐을 졌는지, 자신에게 맡겨진 양 떼에 대해 누구에게 셈을 바쳐야 할지를(참조: 마태 12,36; 히브 13,17) 깊이 생각할 것입니다. 그리고 원장은 직職이 아니라 오히려 덕행과 거룩한 생활로 다른 자매들보다 앞장서도록 노력할 것입니다. 이렇게 할 때 자매들은 그의 표양에서 자극을 받아 두려움보다 사랑 때문에 그에게 더욱 순종하게 될 것입니다.(클라라 규칙 4,9-10)

이와 반대로 마음으로 가난하지 않고 교만한 장상은 자기의 영혼이 불행을 당할 위험은 물론, 하느님 나라의 원수(반대자)가 되고 유다와 같은 배신자가 될 것입니다.

2. 모든 직책은 봉사직입니다

권고 2, 3, 4는 서로 연관되어 있으며 이 세 가지 권고 말씀의 중심 사상은 바로 하느님 나라입니다. 사부님은 이 말씀들을 통해서 하느님 나라에 대한 우리의 자세를 알려 주십니다. 하느님의 뜻만을 이루고자 하는 하느님께 대한 순명과 이웃 앞에서의 겸손, 이 두 가지를 말해 주십니다. 하느님께 대한 순명과 이웃 앞에서의 겸손은 남을 지배하지 않고 사랑하며 섬기는 봉사의 정신을 우리에게 요구합니다. 이러한 순종과 겸손이 내적 가난입니다. 사부님에게 순종, 겸손, 사랑, 봉사 등 모든 것은 내적인 가난, 영의 가난에 다 포함되어 있습니다.

영으로 가난한 사람들에게만 하늘나라가 약속되어 있습니다. 그래서 하느님 나라가 임하는 데 우리의 역할은 무엇보다 교회 내에서 이러한 가난을 생활화하는 것이 아닌가 생각됩니다. 이것이 우리의 사명입니다. 교회가 필요로 한다면 어떤 훌륭한 사업이나 활동도 해야 되겠지만, 사업이나 활동이 중요한 것이 아니고 항상 작은 자의 정신으로 사는 것이 중요함을 간과해서는 안 됩니다. 교회에 할 수 있는 가장 훌륭한 봉사는 바로 그리스도의 가난과 겸손을 따르고 본받는 것입니다.

우리 교회 안에서도 권력 투쟁의 모습을 자주 볼 수 있습니다. 그럴수록 교회 내에서의 우리의 역할은 성 프란치스코의 정신을 따르는 수도자로서 가난과 겸손을 사는 것이 되어야 할 것입니다. 성녀 클라라도 가난과 겸손의 생활을 하느님 나라, 즉 교회를 위한 생활로 보고 있습니다.

> 그러므로 무릎을 꿇고 몸과 마음을 낮추어 거룩한 어머니이신 로마 교회와 교황 성하 밑에, 특히 작은 형제회와 우리를 위해 임명되실 추기경님께 지금 있는 그리고 앞으로 들어올 나의 모든 자매들을 내맡기오니, 가난하게 구유에 누워 계셨고(루카 2,12 참조) 이 세상에서 가난하게 사셨으며 십자가에 알몸으로 매달리신 그 하느님의 사랑으로 아버지이신 주님께서 지극히 복되신 우리 사부 프

란치스코의 말씀과 모범으로 당신의 거룩한 교회 안에서 낳아 주신 당신의 작은 양떼가(루카 12,32 참조) 항상 당신의 사랑하는 아드님과 그분의 영광스러운 동정 어머니의 가난과 겸손을 따르면서, 주님과 지극히 복되신 우리 사부 프란치스코께 우리가 약속한 거룩한 가난을 지키게 하시고, 이 가난 안에 늘 머물도록 그들을 도와 주시고 지켜 주십시오.(클라라 유언 44-47)

프란치스칸으로서 우리들의 역할은 클라라의 말씀대로 거룩한 교회 안에서 사는 것입니다. 이것을 우리 생활에 적용해 보겠습니다.

1) "이 형제들의 수도규칙과 생활은 순종 안에, 정결 안에, 소유 없이 살면서 우리 주 예수 그리스도의 가르침과 발자취를 따르는 것입니다"(비인준 규칙 1,1)라고 사부님께서 말씀하신 대로, 우리는 순종과 겸손과 가난의 정신으로 주님의 발자취를 따르려고 노력하고 있습니까?

하느님 나라가 임하시는 데 우리의 역할이 활동만이 아니라 무엇보다도 우리들의 복음적인 생활, 특히 가난의 생활이란 것을 자각하고 있습니까? 우리는 십자가의 죽임을 당하면서까지 순명하신 그리스도, 최후 만찬 때 제자들의 발을 씻어 주신 그리스도의 모범을 본받아야 합니다. "나는 섬기는 사람으로 너희 가운데 있다"(루카 22,27)고 하신 그리스도와 같은 봉사의 정신을 가지도록 노력해야 합니다. 예수님의 이런 말씀을 읽을 때는 몹시 매력적인 말씀으로 들리지만 실제 우리가 봉사해야 할 때, 겸손하게 살아야 할 때는 막상 그러하지 못합니다.

2) 공동체 내에서 우리 각자가 맡은 그 모든 책임을 하나의 봉사직으로 생각하고 있습니까? 봉사와는 거리가 먼 자기만족만을 추구하고 있

지는 않습니까?

3) 우리 각자가 가진 능력을 어떻게 사용하고 있습니까? 자기 자신을 내세우기 위해, 아니면 봉사하기 위해서 사용하고 있습니까? 봉사는 집안에서부터 시작되어야 합니다. 너무 쉽게 봉사하겠다고 말하는 정치인들의 잘못된 개념과 자세와는 다른, 참 봉사의 정신으로 살아야 합니다.

4) 면직되거나 공동체 안에서 인정을 받지 못할 때, 비판을 받을 때 어떻게 받아들이고 있습니까? 내가 맡은 모든 직책, 내가 하는 모든 활동, 모든 일을 남의 발을 씻어 주는 것으로 생각해야 합니다. 한마디로 내가 선물로 받은 모든 자연적, 초자연적 능력을 자기 자신을 위해서가 아니라 남을 위해서 사용해야 합니다.

> 몇몇 형제들이 지위를 얻고 싶어 안달하였고, 다른 것들은 접어 두고라도 그러한 탐욕만으로 이미 그들은 그러한 지위에 오를 만한 자격이 없는 터라, 이를 보고 프란치스코가 그러한 사람들은 작은 형제들이 아니며, 그들은 불림 받은 성소를 망각하고 작은 형제가 되는 영예를 잃어버렸다고 말하였다. 그리고 어떤 형제들은 그들이 찾는 것은 수고가 아니라 명예였으므로, 직책에서 물러나게 될 때에 그것을 언짢게 생각하는 경우에, 그는 여러 가지 말로 그런 형제들을 잠잠하게 했다.
> 한번은 그가 동료에게 말하였다. "내가 이제 말하려고 하는 다음과 같은 자세를 내가 지니지 못하고 있다면 나는 작은 형제라고 할 수 없습니다. 이렇게 가정해 봅시다. 내가 형제들의 장상으로서 총회에 나가 설교를 하고 형제들에게 권면을 하였는데, 마침내 다음과 같은 말들이 나에게 들린다고 합시다. '너는 무식하고 천박스

러워 우리에게 장상으로서 적합하지 않다…' 결국 나는 비난과 조롱에 밀려 그 자리에서 쫓겨났습니다 … 이러한 말에 내가 한결같은 즐거움과 성화에 대한 한결같은 목표를 가지고 그들의 말을 듣지 않는다면 나는 절대로 작은 형제가 아닙니다."(2첼라노 145)

권고 5

아무도 교만하지 말고,
주님의 십자가를 자랑할 것입니다

�֎

¹ 오, 사람이여, 주 하느님께서 육신으로는 사랑하시는 당신 아들의 "모습대로", 그리고 영靈으로는 당신과 "비슷하게"(창세 1,26) 그대를 창조하시고 지어 내셨으니, 주 하느님께서 그대를 얼마나 높이셨는지 깊이 생각해 보십시오. ² 그런데 하늘 아래에 있는 모든 피조물들은 나름대로 자신의 창조주를 그대보다 더 잘 섬기고 인식하고 순종합니다. ³ 뿐만 아니라 마귀들이 그분을 십자가에 못 박은 것이 아니라, 바로 그대가 마귀들과 함께 그분을 십자가에 못 박았으며, 그대는 아직도 악습과 죄를 즐기면서 그분을 십자가에 못 박고 있습니다. ⁴ 그러니 그대는 무엇을 자랑할 수 있겠습니까? ⁵ 실상, 그대가 "모든 지식을"(1코린 13,2) 가지고 있고, "모든 언어를"(1코린 12,28) 해석할 수도 있고, 또 천상 일을 날카롭게 꿰뚫어 볼 정도로 예리하고 명석하다 할지라도, 그대는 이 모든 것을 자랑할 수 없습니다. ⁶ 왜냐하면 주님으로부터 가장 높은 지혜에 대한 특별한 인식을 받은 사람이 있다 해도, 한 마리의 마귀는 그 모든 사람보다 천상 일에 대해 더 많이 알고 있었고, 지금은 지상 일에 대해 더 많이 알고 있기 때문입니다. ⁷ 이와 마찬가지로 그대가 모든 사람보다 더 잘생겼고 더 부유하고, 또한 기적들을 행하여 악령

들이 달아난다 해도, 이 모든 것은 그대에게 해害가 되고 그대의 것은 아무것도 없으며 이 모든 것 안에서 아무것도 그대는 자랑할 수 없습니다. ⁸ 오히려, 우리는 이 안에서 우리의 "연약함"(2코린 12,5)과 우리 주 예수 그리스도의 거룩한 십자가를 매일 지는(참조: 루카 14,27; 갈라 6,14) 일을 자랑할 수 있습니다.

사부님의 권고 말씀들을 전체적으로 보면, 한 가지 공통된 내용은 바로 내적인 가난, 영의 가난입니다. 프란치스코는 이러한 내적인 가난의 정신을 당시 형제들 생활의 여러 상황에 적용하시면서, 그때그때 올바른 가난의 정신을 가지도록 구체적으로 권고해 주십니다. 우리는 바로 이러한 내적인 가난의 정신을 실천하면서, 그리스도의 비하(Kenosis), 그리스도의 겸손을 또다시 재현하는 것입니다.(필리 2,7 참조)

지금까지 본 권고들을 다시 한번 살펴보도록 하겠습니다.

권고 1에는 하느님의 아들 예수 그리스도의 모습을 보여 주고 있습니다. 즉 그리스도는 볼 수 없고, 사람이 가까이 갈 수 없는 아버지를 드러내 보이시는 아버지의 계시입니다. 그런데 그리스도는 볼 수 없는 아버지를 우리가 볼 수 있게 하려고 당신 자신을 낮추셔서 제대 위에 내려오십니다. 하느님의 사랑은 이토록 놀라운 것입니다. 그리스도는 우리와 함께 계시기 위해서뿐만 아니라, 아버지께로 가는 길을 보여 주시기 위해서 우리에게 오십니다.

보십시오! 그분은 어좌로부터 동정녀의 태중으로 오신 때와 같이 매일 당신 자신을 낮추십니다. 그분은 겸손한 모습으로 매일 우리

에게 오십니다. 매일 사제의 손을 통하여 아버지의 품으로부터 제대 위에 내려오십니다.(권고 1,16-17)

사부님의 유일한 관심사는 하느님의 사랑에 우리가 어떻게 응답해야 하는가 하는 것입니다. 즉 자기 생각대로나 자기 방법으로가 아니라 하느님의 계획대로, 그리스도와 같은 방법으로! 그런데 "내 생각은 너희 생각과 같지 않고 너희 길은 내 길과 같지 않다. 주님의 말씀이다. 하늘이 땅 위에 드높이 있듯이 내 길은 너희 길 위에, 내 생각은 너희 생각 위에 드높이 있다"(이사 55,8-9)고 하느님께서 말씀하십니다.

그러면 그리스도의 방법이란 무엇입니까? 그것은 겸손, 즉 내적인 가난입니다. 사부님에게는 인간이 되실 때의 겸손, 매일 당신 자신을 낮추시어 겸손한 모습으로 우리에게 오시는 성체 안의 그리스도의 겸손이야말로 감동이 아닐 수 없었습니다. 예수님은 당신 자신을 위해 아무것도 남겨 두지 않으시고 전부를 우리에게, 우리를 위해 내주셨습니다. 그래서 이 놀라운 사랑에 대한 형제들의 대답은 "그러므로 여러분에게 당신 자신 전부를 바치시는 분께서 여러분 전부를 받으실 수 있도록 여러분의 것 그 아무것도 여러분에게 남겨 두지 마십시오"(형제회 편지 29)라는 사부님의 말씀과 같은 응답이어야 하는 것입니다. 하느님의 사랑에 대한 우리의 대답은 근본적으로 아무 소유도 없는 가난, 자기 자신까지도 버리는 가난입니다. 즉 그리스도와 같은 비하, 그리스도와 같은 겸손, 그리스도와 같은 내적 가난입니다.

이와 같은 내적 가난을 다음의 여러 권고 말씀에서 좀 더 구체적으로 설명하고 있습니다. 우리는 우리 의지를 자기 것으로 삼지 말아야 하고 (권고 2), 오히려 순종 안에서 자신을 하느님께 바쳐야 하며(권고 3), 장상도 장상직을 자기 것으로 삼지 말고, 오히려 형제들에게 자기 자신을 바치는 봉사의 정신과 봉사 자체, 그리고 사랑을 가지도록(권고 4) 해야 한다는 것입니다.

이 모든 권고의 말씀을 보면 성 프란치스코가 가난을 어떻게 이해했는지 쉽게 알게 됩니다. 그가 지녔던 가난에 관한 핵심적인 개념은 바로 겸손, 내적인 가난입니다. 이러한 내적인 마음 자세 없이는, 즉 겸손 없이는 가난도 있을 수 없습니다. 외적, 물질적 가난은 사람을 교만에 빠지게 하기 쉽습니다. 다른 사람들보다 매우 충실하게 잘 지킨다고 생각하면서 외적인 가난을 거의 광적으로 지키는 수도자일수록 자신의 그 가난을 보물처럼 자랑스럽게 생각하기 쉽습니다. 중세기의 많은 이단자가 그랬으며, 작은 형제회 내에서도 그런 일들이 많이 있었습니다.

이들과 반대로 사부님은 우리보다 가난을 덜 충실하게 지키고, 때로는 부자처럼 먹고 입고 사는 사람들을 볼 때, 그들 앞에서 프란치스칸들이 지녀야 할 태도를 권고와 충고 형식으로 묘사하십니다. "부드럽고 화려한 옷을 입은 사람이나 맛 좋은 음식을 먹고 마시는 사람들을 볼 때, 그들을 멸시하거나 판단하지 말고 오히려 각자가 자기 자신을 판단하고 멸시하십시오."(인준 규칙 2,17) 이와 같이 겸손 없이는 참된 가난도, 참된 성덕도 있을 수 없습니다. 성덕의 기초는 겸손이기 때문입니다.

프란치스칸 영성을 살려고 열심히 노력하는 우리에게도 내적인 가난은 잊어버리면서 외적으로 드러나는 물질적 가난만을 강조할 위험이 있습니다. 우리 역사 안에서 영적 형제들 그룹에 속한 많은 형제가 그랬습니다. 가난의 정신을 잊어버리면서 외적 물질적으로만 지켜지는 가난은 오히려 자랑거리가 되기 쉽습니다. 이들은 바리사이에 속해 있는 오늘날의 프란치스칸들입니다.

1. 모든 좋은 것이 하느님의 선물입니다

> 오, 사람이여, 주 하느님께서 육신으로는 사랑하시는 당신 아들의 "모습대로", 그리고 영靈으로는 당신과 "비슷하게"(창세 1,26) 그대를 창조하시고 지어 내셨으니, 주 하느님께서 그대를 얼마나 높이셨는지 깊이 생각해 보십시오. 그런데 하늘 아래에 있는 모든 피조물들은 나름대로 자신의 창조주를 그대보다 더 잘 섬기고 인식하고 순종합니다. 뿐만 아니라 마귀들이 그분을 십자가에 못 박은 것이 아니라, 바로 그대가 마귀들과 함께 그분을 십자가에 못 박았으며, 그대는 아직도 악습과 죄를 즐기면서 그분을 십자가에 못 박고 있습니다. 그러니 그대는 무엇을 자랑할 수 있겠습니까?(1-4절)

하느님은 인간에 대한 당신의 사랑을 무엇보다도 먼저 인간 창조에서 드러내 보이셨습니다.(1절) 하느님은 인간의 육신을 당신 아드님의 모습대로, 그리고 영혼을 당신 자신과 비슷하게 창조해 주셨습니다. 우리를 창조해 주시고 존재케 해주신 하느님의 사랑은 위대한 사랑입니다. 우리 인간들은 이것을 인식하고 항상 고마운 사랑 안에서 살아야 합니다. 그러나 모든 것을 선물로 받은 것이면서도 그것을 가지고 자랑하게 됩니다. "그대가 가진 것 가운데에서 받지 않은 것이 어디 있습니까? 모두 받은 것이라면 왜 받지 않은 것인 양 자랑합니까?"(1코린 4,7)라는 바오로 사도의 말과 비슷한 표현으로 프란치스코는 "그러니 그대는 무엇을 자랑할 수 있겠습니까?"(4절)라고 우리에게 물으십니다.

그러면 자랑한다는 것은 무엇입니까? 자랑한다는 것은 근본적으로 하느님이 나에게 선물로 주신 것을 자기 것으로 소유하는 것입니다. 우리 각자가 가지고 있는 모든 능력은 육적이든 영적이든 나의 공로에 의한 것이 아니라 하느님 사랑의 은혜, 선물인 것입니다. 우리는 받은 그 능력을 가지고 복음의 탈렌트의 비유와 같이 (마태 25,14-30 참조) 벌어야 하며, 마지막 날에 가서 하느님께 그것을 되돌려 드려야 합니다.

그러면 내적 가난이란 무엇입니까? 그릇된 본성 때문에 "자기 안에서 주님께서 말씀하시고 이루시는 선을 자랑하는 바로 그 사람"(권고 2)은 하느님의 것을 소유하며, 하느님의 소유권을 빼앗으려고 하는 것입니다. 이런 사람은 가난한 사람이 아닙니다. 가난한 사람은 항상 하느님의 절대적 주권을 인정하면서 자기가 하는 모든 좋은 일과, 자기가 가진 모든 선한 것을 하느님의 선물로 알고 있습니다. 자신의 모든 능력과 자기 자신까지 하느님께 바치면서 자기 자신이 하느님의 도구라는 것을 깊이 인식하고 있기 때문에 그분을 더 충실하게 섬기려고, 도구의 역할을 더 충실하게 하려고 노력하는 사람입니다.

그래서 우리는 하느님의 선물인 우리 각자가 가지고 있는 능력, 재능 등을 자기 것으로 하기보다는, 내가 얼마만큼 주님이신 창조주를 인식하고 섬기며 받은 그 능력으로 그분을 얼마나 충실하게 섬기고 있는지를 스스로 자주, 계속 자문하는 양심 성찰이 필요합니다. 특히 능력이 많을수록 더 그러합니다.

사부님은 인간의 태도를 피조물과 대조해서 말씀하셨습니다.

> **그런데 하늘 아래에 있는 모든 피조물들은 나름대로 자신의 창조주를 그대보다 더 잘 섬기고 인식하고 순종합니다.** (2절)

피조물들은 그 나름대로 창조주를 인간보다 더 잘 섬기고 그분을 인식하며, 그분에게 더 잘 순명하고 있습니다. 이성이 없는 피조물들은 하느님이 정해 주신 질서대로 생활하고 움직이며 성장합니다. 하늘의 별들과 동물들과 식물들은 자연 질서대로 우리보다 하느님을 더 잘 섬기고 있는데, 그러나 인간은 하느님이 주신 선물과 능력 등을 항상 이기적으로 사용하며 남용하고 있습니다. 인간은 하느님이 정해 주신 그 질서를 오히려 파괴합니다. 그래서 이성이 없는 피조물들을 생각해서라도 우리는 겸손해야 하지 않겠는가 하는 것입니다.

뿐만 아니라 마귀들이 그분을 십자가에 못 박은 것이 아니라, 바로 그대가 마귀들과 함께 그분을 십자가에 못 박았으며, 그대는 아직도 악습과 죄를 즐기면서 그분을 십자가에 못 박고 있습니다.(3절)

우리 인간들이 하느님 앞에서 아무것도 아니라는 것은 십자가를 생각할 때 분명해지는 것 같습니다. 우리의 죄악이 주님을 십자가에 못 박은 것입니다. 과거에도 죄를 지었고, 현재에도 그러한 면을 지니고 있으며, 미래에도 죄를 범할 수 있는 그런 가능성을 항상 가지고 있는 나는 죄스러운 존재입니다. 그러기에 겸손해야만 합니다. 나의 죄악을 생각한다면 겸손해질 수밖에 없습니다.

프란치스코는 죄를 가난과의 관련 속에서 이해하고 있는데, 죄는 하느님의 소유권, 그분의 절대권을 빼앗으려는 것이며 그것을 자기 것으로 소유하려는 것입니다. 이와 반대로 가난이란 모든 선과 좋은 것 모두를 하느님께 되돌려 드리는 것입니다. 그래서 우리에게 열렬히 간청하셨습니다.

하느님이신 사랑 안에서 … 간청합니다. 매사에 자기 자신을 낮추도록 노력하고, 어떤 때 하느님께서 여러분 안에서 그리고 여러분을 통해서 행하시거나 말씀하시고 이루시는 좋은 말과 일에 대해서, 더 나아가 어떤 선에 대해서도 자랑하지 말고, 스스로 기뻐하지 말며, 마음속으로 자기 자신을 높이지 않도록 하십시오. … 그리고 우리의 것이라고는 악습과 죄밖에는 아무것도 없다는 사실을 우리는 확실히 알고 있어야 합니다.(비인준 규칙 17,5-7)

내가 가진 모든 좋은 능력과 좋은 점은 하느님이 나에게 주신 선물이라는 것을 인정해야 한다는 것입니다. 따라서 자랑하기보다는 더욱더 합당한 자가 되도록, 하느님의 손에 더 훌륭한 도구가 되도록 해야 하는 것입니다. 그래야만 사부님이 권고 11에서 "복되다"고 하신 프란치스칸이 될 수 있을 것입니다. "하느님의 것은 하느님께 돌리면서(마태 22,21) 자기에게는 아무것도 남겨 두지 않는 사람은 복됩니다."(권고 11,4) 이런 형제자매는 하느님께 모든 선을 돌리기에 항상 내적으로 가난한 사람입니다.

그러니 그대는 무엇을 자랑할 수 있겠습니까? 실상, 그대가 "모든 지식을"(1코린 13,2) 가지고 있고, "모든 언어를"(1코린 12,28) 해석할 수도 있고, 또 천상 일을 날카롭게 꿰뚫어 볼 정도로 예리하고 명석하다 할지라도, 그대는 이 모든 것을 자랑할 수 없습니다. 왜냐하면 주님으로부터 가장 높은 지혜에 대한 특별한 인식을 받은 사람이 있다 해도, 한 마리의 마귀는 그 모든 사람보다 천상 일에 대해 더 많이 알고 있었고, 지금은 지상 일에 대해 더 많이 알고 있기 때문입니다.(4절-6절)

지식이나 다른 능력, 기적을 행할 수 있는 능력까지도 자랑거리가 되지 못합니다. 특별히 자랑하기 쉽고, 그래서 위험스러운 성격의 사람들이 있습니다. 즉 지식이나 지혜, 능력이 많은 사람, 유능한 사람으로 인정받는 사람, 성인으로 인정받을 정도로 덕행에 뛰어난 사람인 경우에 교만에 빠질 위험이 있습니다. 이러한 사람들은 자신을 다른 형제자매들과 비교하면서, 그들은 나보다 노력을 훨씬 더 많이 하면서도 큰 효과가 없는 데 비해 나는 얼마나 많은 능력이 있으며 얼마나 멋있는 인물인지, 한마디로 자기 자신에게 반하게 됩니다. 그래서 인정을 받을 때가 가장 위험스러운 때인 줄을 알아야 합니다. 따라서 입으로나 표정으로나 자랑하지 말아야 할 것은 물론, 내적으로도 그래서는 안 됩니다. 오히려 선물로 받은 능력에 대해 감사를 드리면서 교만해질까 두려워하고 조심스러운 마음을 가져야 합니다.

프란치스코는 칭찬받기보다는 비난받기를 더 좋아하였다. 비난은 사람에게 그의 생활을 바로잡게 하지만, 칭찬은 사람을 넘어지게 하기 때문이었다. (2첼라노 140)

우리는 각자가 선물로 받은 능력을 키워야 할 의무와 책임이 있습니다. 그러나 자기 자신을 내세우기 위해서가 아니라 남을 위해서, 공동체를 위해서 하느님이 주신 선물들을 조심스럽게 관리해야 합니다. 모든 것이 하느님의 선물임을 잊지 말아야 합니다. 불행하게도 능력이 있다고 하는 사람들이 능력이 적고 좀 부족한 다른 형제들을 무시하고 얕보는 이런 일들을 공동체 내에서 가끔 볼 수 있습니다. 한심스럽습니다. 바로 도적이 되는 결과이기 때문입니다.

프란치스코는 자랑하지 말아야 할 또 다른 이유를 제시하십니다. 지식과 지혜, 능력은 인간을 가치 있게 하는 것들이 아니라는 것입니다. 만약에 그렇다면 다른 모든 인간보다 더 많이 알고 있는 악마(마귀)가 모든 인간보다 더 훌륭하고 더 가치가 있다는 결과가 나오기 때문입니다. 인간의 가치는 지식이나 능력에 있는 것이 아닙니다. 그러니 우리가 그것들을 가지고 자랑할 수 있겠습니까? 오히려 "많이 주신 사람에게는 많이 요구하시고, 많이 맡기신 사람에게는 그만큼 더 청구하신다"(루카 12,48)라는 예수님의 말씀을 깊이 묵상하면서 받은 것을 남을 위해서 사용하도록, 받은 능력을 조심스럽게 관리하며 발달시켜야 할 것입니다.

> **이와 마찬가지로 그대가 모든 사람보다 더 잘생겼고 더 부유하고, 또한 기적들을 행하여 악령들이 달아난다 해도, 이 모든 것은 그대에게 해害가 되고 그대의 것은 아무것도 없으며 이 모든 것 안에서 아무것도 그대는 자랑할 수 없습니다.**(7절)

그렇습니다. 이 모든 것이 사회 사람들이 가지는 사고방식이며 사람을 평가하는 그들의 기준입니다. 아름다움도, 좋은 가문도, 재산의 부유함도, 기적을 행하는 능력까지도 자랑할 이유나 자랑거리가 되지 못합니다. 우리의 것이라면 곧 죄악뿐 다른 아무것도 없습니다. 그래서 이 모든 것 아무것도 자랑할 것은 없습니다.

그렇다면 나 자신을 평가할 때나 남을 평가할 때, 그 평가 기준을 어디에 두고 있는가를 점검할 필요성이 있습니다. 하느님 앞에 가치가 있고 공로가 되는 것은 그분이 주신 선물을 얼마나 잘 충실하게 관리하는가 하는 것입니다. 하느님의 영광을 위해, 공동체를 위해, 남을 위해, 얼마나 잘 사용했는가에 따라서 평가되는 것입니다. 하느님께 모든 것을 돌려 드리고 하느님 앞에서 자신을 죄인으로 인정하며 아무것도 소유하지 않은 작은 자로 자신을 인식할 때 비로소 내적으로 가난한 사람이 되기 시작되는 것입니다.

> **오히려, 우리는 이 안에서 우리의 "연약함"(2코린 12,5)과 우리 주 예수 그리스도의 거룩한 십자가를 매일 지는(참조: 루카 14,27; 갈라 6,14) 일을 자랑할 수 있습니다.**(8절)

인간에게 자랑거리가 될 수 있는 것은 자신의 약점과 그리스도의 십자가입니다. 어떻게 자신의 약점이 자랑거리가 될 수 있겠는가? 또한, 어떤 의미에서 십자가는 우리에게 자랑거리가 됩니까?

바오로 사도는 "이로울 것이 없지만 나는 자랑하지 않을 수 없습니다"(2코린 12,1)라고 하면서 자기가 받은 수많은 선물을 일일이 코린토 신도들에게 말해 준 다음에 "나 자신에 대해서는 내 약점밖에 자랑하지 않으렵니다"(2코린 12,5)라고 선언하십니다. 그리고 갈라티아인들에게 "나는 우리 주 예수 그리스도의 십자가 외에는 어떠한 것도 자랑하고 싶지 않습니다. 그리스도의 십자가로 말미암아, 내 쪽에서 보면 세상이 십자가에 못 박혔고 세상 쪽에서 보면 내가 십자가에 못 박혔습니다"(갈라 6,14)라고 외치고 있습니다.

프란치스코도 바오로처럼 자랑할 것은 두 가지뿐이라고 하십니다. 자신의 연약함과 그리스도의 십자가입니다. 하느님 앞에 죄인인 우리는 당신의 사랑밖에 자랑할 것이 없는 것입니다. 즉 우리를 죄악에서 해방시켜 주신 주님의 십자가를 통해 보여 주신 하느님의 사랑입니다. 따라서 무엇보다 십자가의 죽음을 통해서 나타난 나에 대한 주님의 사랑에 대해서 자랑할 수 있고, 또 자랑해야 할 것입니다. 십자가의 주님은 우리를 구속하셨으며, 죄악에서 해방해 주셨습니다. 우리는 주님의 십자가에서 우리에 대한 주님의 자비심을 발견하며 체험하게 됩니다.

주님은 당신의 십자가를 통해서 우리의 가난을 당신의 구원으로 풍요롭게 하시고, 우리의 공허를 당신의 사랑으로 채워 주십니다. "여러분은 우리 주 예수 그리스도의 은총을 알고 있습니다. 그분께서는 부유하시면서도 여러분을 위하여 가난하게 되시어, 여러분이 그 가난으로 부유하게 되도록 하셨습니다."(2코린 8,9)

당신의 사랑으로 우리의 연약함을 굳게 하시며, 우리의 약점을 변화시키는 그리스도의 십자가를 우리도 참되게 가난한 사람으로서 매일매일 함께 져야만 하겠습니다. 자랑할 것이 있다면, 한마디로 하느님의 사랑입니다. 그리고 우리가 그리스도와 같이 십자가의 고통에 동참할 수 있다는 것은 우리에게 영광이 됩니다. 그래서 십자가를 통해 구원된 우리가 모두 후세에서 영원토록 부르게 될 노래를, 이미 이 세상에서부터 부르기 시작해야 하겠습니다.

"주님의 자애를 영원히 노래하오리다."(시편 89)

2. 주님의 십자가만을 자랑스럽게 생각하도록 합시다

이 권고의 말씀을 묵상하면서 여러분들도 프란치스코의 동기와 의도를 이미 아셨으리라 생각합니다. 그분의 의도는 완전하고 절대적인 가난의 신비를 소개하고 설명하며, 그 신비 속으로 우리를 이끌어 주시려는 것입니다. 프란치스칸적 가난은 하느님 앞에서의 올바른 자세입니다.

이런 관점에서 다음 몇 가지를 반성하도록 하겠습니다.

1) 내적 가난과 겸손: 우리는 내적 가난에 대해 어떻게 생각하고 있습니까? 내적 가난을 어떻게 여기고 있습니까? 진정한 겸손은 나에게 무엇을 의미하며, 내가 하느님 앞에서 작은 자라는 것이 어떤 느낌이 들게 합니까? 나는 교만의 노예가 되지 않고 교만을 벗어나서 자유를 얻어 누리고 삽니까?

남이 나를 인정하지 않고 알아주지 않는 경우에 어떤 느낌을 가지며 어떤 행동을 합니까? 다른 형제자매가 칭찬을 받고 나는 무시나 비난을 당할 때 어떤 반응을 보이게 됩니까?

이보다 '내가 인정받고 칭찬을 듣게 되는 경우 마음가짐은 어떠한가?'라는 질문은 내적 가난과 겸손에 대한 더 정확한 질문이 됩니다. 모든 좋은 것이 하느님의 소유임을 인정하면서 하느님께 영광을 돌려 드리는, 따라서 나의 것이라고는 아무것도 없다는 그런 자세와 그런 느낌을 지니게 됩니까? 아니면 내가 마땅히 칭찬을 받아야 할 사람이라고 생각하게 됩니까?

이기심 없이 창조주를 섬깁니까? 내 안에 머무르시면서 이루시는 하느님의 일과 업적과 활동을 알고 인식하고 있습니까? 아니면 하느님의 선물들을 내 것으로 삼아 소유하려 하지는 않습니까?

이런 질문에 대한 진실한 대답은 나를 중심으로 살고 있는지 아니면 하느님을 중심으로 살고 있는지를 알게 해줄 것입니다. 멸시를 당할 때나 칭찬을 받을 때 마음의 흐름과 반응에서 내가 가난한 사람인가 아닌가를 즉시 발견하게 될 것입니다. 권고 12에서처럼 내가 육의 정신에 따라서 살고 있는지, 아니면 주님의 영에 따라서 살고 있는지를 쉽게 알 수 있습니다.

> 육(肉)은 항상 모든 선을 거스르기에, 주님께서 그 사람을 통하여 어떤 선을 행하실 때, 그의 육이 그 때문에 자신을 높이지 않고, 오히려 자신을 더 비천한 자로 여기며 다른 모든 사람보다도 자신을 더 작은 자로 평가할 때 알 수 있습니다.(권고 12,2-3)

2) 감사: 나는 감사를 드릴 줄 아는 사람입니까? 하느님이 베풀어주시는 모든 선물이 자연적이고 자동적이며 본능적으로 고맙게 느껴집니까? 우리는 매일같이 수십 번씩 "주님을 찬미합시다. 하느님께 감사합니다"라고 기도하고 있는데 입으로만 하는 것은 아닙니까? 받은 모든 은혜에 대해 진심으로 고마움을 느끼면서 기도합니까?

우리 자신으로는 아무것도 없는 가난한 자이지만, 하느님의 사랑으로는 부유하고 풍부한 자임을 인식하면 할수록 감사하는 마음이 더욱더 생길 것입니다. 이와 마찬가지로 하느님의 사랑을 지성으로 인식하고 또한 마음으로 깊이 알면 알수록 더욱더 겸손한 자가 될 것입니다.

3) 미사와 우리의 봉헌: 미사성제를 생각할 수도 있겠습니다. 미사는 참으로 감사제(Eucharistia)입니다. 미사는 빵과 포도주, 그리고 우리 자신 전부를 하느님께 바치는 봉헌으로 시작됩니다. 봉헌 때에는 자신을 하느님께 전적으로 바치는 사람만이 감사를 드릴 수 있으며 감사제라는 미사성제를 거행할 수 있습니다. 이런 사람이야말로 하느님의 사랑을 풍부

히 받게 됩니다. 봉헌 때에 완전한 제물이 되면 될수록, 영성체 때에 하느님의 사랑과 생명을 더욱 풍부하게 받게 됩니다.

이렇게 우리는 가난한 사람이 되려고 노력하면 할수록 더 부유하게 되는 것입니다. 이것이 모순처럼 느껴질지 몰라도, 하느님의 섭리 속에서 그렇습니다. 미사는 우리에게 중심이 되어야 합니다. 미사는 우리의 내적 가난을 표현하는가 하면, 다른 편으로는 우리의 가난 곧 공허를 하느님의 생명으로 채워 줍니다.

4) 십자가의 사랑, 구원의 기쁨: 우리는 구원의 기쁨과 십자가의 사랑을 체험하고 삽니까? 그리스도의 십자가가 나에게 희망을 북돋워 주며 안정감을 줍니까? 십자가에서 돌아가실 정도로 나를 사랑하시는 주님의 사랑을 느끼면서 하느님의 은총과 자비심에 의탁하여 하느님께 대한 신뢰심을 지니고 있습니까? 나의 약점과 결점과 연약함 가운데서도 하느님은 나를 사랑하신다는 것을 느끼고 생활합니까?

우리가 우리의 죄악과 우리의 가난을 깊이 인식하고 있으며 하느님의 사랑을 더욱더 깊이 인식한다면, 자연히 하느님을 찬미하게 될 것이고 무엇보다도 십자가를 통해서 나타나는 하느님의 사랑을 찬양하게 될 것입니다.

> 그때에 제자들이 예수님께 다가와, "하늘나라에서는 누가 가장 큰 사람입니까?" 하고 물었다. 그러자 예수님께서 어린이 하나를 불러 그들 가운데에 세우시고 이르셨다. "내가 진실로 너희에게 말한다. 너희가 회개하여 어린이처럼 되지 않으면, 결코 하늘나라에 들어가지 못한다. 그러므로 누구든지 이 어린이처럼 자신을 낮추는 이가 하늘나라에서 가장 큰사람이다." (마태 18,1-4)

권고 6

주님을 따름

*

¹ 모든 형제들이여, 우리 모두 당신 양들을 속량하기 위해(참조: 요한 10,11; 히브 12,2) **십자가의 수난을 견디어 내신 착한 목자를 주의 깊게 바라봅시다.** ² 주님의 양들은 "고난과 박해", 수치와 "굶주림"(로마 8,35), 연약함과 유혹 등 모든 점에서 주님을 따랐습니다. 그리하여 주님에게서 영원한 생명을 얻었습니다. ³ 그러므로 성인들은 이렇게 업적을 이루었는데 우리는 그것을 그저 이야기하고 설교만 하며 영광과 영예를 받기 원하니, 이것은 하느님의 종들인 우리로서 대단히 부끄러운 일입니다.

권고 6은 프란치스칸 생활의 핵심에 대해 말하고 있습니다. 프란치스칸 생활양식의 목적은 사부님의 말씀대로, 우리 주 예수 그리스도의 거룩한 복음을 실행하는 것입니다. 복음을 실행하는 것이 바로 우리의 생활양식이며 이상입니다. 이 말씀은 사부님이 자주 사용하는 말씀 중의 하나로, 인준받지 않은 수도규칙의 시작(1,1), 인준받은 수도규칙의 시작(1,1)과 끝부분(12,4)이 모두 이 말씀으로 되어 있으며, 「클라라와 그의 자매들에게 준 생활양식」과 「유언」에서도 같은 말씀을 하십니다.

여러분은 하느님의 영감으로 … 거룩한 복음의 완전함을 따라 사는 것을 택함으로써(생활양식 1)

그리고 주님께서 나에게 몇몇 형제들을 주신 후 내가 해야 할 일을 아무도 나에게 보여 주지 않았지만, 지극히 높으신 분께서 친히 나에게 거룩한 복음의 양식(樣式)에 따라 살아야 할 것을 계시하셨습니다(유언 14)

사부님에게 복음을 실행하고 복음에 따라 산다는 것은 복음의 가르침이나 교리, 어떤 지침을 따라 사는 것이 아니고, 그리스도를 무조건 따라가는 것을 말합니다. 그러므로 사부님은 복음이 보여주는, 그리스도를 조건 없이 따르는 생활에 대해 말씀해 주십니다.

1. 조건 없이 그리스도를 따를 것입니다

"그리스도께서도 여러분을 위하여 고난을 겪으시면서, 당신의 발자취를 따르라고 여러분에게 본보기를 남겨 주셨습니다."(1베드 2,21) 사부님은 인준받지 않은 수도규칙 1장 1절, 22장 2절, 「신자들에게 보낸 편지 2」13절, 「레오 형제에게 보낸 편지」 3절 등 특히 복음적인 생활을 설명하실 때 성 베드로의 이 표현을 자주 인용하십니다.

이 권고의 역사적인 배경은, 1220년 모로코에서 작은 형제회 최초의 순교자 다섯 분이 나왔다는 소식을 들은 때가 아닌가 합니다. 그때까지만 해도 교회 안에서, 특히 주교들로부터 많은 박해를 받아 왔던 터라, 형제 중에는 이제 우리도 순교자 성인을 모시고 있는 큰 수도회라고 자랑하면서 박해하는 이들에게 맞서는 이들이 있었던 것 같습니다. 그래서 이러한 행동을 부끄럽게 생각하신 사부님께서 우리 생활의 핵심에 대해 다시 한번 형제들에게 상기시켜 주시고자 이 말씀을 하신 것으로 생각됩니다.

그 당시 많은 수도회 창설자들과 교회 개혁 운동 그룹들은 사도행전에 나오는 초대 교회의 모습을 이상적인 생활로 보았습니다. 그러나 사부님은 복음을 기초적인 성경으로 택하셨고, 복음이 보여 주는 그리스도의 생활을 본보기로 삼으셨습니다. 복음을 아주 단순하게 받아들여 그리스도가 사신 것처럼 생활하려고 했고, 할 수 있는 데까지 충실하게 그리스도를 본받고자 했습니다. "사람이 다가갈 수 없는 빛 속에 사시는"(권고 1,5) 아버지께로 가는 가장 직선적이고 완전한 길이 바로 그리스도이심을 확신하고 있었기 때문입니다. 따라서 프란치스칸의 이상은 한마디로, 그리스도가 이 지상에서 생활하신 것처럼 생활하는 것이라고 표현할 수 있습니다.

> 하느님의 아드님께서 우리에게 길(참조: 요한 14,6)이 되어 주셨고, 그분을 참으로 사랑하고 본받은 이셨던 우리 사부 프란치스코께서 말과 모범으로(참조: 1티모 4,12) 이 길을 우리에게 보여 주셨고 가르쳐 주셨습니다.(클라라 유언 5)

성녀 클라라가 유언에서 말하듯이 사부님의 의도 역시 주님이 걸으심으로써 우리의 길이 된, 그 길을 우리에게 보여 주시고자 하는 것입니다.

모든 형제들이여, 우리 모두 당신 양들을 속량하기 위해 십자가의

수난을 견디어 내신 착한 목자를 주의 깊게 바라봅시다.(1절)

어느 형제도 제외되지 않습니다. 사부님의 말씀은 우리 모두에게 권고하시는 것입니다. 우리가 모두 주의 깊게 이 말씀을 듣고 우리가 주님을 어떻게 따르고 있는가를 반성해야 하겠습니다. 주님을 바라보는 것은 우선적으로, 그리고 계속적으로 우리가 해야 할 일입니다. "모든 형제들이여, 착한 목자를 주의 깊게 바라봅시다."

그리스도를 따르고 그리스도를 닮으려는 사람은 언제나 주님을 바라보면서 생활해야 합니다. 우리는 더욱더 깊이 주님을 알고 주님이 행하신 일, 주님이 하신 말씀을 늘 생각하며 묵상하고 마음속 깊이 새겨야 하겠습니다. 그중에서도 무엇보다 주님의 수난과 죽음을 잊지 않고 항상 눈앞에 보듯이 묵상해야 하겠습니다. 주님은 당신 양들을 구원하시기 위하여 십자가에서 돌아가심으로써 목숨을 내놓으셨습니다. 주님은 우리를 위하여 제물이 되셨습니다. 당신의 양들이 돌아올 수 있도록 악마의 세력에서 구속하시어 다시 하느님의 자녀가 되게 하시고, 우리를 위하여 당신 목숨을 바치셨습니다.

성 보나벤투라 전기에 이런 에피소드가 나옵니다. 성 토마스 아퀴나스와 성 보나벤투라는 철학이나 사상 면에서는 정반대의 입장을 취했지만 절친한 친구였습니다. 어느 날 성 토마스가 성 보나벤투라를 방문했을 때 성 보나벤투라는 마침 무릎을 꿇고 십자가를 바라보고 있었습니다. 성 토마스가 그에게 당신은 이 많은 지식을 어디서 배웠느냐고 묻자, 그는 십자가를 보여 주면서 여기서 배운다고 대답하였습니다. 그만큼 많은 시간을 십자가를 바라보면서 생활했다는 단적인 증거입니다.

십자가는 우리에 대한 하느님의 놀라운 사랑의 신비입니다. 그러므로 우리는 당신 양들을 위해 십자가의 수난을 감수하신 착한 목자를 항상 바라보면서 그 위대하고 놀라운 사랑에 보답해야 합니다. 항상 그리스도를 바라보면서 생활한다는 것은 주님을 더 잘 알고 그분의 사랑을 더 깊이 인식함은 물론, 나아가서는 주님을 닮고 따르며 그 사랑에 응답한다는 것입니다.

우리를 무척이나 사랑하신 그분의 사랑을 한없이 사랑해야 합니다.(2첼라노 196)

1첼라노 94. 95. 96번에서도 십자가에 대한 사부님의 열렬한 신심을 볼 수 있습니다.

주님의 양들은 "고난과 박해", 수치와 "굶주림"(로마 8,35), **연약함과 유혹 등 모든 점에서 주님을 따랐습니다. 그리하여 주님에게서 영원한 생명을 얻었습니다.**(2절)

주님을 바라봄은 능동적인 바라봄이 되어야 합니다. 먼저 가신 그 십자가의 길을 우리도 기쁜 마음으로 걸어야 합니다. 그분은 우리가 당신 발자취를 따를 수 있게 하려고 그 모든 고통은 물론 죽임까지 당하셨습니다. 주님의 이 모든 것을 생각할 때 우리는 생활의 어려움이나 고통을 이겨 낼 수 있을 것입니다.

공생활 중에 주님이 받으신 고통과 박해, 모욕을 생각한다면 우리가 어려움을 당하거나 억울한 오해를 받을 때 쉽게 견디어 낼 수 있을 것입니다. 광야와 십자가에서 주님이 맛본 굶주림과 목마름을 생각한다면 수도생활이 요구하는 희생들을 기꺼이 받아들일 수 있을 것이며, 주님이 광야에서 받은 유혹과 올리브 동산에서의 연약함을 생각한다면 우리의 약점이나 부족함을 있는 그대로 받아들일 수 있을 것입니다.

> 모든 면에서 우리와 똑같이 유혹을 받으신, 그러나 죄는 짓지 않으신 대사제가 계십니다. 그러므로 확신을 가지고 은총의 어좌로 나아갑시다. (히브 4,15-16)

죄 이외에는 우리와 같으셨던 그리스도처럼, 그 어떤 경우에도 용기 있게 그분을 따라야 합니다. 그분은 우리보다 먼저, 그리고 우리를 위하여 그 모든 고통과 박해, 모욕과 굶주림, 연약함과 유혹을 받으셨습니다. 그뿐만 아니라 고통을 통해서 이루신 구원을 성사, 특히 미사성제를 통해서 매일매일 우리에게 베풀어주십니다. 우리는 미사에서 주님의 힘과 생명을 받아 주님의 길을 걸어야 하겠습니다. 우리는 어떤 모양으로든 주님의 수난에 참여해야 합니다. 여기서 잊지 말아야 할 것은, 나 혼자 걸어가는 것이 아니라 그리스도와 함께 또 형제자매들과 함께 그분의 발자취를 밟아 간다는 것입니다.

"누구든지 나를 섬기려면 나를 따라야 한다. 내가 있는 곳에 나를 섬기는 사람도 함께 있을 것이다. 누구든지 나를 섬기면 아버지께서 그를 존중해 주실 것이다"(요한 12,26) 하신 말씀대로 주님을 따름으로써 영원한 생명을 얻게 될 것입니다.

그러므로 성인들은 이렇게 업적을 이루었는데 우리는 그것을 그저

이야기하고 설교만 하며 영광과 영예를 받기 원하니, 이것은 하느님의 종들인 우리로서 대단히 부끄러운 일입니다.(3절)

이 말씀으로 사부님은 우리 생활의 실질적인 위험을 지적해 주십니다. 주님을 따른다는 것은 주님에 대해 좋은 강론이나 강의를 하는 것도 아니며 열심히 묵상하는 것도 아닙니다. 성인들과 그 생애를 다른 이에게 재미있게 이야기해 주는 것 또한 아닙니다. 주님을 따른다는 것은 그분을 바라보면서 그분과 함께 생활하는 것입니다. 적어도 그런 생활을 하고자 노력하는 것입니다. 사부님도 '제2의 그리스도'라고 불리실 정도로 이론이 아닌 실천으로 주님을 따랐습니다.

수도자가 당하기 쉬운 실질적인 위험, 자칫 잘못하면 주님을 입으로만 따르게 되는 위험을 지적하는 것처럼, 주님을 따르는 것 외에 다른 아무것도 원하지 말아야 합니다. 성인들과 같이 노력하지 않으면 정말로 부끄러운 일이 아닐 수 없습니다. 우리의 사도적 활동이 좋은 교리 수업이나 좋은 강론 등 말만으로 끝난다면 너무도 부끄러운 위선에 지나지 않을 것입니다.

2. 주님을 본받읍시다

1) 우리는 언제나 주님을 바라보고 있으며, 그 필요성을 느끼고 있습니까? 즉 주님을 좀 더 알고 좀 더 깊이 알려고 노력합니까? 우리를 위하여 멸시와 고통과 죽임을 당하시고, 영원한 죽음에서 우리를 건져내신 주님을 바라보면서 생활합니까? 주님은 우리가 당신을 따르는 그만큼

우리에게 영원한 생명을 주실 것입니다.

주님의 모습과 얼굴, 주님의 생활과 말씀과 행적을 더 정확하게 알기 위하여, 또 앎으로써 주님의 사랑에 더 깊이 감사하기 위하여, 또 감사함으로써 그 사랑에 보답하기 위하여 주님을 바라보고 있습니까? 우리가 정말 주님을 사랑한다면 그치지 않고 주님을 계속 바라볼 것이고 그럼으로써 그분께 대한 우리의 사랑은 더 풍부해질 것입니다.

2) 우리 생활을 통해 참으로 그리스도를 닮으려고, 그리스도를 따르려고 하고 있습니까? 진실한 사랑은 사랑하는 이와의 일치를 요구합니다. 주님께 대한 우리의 사랑이 진실하다면 주님과의 일치 이외의 다른 것은 원하지 않을 것입니다. 그리고 그리스도가 우리의 길이심을 믿는다면 그분이 당하신 고통과 희생을 통해서 우리는 그분과 일치되고 그분이 걸으신 그 길을 걸어야 할 것입니다. 프란치스칸으로서 우리의 가난은 바로 여기에 있기 때문입니다.

즉 그리스도를 따르는 것, 그리스도와 일치하고 그리스도와 함께 제물이 되는 것이 프란치스칸 가난의 극치입니다. 사부님이 자주 사용하신 표현대로 알몸으로 돌아가신 그리스도를 아무 조건 없이 따르는 것이며, 그 사랑의 신비를 매일매일 기념하는 미사를 통해 제물이 되신 그리스도와 일치하는 것입니다.

> 그러므로 여러분에게 당신 자신 전부를 바치시는 분께서 여러분 전부를 받으실 수 있도록 여러분의 것 그 아무것도 여러분에게 남겨 두지 마십시오.(형제회 편지 29)

나에게 주신 십자가가 무겁게 느껴질 때, 그럴 때일수록 주님을 따르려 노력해야 합니다.

"너희는 좁은 문으로 들어가라. 멸망으로 이끄는 문은 넓고 길도 널찍하여 그리로 들어가는 자들이 많다. 생명으로 이끄는 문은 얼마나 좁고 또 그 길은 얼마나 비좁은지, 그리로 찾아드는 이들이 적다"(마태 7,13-14)고 하신 말씀처럼 생명에 이르는 그리스도의 길을 따르고 있습니까? 자신의 성격이나 소임 때문에, 또는 다른 형제자매 때문에 어려움이나 갈등을 느낄 때 그것을 그리스도의 사랑으로 받아들인다면 그리스도의 길을 걸어가고 있다는 표시가 되겠습니다.

모욕, 오해, 무시를 당하거나 인정받지 못할 때도 인간적으로만 생각하지 않고 오히려 주님의 십자가를 생각하면서 어려움을 받아들입니까? 여러 가지 굶주림(갖고 싶은 것을 갖지 못할 때, 하고 싶은 것을 하지 못할 때, 갖고 있다고 생각했던 권리를 박탈당할 때 등)을 느끼거나, 내외적인 두려움이나 갈망을 느낄 때도 주님의 십자가를 생각하여야 할 것입니다.

3) 사부님이 지적하시는 부끄러움을 우리도 느낍니까? 그리스도를 닮으려는 아무런 노력도 하지 않고, 성인들의 덕행을 따르려고 하지도 않으면서 말로만 전하고 있지는 않습니까?

주님께서 제시해 주시는 복음적인 생활이 바로 우리의 이상이고 항상 이 이상을 향해 온 힘을 다해야 할 것입니다.

권고 7

지식에 선행善行이 뒤따라야 합니다

*

¹ 사도가 말합니다. "문자는 사람을 죽이고 영은 사람을 살립니다."(2코린 3,6) ² 사람들 중에서 더 많은 지식을 가진 자로 인정받기 위해서 또 친척이나 친구들에게 줄 많은 재물을 얻기 위해서 다만 말마디만을 배우기를 열망하는 이들은 문자로 말미암아 죽임을 당한 사람들입니다. ³ 그리고 거룩한 문자의 영靈을 따르기를 원치 않고 말마디만을 배우기를 열망하며 다른 사람들에게 설명해 주기를 열망하는 수도자들은 문자로 말미암아 죽임을 당한 사람들입니다. ⁴ 그리고 알고 있는 문자나 알고 싶어 하는 모든 문자를 육신의 것으로 돌리지 않고, 오히려 모든 선을 소유하시는 지극히 높으신 주 하느님께 말과 모범으로 돌려드리는 사람들은 거룩한 문자의 영으로부터 생명을 얻은 사람들입니다.

1. 하느님의 말씀을 올바른 자세로 들어야 합니다

권고 6의 복음적인 생활에 대해 좀 더 구체적으로 말씀해 주시는 것이 권고 7입니다. 모든 크리스천이 다 마찬가지이지만, 특히 프란치스칸에게 복음은 기초적인 것이고 카리스마 역시 복음으로 되돌아가 복음적 생활을 하는 데 있기 때문에 이 권고는 우리에게 중요합니다.

사부님은 당신을 따르는 모든 형제에게 복음적 생활을 할 것을 자주 요구하셨으며, 임종이 가까웠을 때도 "장시간에 걸쳐 인내와 가난의 실천에 관하여 말하였고, 다른 모든 규정에 앞서 거룩한 복음을 지키라고 권고하였다."(2첼라노 216) 그러므로 우리는 자주 복음을 읽고 하느님의 말씀을 들어야 합니다.

문자는 사람을 죽이고 성령은 사람을 살립니다.(2코린 3,6)

이 표현은 예수님이 바리사이파 사람들을 보고 하신 말씀입니다. 그들은 구약성경을 글자 그대로 알아듣고 실행하려 했지만 성경의 정신은 잊고 있었기 때문에 성경의 문자보다도 더 중요한 것이 정신임을 가르쳐 주시기 위해 이 말씀을 하신 것입니다.

선교사의 소개장 관계로 말씀하시는 바오로 사도의 다음 말씀도 그 배경은 다르지만 역시 같은 내용으로 강하게 표현하고 있습니다. "우리도 어떤 사람들처럼 여러분에게 내보일 추천서나 여러분이 써 주는 추천서가 필요하다는 말입니까? 우리의 추천서는 여러분 자신입니다. 우리 마음에 새겨진 이 추천서는, 모든 사람이 알고 있으며 또 읽을 수 있습니다. … 이 계약은 문자가 아니라 성령으로 된 것입니다. 문자는 사람을 죽이고 성령은 사람을 살립니다."(2코린 3,1-2.6) 사부님은 바오로 사도의 이 말씀으로 권고 7을 시작하십니다. 사부님의 의도 역시 바오로 사도와 똑같기 때문입니다.

> **사람들 중에서 더 많은 지식을 가진 자로 인정받기 위해서 또 친척이나 친구들에게 줄 많은 재물을 얻기 위해서 다만 말마디만을 배우기를 열망하는 이들은 문자로 말미암아 죽임을 당한 사람들입니다.** (2절)

지금도 비슷하지만, 그 시대에는 귀족, 기사 계급에 속하거나 재산이나 지식을 많이 소유한 사람이 아닐 경우 인간으로서 존경을 받지 못했습니다. 사부님은 여기서 지식에 대해서 말씀해 주십니다.

중세기의 학문은 주로 신학이었는데, 즉 하느님이 계시하시고 교회에 맡겨 주신 진리에 대한 학문이었습니다. 이 진리는 무엇보다 성경 안에 내포되어 있었고, 그 당시 성경은 모든 학문의 기초였습니다. 사부님은 이 권고에서 자기 시대에 이기주의적으로 학문을 연마하는 사람들이 많았다는 사실을 슬퍼하면서 인정하십니다. 이들은 성인이 되기 위하여, 더욱 나은 사람이 되기 위하여, 하느님과 더욱더 가까이하기 위하여 학문을 연구한 것이 아니었습니다. 다른 사람들보다 더 많은 지식을 가진 사람으로 인정받고 명예를 얻기 위하여, 즉 신학 지식을 통해 교회 내의 높은 지위를 얻고 재산을 모을 수 있는 직책을 얻고자 하는 이기적인 동기로 신학을 연마했던 것입니다.

중세기의 교회, 특히 교계는 주교직이나 다른 직책을 위임할 때 출신 학교, 가문 등을 고려하였습니다. 이들은 친척이나 친구들에게 줄 많은 재물을 획득하려고 공부할 때 "다만 말마디만을 배우기를 열망"했으며, 지식에 선행이 따르지 않아 문자에게 죽임을 당한 것입니다. 생활과 분리된 이들의 지식은 하느님께 봉사하기 위해서가 아니라 자기 자신을 높이기 위한 것이었기 때문입니다. 여기에 "생명을 주는 것은 영이고 육

肉은 아무 쓸모가 없다"는 권고 1,6절의 말씀이 적용됩니다.

> 그리고 거룩한 문자의 영靈을 따르기를 원치 않고 말마디만을 배우기를 열망하며 다른 사람들에게 설명해 주기를 열망하는 수도자들은 문자로 말미암아 죽임을 당한 사람들입니다.(3절)

사부님은 2절에서 일반적으로 말씀하신 것을 3절에서 수도자에게 적용하십니다. 그때나 지금이나 성경, 신학, 영성 연구 등을 자기 자신을 위해서 공부하는 수도자가 너무 많은 것을 지적하시는 것입니다. 매일 성경 연구와 영적 독서를 빠짐없이 하고 강의나 세미나를 열심히 들으면서도 자신의 생활에는 아무 변화가 없는 것은 더욱더 열심히 봉헌된 사람으로 살기 위해서가 아니라 더 많이 알려고 함으로써 많은 지식을 가진 사람으로 인정받기를 원하는 지식욕에서 비롯된 것이기 때문입니다.

이런 사람들은 성경의 정신, 곧 주님의 영을 따르려고 하지 않고 말마디만을 배우려는 수도자들입니다. 이들은 연구를 위한 연구를 하고 지식을 위한 지식을 찾는 목적 없는 수도자들입니다. 다른 사람들에게 설명해 주려는 수도자들 역시 남보다 더 지식 있는 사람으로 보이려는 사람들이며, 결국은 육적인 사람들입니다. 하느님을 찾는 것이 아닙니다.

우리 가운데서도 이런 사람들이 있지 않은가, 나 자신이 그런 사람은 아닌가 생각해야 하겠습니다. 책을 보거나 피정을 할 때, 또는 강의를 들을 때마다 그 내용을 자신에게 적용하지 않고 어떻게 사용할까 하는 이기주의적인 정신과 잘못된 지식욕을 피해야 합니다. 자신이 배우고 인식한 것을 다른 이에게 전달하기 전에 자신의 생활로 옮겨야 합니다. 특히 사도적인 활동을 할 때 더욱 경계해야 할 위험입니다. 우리는 지식으로 그리스도를 전하는 것이 아니고 수도자로서, 사부님의 참된 제자로서 생활 안에서 체험한 그리스도를 전하는 것이라고 이해할 때 이것이 진실하고 효과 있는 사도적 활동이 될 것입니다. 이런 의미에서 활동보다 생활이 우선하는 것입니다.

> 프란치스코는 헛된 찬사를 들으려고 설교를 자주 하는 설교자들을 가련하다고 하였다. 그는 이러한 독을 지니고 있는 사람에게 매번 다음과 같은 해독제로 치료하였다. "죄인들을 변화시킨 것은 나의 순박한 형제들의 기도였는데, 어찌하여 당신들은 자신이 그 사람들을 회개시켰다고 자랑합니까?" … 마음에서 우러나오는 것이 아니고 말만 미끈하게 하여 설교자로서보다는 달변가로 칭찬받기를 원하는 사람들을 프란치스코는 별로 좋아하지 않았다. 그리고 모든 시간을 설교에 바치고 신심생활에는 바치지 않는 설교자들은 시간 활용을 잘못하는 것이라고 그는 말했다. (2첼라노 164)

> **그리고 알고 있는 문자나 알고 싶어 하는 모든 문자를 육신의 것으로 돌리지 않고, 오히려 모든 선을 소유하시는 지극히 높으신 주 하느님께 말과 모범으로 돌려드리는 사람들은 거룩한 문자의 영으로부터 생명을 얻은 사람들입니다.** (4절)

3절에서 하나의 위험으로서 부정적으로 말씀하신 내용을 4절에서는 긍정적으로 말씀하십니다. 지식 면에서도 올바른 정신, 즉 내적인 가난의 정신을 심어 주고자 했던 사부님은 형제들이 공부함으로써 내적인 가난을 잃을까 두려워했으나 반대하지는 않았습니다.

첼라노 전기에 다음과 같은 에피소드가 나옵니다. "두 형제의 어머니가 성인에게 와서 신뢰심 있게 동냥을 구했다. … 베드로 형제가 그에게 대답하였다. '그녀에게 줄 만한 것이라고는 … 신약성경 한 권이 있습니다.' … 복되신 프란치스코가 그에게 말하였다. '그녀가 그것을 팔아서 요긴한 데에 쓰도록 그 신약성경을 우리의 어머니께 드리시오. 우리는 신약성경에서 가난한 사람을 도우라는 깨우침을 받았기 때문입니다. 나는 우리가 독서를 하는 것보다 희사하는 것이 훨씬 더 하느님을 기쁘게 해 드리는 것이라고 진심으로 믿고 있습니다.' 이리하여 그 책은 그 부인에게 주어졌고, 형제회 최초의 성경이 이러한 거룩한 자비심으로 해서 주어져 없어졌다."(2첼라노 91)

성경의 정신을 지니고 실천할 것을 말씀하시는 권고 7에서 우리는 세 가지 점을 배울 수 있습니다.

1) 영신생활에서 갖고 있는 지식으로 만족하지 말고, 항상 더 많이 알고자 하는 자세를 통해 내적으로 풍부해지도록 해야 합니다. 나이 든 수도자 중에 영적 독서 등 영신생활의 성장을 위해 더는 아무 노력도 하지 않는 사람을 가끔 볼 수 있습니다. 그러나 우리는 항상 생명이신 주님 말씀을 되풀이해 듣고 자주 그 말씀에 대해 묵상해야 합니다.

우리가 주님을 사랑하면 할수록 그분을 완전히 알고자 노력할 것이며, 주님을 알면 알수록 그분을 더 많이 사랑하게 될 것입니다. 위대한 사상가였던 성 보나벤투라는 이 공부의 목적을 보다 나은 사람이 되기 위한 것으로 보았습니다.

2) 자신의 지식수준이 다른 형제자매들보다 높다고 하여 우월감을 느끼거나 자기 자랑, 교만에 빠진다면 그 지식을 자기 육신의 것으로 삼는 것이 되고 맙니다.

3) 다른 것과 마찬가지로 지식 역시 하느님께 되돌려 드려야 합니다.

2. 하느님의 사랑을 더욱더 인식하도록 합시다

이 권고도 프란치스칸 생활이 요구하는 가난(내적 가난)의 한 중요한 부분을 말해 주고 있습니다. 또한 이 말씀은 사부님이 마음이 좁은 사람이 아니었다는 것을 보여 줍니다. 형제들에게 지식에서도 올바른 가난의 정신을 심어 주시려는 마음뿐, 지식 그 자체를 반대하시지는 않았다는 것을 보여 주는 권고입니다.

1) 우리 수도생활 안에서 내가 알고 있는 것으로만 만족하고 주님을 더 깊이 아는 데 게으르지는 않습니까? 아니면 좀 더 깊은 지식을 가지려고 노력하고 있습니까? 만족은 죽음의 표시이고, 노력은 생명의 표지입니다. 우리가 주님을 사랑한다면 할 수 있는 데까지, 아니 완전히 그분을 알려고 노력할 것입니다. 생명이 있는 사랑이라면 사랑하는 이에 대한 지식을 요구합니다. 사랑하는 님을 더 잘 알기를 원합니다.

주님께 대한 우리의 사랑은 살아 있는, 생활한 사랑입니까? 우리는 성경을 알기 위해, 신학 공부를 위해, 한마디로 주님께 대한 지식을 얻기 위해 계속 노력해야 합니다. 주님의 사랑을 깨달으면 깨달을수록 더욱더 그분을 알고 싶어 할 것이고, 주님을 알면 알수록 더욱더 그분을 사랑하기를 열망할 것입니다.

2) 우리 생활 안에서 주님을 더욱더 깊이 알 기회를 어떻게 이용하고 있습니까? 성경 낭독, 묵상, 영적 독서, 강의, 그룹 토의 등의 시간을 어떻게 이용하고 있으며, 주님을 알고 맛보는 좋은 기회로 생각하고 있습니까? 아니면 무거운 의무로 느끼고 되도록 피하려고 하지는 않습니까? 성경은 나에게 무엇을 뜻합니까? 복음을 살아 계신 주님의 말씀으로 듣고 있습니까?

3) 나의 모든 것을, 모든 선을 소유하시는 지극히 높으신 주님께 말과 표양으로 되돌려 드리고 있습니까? 나의 지식, 능력 등 그 모든 것이 하느님이 주시는 선물임을 인식하고 있습니까? 여기서도 우리가 잊지 말아야 할 것은 내적인 가난과 겸손입니다. 인간은 관리자입니다. 하느님께 돌려 드린다는 것은 프란치스칸적 가난과 겸손의 표현입니다. 즉 하느님을 주님으로 인정하는 자세와 감사하는 자세를 표현하는 것입니다. 하느님께 받은 모든 지식과 능력은 말과 표양을 통해 남에게 봉사하는 데 사용해야 합니다.

루카 복음에 나오는 잎사귀는 풍성했지만 열매는 하나도 없는 무화과나무의 비유가 우리에게 적용되는지도 모르겠습니다.

> 어떤 사람이 자기 포도밭에 무화과나무 한 그루를 심어 놓았다. 그리고 나중에 가서 그 나무에 열매가 달렸나 하고 찾아보았지만 하나도 찾지 못하였다. 그래서 포도 재배인에게 일렀다. '보게, 내가 삼 년째 와서 이 무화과나무에 열매가 달렸나 하고 찾아보지만 하나도 찾지 못하네. 그러니 이것을 잘라 버리게. 땅만 버릴 이유가

없지 않은가?' 그러자 포도 재배인이 그에게 대답하였다. '주인님, 이 나무를 올해만 그냥 두시지요. 그동안에 제가 그 둘레를 파서 거름을 주겠습니다. 그러면 내년에는 열매를 맺겠지요. 그러지 않으면 잘라 버리십시오.'(루카 13,6-9)

겉은 아름답지만 열매는 하나도 못 맺는 나무처럼, 지식은 많지만 실천하지 않는 수도자는 바로 이 비유에 나오는 무화과나무와 똑같다고 볼 수 있습니다. 성인은 모든 권고의 말씀을 통해서 여러 가지 각도에서 보는 내적 가난의 의미와 함께 이러한 가난을 강조하셨습니다.

권고 2와 권고 3의 내적인 가난의 절정인 자기 의지까지 포기하는 순명, 권고 4의 장상직을 자기 것으로 삼지 말라는 봉사의 정신, 권고 5의 자랑하지 말고 모든 좋은 것을 하느님께 돌려 드리라는 겸손, 권고 6과 권고 7의 자기가 가지고 있는 모든 능력, 특히 지식을 말로나 표양으로 되돌려 드려야 하는, 바로 하느님의 주권을 인정하는 정신 등이 그 예들입니다.

서로 다르게 표현되었지만, 이 모든 것을 한마디로 요약한다면 내적 가난이라 생각됩니다. 즉 사부님은 모든 권고 말씀을 통해 내적 가난을 말씀해 주십니다.

행복하여라, 마음이 가난한 사람들! 하늘나라가 그들의 것이다.(마태 5,3)

권고 8

시기의 죄를 피할 것입니다

※

¹ 사도가 말합니다. "성령에 힘입지 않고서는 아무도 '예수님은 주님이시다'라고 할 수 없습니다."(1코린 12,3) ² 또, "선한 일을 하는 사람은 없습니다. 단 한 사람도 없습니다."(로마 3,12; 참조: 시편 14,3; 52,4) ³ 따라서 누구든지 주님께서 자기 형제 안에서 말씀하시고 이루시는 선을 보고 그 형제를 시기하면, 모든 선을 말씀하시고 이루어 주시는 지극히 높으신 분 자신을 시기하는 것이기에(참조: 마태 20,15) 하느님을 모독하는 죄를 범하는 것입니다.(참조: 1코린 6,12)

권고 8은 몇 마디 되지 않는 짧은 권고이지만, 그 내용은 우리 프란치스칸 생활(특히 내적 가난)에서 아주 중요하고 뜻 깊은 것입니다. 그래서 구체적으로 사부님 말씀의 뜻을 알아본 다음 우리 생활에 적용하면서 설명하겠습니다.

권고 8을 잘 이해하기 위해서는 외적 가난과 내적 가난의 차이점을 구별해야 합니다.

외적 가난이란 물질적 궁핍, 즉 할 수 있는 한 지상적 사물을 포기하는 것입니다. 외적으로 가난하게 살려면 필요한 것 외에 다른 것을 가지지 말아야 하고, 우리 생활과 활동에서 필요한 것만 사용해야 합니다. 외적인 가난의 신학적 의의는(물론 외적 가난은 윤리적, 사회적 다른 의의도 포함하지만), 우리가 사용하는 물질을 하느님과의 관계 안에서 보고 사용함으로써 우리의 소유가 아니라 하느님의 소유라는 것을 인정하고 하느님을 만물의 주님으로 받아들이는 것입니다. 따라서 외적 가난은 물질을 소유하지 않는 것을 요구하는 한편, 다른 한편으로는 하느님의 절대적 주권(소유권)의 인정을 요구하며, 따라서 물질을 항상 하느님을 위해서 하느님의 영광을 위해서 사용해야 합니다.

사부님은 누구보다도 외적으로 가난하게 사셨지만, 그러나 분명히 그분은 내적인 가난을 더 중요시했습니다. 내적인 가난은 외적인 가난의 뿌리이고 원천이며 생명력이기 때문입니다. 또 내적인 가난 없이 참된 외적인 가난은 있을 수 없기 때문에, 여러 권고를 통해 형제들에게 내적으로 가난하고 겸손하게 살 것을 요구하셨습니다. 그래서 어떤 작가는 사부님의 권고 말씀을 '내적 가난의 찬미가'라고 했습니다.

사부님이 모든 권고의 말씀을 통해 여러 가지 각도에서 이러한 내적 가난을 강조하신다는 사실은 권고 7을 설명하면서 이미 말씀드렸습니다. '시기의 죄를 피할 것입니다'라는 제목의 권고 8 역시 형제들을 그 내적 가난으로 인도하는 것이 목적이 아닌가 생각됩니다.

1. 모든 좋은 선물은 하느님께로부터 오는 것입니다

사도가 말합니다. "성령에 힘입지 않고서는 아무도 '예수님은 주님이시다'라고 할 수 없습니다."(1코린 12,3) 또, "선한 일을 하는 사람은 없습니다. 단 한 사람도 없습니다."(로마 3,12; 참조: 시편 14,3; 52,4)(1-2절)

사부님은 권고 8 역시 성경을 인용하면서 시작하시는데, 언뜻 보기에 이 두 말씀은 서로 관계가 없는 것 같이 보이지만 서로 보충되는 말씀입니다. 이 말씀은 부정적으로 말하면 성령의 인도를 받지 않으면 선한 일을 할 수 없다는 말이고, 긍정적으로 보면 인간이 하는 모든 좋은 일은 성령의 활동의 결과라는 것입니다.

둘째 말씀부터 시작합시다. "착한 일 하는 이가 없구나. 하나도 없구나." 이것은 구약의 말씀인데, 바오로 사도가 로마서 3장 12절에서 구약의 사람들, 즉 아직 구원을 받지 못한 사람들은 호의를 베풀 수 없었다는 것을 말해 줍니다. 구원을 받지 못한 인간은 원죄와 본죄 때문에 하느님과의 관계가 끊어지고 하느님과 동떨어져 있을 뿐만 아니라 하느님의 원수이며 악마의 노예입니다. 따라서 하느님 앞에서 선한 일을 할 수가 없습니다.

예수님이 가져다주신 구원을 받은 사람만이 호의를 베풀 수 있고 공로를 세울 수 있습니다. 예수님은 당신 구원으로 하느님과 인간과의 끊어진 관계를 다시 연결해 그 간격을 메워 주셨습니다. 이런 사람들, 즉 구원으로 인하여 예수 그리스도의 형제가 되고, 따라서 하느님 아버지의 자녀가 된 사람들만이 호의를 베풀 수 있습니다. 생명과 은총을 주시는 성령을 통해서 그리스도께서 우리 안에 생활하시면서 우리가 하는 말이나 행동 모두를 아버지 앞에서 아버지를 기쁘시게 해드리는 선한 것으로 만드시기 때문입니다.

사부님은 바로 이것을 1절에서 강조하십니다. 바오로 사도의 말씀대로, 성령께서는 진리와 믿음의 성령이시므로 그리스도를 믿는 신앙심을 우리에게 주시고 따라서 우리는 "예수님은 주님이시다" 하고 고백할 수 있습니다. 또 성령은 생명과 사랑의 성령이시므로 우리를 하느님 아버지의 자녀가 되게 해주시어 우리가 하느님을 아빠, 아버지라 부를 수 있게 되었습니다.

이 두 가지 성경 구절을 인용하면서 가르쳐 주시는 것은 모든 선한 일, 모든 능력은 바로 삼위이신 하느님의 업적이며 선물이라는 것입니다. 돌아가실 때까지 당신이 하신 그 모든 좋은 일을 자기 것이라 주장하지 않고 하느님의 선물로 돌리셨던 사부님은 유언에서도 같은 표현을 되풀이하여 사용하십니다.

> 주님께서 나 프란치스코 형제에게 이렇게 회개를 시작하도록 해 주셨습니다. … 주님 친히 나를 그들 가운데로 이끄셨고 … 주님께서 성당들에 대한 크나큰 믿음을 나에게 주셨기에 … 사제들에 대한 큰 믿음을 주님께서 나에게 주셨고 또한 지금도 주시기에 … 주님께서 나에게 몇몇 형제들을 주신 후 내가 해야 할 일을 아무도 나에게 보여 주지 않았지만, 지극히 높으신 분께서 친히 나에게 거룩한 복음의 양식樣式에 따라 살아야 할 것을 계시하셨습니다.(유언 1-14)

우리는 사부님께서 "주님께서 나에게 해 주셨다"는 표현을 되풀이하여 사용하고 계심을 발견하게 됩니다. 우리가 흔히 쓰는 표현과는 정반대입니다. 만일 우리가 사부님의 이 유언을 쓴다면, 죄 중에 있던 내가 어느 날 갑자기 회개하게 되었고, 그래서 나환자 있는 곳에 가게 되었으며, 교회에 대해서도 크나큰 믿음을 갖게 되었고 … 등, 모든 것을 나를 중심으로 생각하여 그러한 모든 일을 내가 한 것으로 쓰겠지만, 사부님은 반대로 주님께서 나에게 해주셨고, 형제들을 주셨으며, 어떻게 해야 할지를 계시해 주셨다고 말씀하십니다. 참으로 내적으로 가난한 사람이 아니면 할 수 없는 말씀이라 하겠습니다.

> 따라서 누구든지 주님께서 자기 형제 안에서 말씀하시고 이루시는 선을 보고 그 형제를 시기하면, 모든 선을 말씀하시고 이루어 주시는 지극히 높으신 분 자신을 시기하는 것이기에(참조: 마태 20,15) 하느님을 모독하는 죄를 범하는 것입니다.(참조: 1코린 6,12)(3절)

이 부분은 하나의 결론입니다. 접속사 "따라서"만 보더라도 위에서 인용하신 성경 구절에서 나오는 결과임을 알 수 있습니다. 즉 모든 선한 일은 우리 안에서뿐만 아니라 다른 형제자매 안에서도 머무르시면서 활동하시는 성삼위 하느님의 활동적인 현존에서 나오는 결과입니다. 우리의 능력에 의한 것이 아니라 하느님의 능력에 의한 것입니다. 선을 행하게 해주시고 좋은 말을 하게 하시는 분은 하느님이십니다. 인간을 도구 삼아 하느님 친히 모든 선한 일을 하시는 것입니다. 우리도 사부님처럼 내적인 가난이 무엇인지 인식하고 있다면 그분이 내리신 이 결론을 쉽게 이해할 수 있을 것이며, 생활로 옮기고자 노력하게 될 것입니다.

"지극히 높으신 분 자신을 시기하는 것이기에 하느님을 모독하는 죄를 범하는 것입니다"라고 부정적인 형태로 결론을 내렸지만, 모든 선한 것을 하느님께 돌려 드리자는 긍정적 의미가 담겨 있습니다. 선한 것은 모두 하느님의 선물이기 때문입니다.

사부님은 또 수도 공동체를 파괴할 수 있는 악습에 대해 지적하시고 아주 강한 표현으로 주의를 주십니다. 독성죄를 범하게 하는 질투, 비평,

형제자매에 대한 부정적인 자세와 폐쇄적인 마음가짐 등 이러한 것들은 신앙의 눈이 아니라 육적으로 살고 있다는 표시가 됩니다. 공동체에 대한 이런 부정적인 자세는 공동체를 파괴시키는 요인이 됩니다. 모순 같지만, 영적인 공동체 안에서도 이렇게 육적으로 생활하는 형제들이 있습니다.

언젠가 외국의 두 관상 수녀회를 방문한 적이 있습니다. 그중 한 수녀원은 철저한 봉쇄는 물론이고 많은 기도와 고행으로 아주 엄격한 생활을 하고 있었지만, 수녀님들을 개인적으로 만났을 때 서로 다른 자매들에 대해 계속 나쁜 점만 늘어놓고 좋은 점은 한 마디도 이야기하지 않았습니다. 그러나 또 한 수녀원은 영적인 수준도 별로 높지 않은 것 같았고, 봉쇄 면에서도 좀 자유스럽고, 먹는 것도 잘 먹고, 기도도 그다지 열심히 하는 것 같지 않은 느낌을 받았습니다. 그런데 수녀님들을 개인적으로 만났을 때는 다른 수녀님들에 대해 좋은 점을 꼭 한마디씩 하는 것이었습니다. 바느질을 잘한다는 등 작은 것이라도 한 가지 이상씩 다른 자매에 대해 칭찬할 점을 발견하고 거기에 대해서 말하는 것을 보고 아주 좋은 인상을 받았습니다.

인간에 대한, 더구나 영적인 자매가 된 자기 자매에 대한 사랑이 없다면 영성이고 기도고 모두 필요 없는 것에 지나지 않습니다. 요한 사도가 "'나는 하느님을 사랑한다.' 하면서 자기 형제를 미워하면, 그는 거짓말쟁이입니다. 눈에 보이는 자기 형제를 사랑하지 않는 사람이 보이지 않는 하느님을 사랑할 수는 없습니다"(1요한 4,20)라고 하신 것처럼 거짓말쟁이가 되어서는 안 될 것입니다.

우리는 하느님이 성령을 통하여 내 생활 안에서뿐만 아니라, 모든 사람의 아버지이신 하느님이 모든 사람 안에서 활동하신다는 사실을 잊지 말아야 합니다. 선을 말하고 행할 수 있는 은혜를 형제자매들에게 베풀어주시는 분 역시 하느님이시라는 것을 깨달아야 합니다. 내가 원하는 대로가 아니라 하느님이 원하시는 대로 자유롭게 각자에게 자연적이거나 초자연적인 서로 다른 선물을 베풀어주신다는 것을 항상 의식하지는 못하더라도 적어도 질투해서는 안 될 것입니다. 모든 것은 하느님의 소유이기 때문에 당신이 원하시는 대로 주십니다. 그러므로 내가 가지지 못한 어떤 능력이나 은혜를 받은 형제자매를 질투하는 것은 마치 내가 하느님 앞에서 어떤 권리가 있는 것처럼 따지는 결과가 됩니다. 하느님이 하시는 일이 잘못된 것처럼 하느님을 원망하는 것이 되므로 독성죄를 범하는 것입니다.

여기서 우리는 포도원 일꾼과 품삯의 비유를 생각할 수 있습니다. 먼저 온 일꾼들이 늦게 온 일꾼들보다 더 많은 품삯을 기대했으나 똑같이 받게 되자 그들을 질투하여 주인에게 따졌습니다. 주인은 "내 것을 가지고 내가 하고 싶은 대로 할 수 없다는 말이오? 아니면, 내가 후하다고 해서 시기하는 것이오?"(마태 20,15) 하고 대답했습니다.

우리도 마찬가지로 질투할 때 하느님께 따지는 것이 됩니다. 온종일 포도밭에서 일한 일꾼들처럼 일평생 충실히 주님을 섬겼다 하더라도 우리는 "왜 나에게는 안 주시고 그 사람에게 주셨습니까?" 하고 따질 권리가 없습니다. 하느님이 우리 각자에게 주시는 선물과 은혜를 고맙게 받아들이고 소중히 보관하여 성장시키는 것만이 수도자로서, 프란치스칸으로서 우리가 해야 할 일일 따름입니다. 이것이 바로 참된 내적 가난입니다. "언제나 기뻐하십시오. 끊임없이 기도하십시오. 모든 일에 감사하십시오."(1테살 5,16-18)라고 하신 바오로 사도의 말씀에 따라 참되게 내적으로 가난한 프란치스칸은 항상 기쁨 가운데 하느님 아버지를 신뢰하며,

모든 일을 통해 아버지께 감사와 찬미를 드려야 합니다. 그렇지 못하고 형제자매를 질투한다면 하느님은 "내 것을 가지고 내가 하고 싶은 대로 처리하는 것이 잘못이란 말이냐?" 하고 우리를 꾸지람하실 것입니다. 사부님은 권고 8에서 우리가 하느님의 그러한 꾸지람을 듣지 않도록 주의를 시켜 주시는 것입니다.

2. 우리 안에서나 형제자매들 안에서 행하시는 모든 선에 대해서 아버지께 감사를 드립시다

간결하고 짧은 권고이지만 우리의 공동생활에서 나와 다른 형제자매들과의 관계를 반성하는 데 도움이 되는 독성죄를 우리 생활에 적용해 보기로 합시다.

1) 우리는 어떻게 내적 가난을 생활화하고 있습니까? 하느님이 나를 아들같이 사랑하시고 은혜를 베풀고 계신다는 것을 의식합니까? 사부님은 "원죄 이후의 모든 것이 선물"이라는 말씀을 자주 하셨습니다. 모든 것은 하느님이 주신 선물이며, 하느님은 우리를 사랑하시기 때문에 선인에게나 악인에게나 똑같이 모든 것을 선물하신다는 것을 잊지 말아야 합니다. 우리 생활 안에 있는 모든 선은 하느님의 선물이며 업적이고, 따라서 모든 것은 하느님의 소유로서 하느님의 절대적인 주권을 인정해야 할 것입니다.

또, 나는 나의 공로에 대해 어떻게 생각합니까? 우리는 흔히 '내가 공동체를 위해 이만큼 노력하고 일했는데 … 내가, 내가…' 하는 식으로 말하고 생각하기 쉽습니다. 또 자기가 다른 형제자매들보다 낫다고 생각한다면 가난한 사람도, 겸손한 사람도 아닙니다. 우리는 복음에 자주 나오는 바리사이파들의 자세를 취하지 말아야 할 것입니다.

내적으로 가난한 사람은 무엇보다도 먼저 하느님께 감사드릴 줄 아는 사람입니다. 참으로 겸손한 사람은 자기가 한 좋은 일을 좋은 일이 아니라고 부정하는 사람도 아니고, 또 그 일을 자기가 하지 않았다고 부정하는 사람도 아닙니다. 성녀 테레사가 "겸손은 진리"라고 했듯이 내가 한 좋은 일, 내가 가진 좋은 능력은 그대로 인정하되, 그러나 그 영광은 하느님께 돌려 드리고 그것을 자기 자신을 위해 사용하기보다 남에게 봉사하기 위해 사용할 때 비로소 가난과 참된 겸손이 되는 것입니다.

사부님이 유언에서 말씀하시는 것처럼 "주님께서 이 모든 선한 일을 나를 통해서 행하신다"고 마음속 깊이 고백할 수 있는 사람은 진정 내적으로 가난한 사람입니다. 그러므로 누구나 갖고 있는 교만을 고칠 수 있는 가장 좋은 방법은 늘 하느님께 감사드리는 것이 아닌가 생각합니다. 항상 고마운 마음으로 하느님 아버지께 감사와 찬미를 드리는 생활이 되도록 이런 습관을 길러 나가야 하겠습니다.

2) 기쁨에 대해 생각해 보기로 합시다. 사부님이 무섭게 표현하신 질투심을 나도 갖고 있지 않습니까? 그리고 질투하는 마음이 있으면서도 너무 가볍게 생각하지는 않았습니까? 내가 질투하는 상대방은 어떤 형제자매가 아니라 바로 하느님이시라는 것을, 따라서 누군가를 질투할 때 우리는 하느님께 죄를 짓는 것임을 알아야 합니다. 우리는 질투하는 죄의 중요성을 간과해서는 안 됩니다. 물론 모든 사람이 원죄 이후로 어떤 면에서든 질투심을 갖고 있는 것이 사실입니다. 어떤 한 분야에서 인정받고 뛰어난 인물이 되고자 하는 것은 인간적 본능이기 때문입니다.

질투하는 마음을 고칠 수 있는 가장 좋은 방법은 앞에서 말한 감사하는 마음과 함께 기쁨이 아닌가 생각합니다. 주님이 다른 형제자매를 통해서 말씀하시고 행하시는 선에 대해서 기뻐하도록 해야 합니다. 다른 형제자매들이 수고하면서 해내는 일의 좋은 결과 앞에서 기뻐해야 할 줄 알아야 합니다. 이처럼 내적인 가난은 진정한 기쁨의 원천이 되는 것입니다. 훌륭하고 유능한 사람을 나의 형제자매로 주신 것을 기뻐하면서 감사드릴 줄 알아야 합니다.

3) 질투하는 마음이 외적으로 나타나는 경우도 있지만, 대부분의 경우 우리는 다른 형제자매에 대해서 나쁘게 말할 때 내가 그를 질투한다고 노골적으로 말하지는 않습니다. 그들을 비평하는 것은 그들에 대해 질투하는 마음이 있기 때문이고, 어떤 면으로는 그 형제자매로부터 내가 위협을 받는 듯한 느낌을 받고 있기 때문인 경우가 대부분입니다.

질투심은 자기 자신도 모르게 내적으로 나타납니다. 다른 형제자매들이 한 일의 좋은 결과를 볼 때나 그들의 좋은 점을 발견할 때 기뻐하기보다는 슬퍼하는 마음을 가지게 된다면 바로 그들을 질투하고 있음을 의미합니다. 특히 수도원 안에서 많이 나타나는 현상으로 '나도 그랬으면…' 하는 좋지 않은 경쟁심은 피해야 할 것입니다.

다른 형제자매가 인정받고 칭찬받을 때 슬퍼하는 마음보다 칭찬의 말 한마디를 해줄 줄 알아야 합니다. 그들의 좋은 점을 발견하려고 노력하고, 작은 장점이라도 눈에 띄면 칭찬을 해줌으로써 공동체를 아름답게 만드는 것은 물론, 나 자신의 눈이 변화되도록 힘써야 할 것입니다. 좋은 형제자매들에 대해서 항상 기뻐하는 마음, 감사하는 마음을 가지도록 해야 하겠습니다.

"너희의 빛이 사람들 앞을 비추어, 그들이 너희의 착한 행실을 보고 하늘에 계신 너희 아버지를 찬양하게 하여라"(마태 5,16)라고 하신 것처럼, 형제자매 안에서 일하시는 하느님의 손을 발견하도록 해야 합니다. 시편 117편의 시작과 끝 구절처럼 우리의 하루 생활도 그렇게 시작하고 끝마칠 수 있도록 해야 하겠습니다.

주님을 찬송하여라, 좋으신 분이시다. 주님의 자애는 영원하시다.(시편 118,1)

권고 9

사랑

*

¹ 주님께서 말씀하십니다. "너희 원수를 사랑하고 너희를 미워하는 사람들에게 잘해 주고 너희를 박해하고 중상하는 사람들을 위하여 기도하여라."(마태 5,44) ² 따라서 자기 원수를 진정으로 사랑하는 사람은 자기가 당하는 해툫로 말미암아 괴로워하지 않고, ³ 오히려 그의 영혼의 죄로 말미암아 하느님의 사랑 때문에 가슴 태우는 사람입니다. ⁴ 그리고 그에게 행동으로 사랑을 보여 줍니다.

권고 9에서는 우리 생활에 아주 중요한 테마, 즉 형제적 사랑에 대해서 말씀하십니다. 특히 나와 맞지 않는 형제를 어떻게 대해야 하는가에 대해서. 이와 같은 내용이 사부님 글에서 자주 나오는데 예를 들면 인준받지 않은 수도규칙 5장 13절과 11장 4절, 인준받은 수도규칙 10장 10절, 권고 3,8절과 권고 11이 그렇습니다.

우리는 수도자로서 또 프란치스칸으로서 복음에 제시된 그리스도의 생활을 온전히 따르는 복음적인 생활을 해야 합니다. 그래서 우리는 조건 없이 그리스도의 발자취를 따르고, 그리스도의 길을 충실히 따르며, 이 세상에서 순례자나 나그네같이 그리스도의 길로 아버지께 올라가야 합니다. 그런데 우리가 그리스도의 말씀과 가르침을 따라 산다 해도 그것이 하느님께 대한 진실한 사랑 때문이 아니라, 자기 이기심이나 자애심 때문인 경우가 많습니다.

착하고 온유한 성격의 소유자는 "달라는 자에게 주고 꾸려는 자를 물리치지 마라"(마태 5,42)라는 말씀을 지키는 것이 어렵지 않을 것입니다. 성격적으로 말이 별로 없는 사람이라면, "자기가 지껄인 쓸데없는 말을 심판 날에 해명해야 할 것이다"(마태 12,36)라는 말씀을 어려워하지 않을 것입니다. 활동적인 성격의 소유자는 "너희는 온 세상에 가서 모든 피조물에게 복음을 선포하여라"(마르 16,15)라고 하신 말씀을 기꺼이 따를 수 있을 것입니다. 검소하고 욕심 없는 성격을 지닌 사람이라면 "네가 완전한 사람이 되려거든, 가서 너의 재산을 팔아 가난한 이들에게 주어라. 그러면 네가 하늘에서 보물을 차지하게 될 것이다. 그리고 와서 나를 따라라"(마태 19,21)라는 요구를 쉽게 받아들일 수 있을 것입니다.

내성적이고 침묵을 잘 지키는 사람 같으면 "끊임없이 기도해야 한다"(루카 18,1)라는 말씀을 따라서 기도하는 것이 즐거운 일일 것입니다. 이와 같은 경우에는 많은 노력을 하지 않아도 쉽게 주님의 말씀을 따라 생활할 수 있습니다. 그것이 자신의 성격에 맞는 것이기 때문에 아마 예수님을 몰랐어도 그와 비슷한 생활을 했을지도 모릅니다. 무신론자, 또는 비신자 가운데서도 우리가 놀라울 정도로 인간적인 사랑을 실천하는 사람들, 자기 책임을 충실히 지키는 사람들, 나라를 위해서 생명까지 바치는 사람들을 얼마든지 찾아낼 수 있는데, 이들은 그리스도를 모르면서도 그렇게 생활하는 것입니다.

이의 경우라면 우리도 그런 선행을 할 때 정말로 그리스도를 따르는 것인지, 아니면 자기 성격을 따르는 것인지, 착하게 살려는 인간의 본능을 따르는 것인지 판단하기 어렵습니다. 이는 그리스도를 따르는 복음적인 생활이 아닙니다. 사부님은 권고 9에서 우리의 복음적 생활, 그리스도를 따르는 우리의 생활, 심지어 내적 가난의 생활을 평가하는 틀림없고 아주 확실한 기준을 지적해 주십니다.

1. 복음적인 사랑

> **주님께서 말씀하십니다. "너희 원수를 사랑하고 너희를 미워하는 사람들에게 잘해 주고 너희를 박해하고 중상하는 사람들을 위하여 기도하여라."**(마태 5,44)(1절)

복음의 중심 가르침인 산상 설교에서 예수님은 "그러나 나는 너희에게 말한다. 너희는 원수를 사랑하여라. 그리고 너희를 박해하는 자들을 위하여 기도하여라. 그래야 너희가 하늘에 계신 너희 아버지의 자녀가 될 수 있다. 그분께서는 악인에게나 선인에게나 당신의 해가 떠오르게 하시고, 의로운 이에게나 불의한 이에게나 비를 내려 주신다. 사실 너희가 자기를 사랑하는 이들만 사랑한다면 무슨 상을 받겠느냐? … 하늘의 너희 아버지께서 완전하신 것처럼 너희도 완전한 사람이 되어야 한다"(마태 5,44-48)라고 하셨습니다.

당시 랍비들도 동족을 사랑하라고 가르치긴 했지만, 그러나 거기서 한 걸음 더 나아가 원수나 이방인까지도 사랑하라는 가르침은 분명 새로운 가르침이었습니다. 구약에서는 발견할 수 없는 이 명령은 새로운 요구로 복음의 중심이 되었습니다.

구약의 요구는 "네 이웃을 사랑해야 한다. 그리고 네 원수는 미워해야 한다"(레위19,18; 마태 5,43)라는 것이었습니다. 자기 마음에 드는 사람만 사랑하고 마음에 안 드는 사람을 미워하는 것은 인간의 동물적 본능이기도 합니다. 나에 대해 나쁜 감정을 품고 있거나 나를 괴롭히는, 그리고 나와 맞지 않는 사람은 될 수 있으면 멀리하고 싶고 할 수만 있다면 복수하려고 기회를 노리는 것이 바로 인간의 본능입니다.

수도자 중에서도 이런 구약의 정신에 따라 사는 사람이 있습니다. 혹시 나도 '눈은 눈으로 이는 이로'라는 구약의 정신에 따라서 사는 사람이 아닌지 반성해 보아야 하겠습니다. 만약에 그렇게 살고 있다면 아무리 훌륭한 활동을 많이 하고 남을 위해 희생과 봉사를 하며 열심히 한다 하여도 그것은 그리스도를 따르는 생활이 아닙니다.

비록 나를 인정해 주지 않고 나의 친절을 고맙게 생각하지 않는 사람일지라도 사랑으로 대해야 합니다. 여기에 대해서는 루카 복음 17장 10절과 23장 34절, 사도행전 10장 38절, 마태오 복음 5장 45-48절과 25장도 말하고 있습니다.

> 따라서 자기 원수를 진정으로 사랑하는 사람은 자기가 당하는 해害로 말미암아 괴로워하지 않고, 오히려 그의 영혼의 죄로 말미암아 하느님의 사랑 때문에 가슴 태우는 사람입니다. 그러므로 그에게 행동으로 사랑을 보여 줍니다.(2-4절)

사부님은 여기서 아주 실질적인 예를 들면서 원수에 대한 사랑이 수도생활을 통해 행동으로 표현되어야 한다는 것을 말씀하십니다.

사부님은 인간의 심리를 잘 아신 것 같습니다. 우리는 사회의 부패와 부정에 대해서, 교회의 잘못된 점에 대해서, 우리 공동체의 부족함에 대해서, 나와 함께 사는 형제들의 죄라든가 그릇된 사상이나 성격, 행동에 대해서 자주 얘기하고 괴로워하며 서러워합니다. 그런데 우리는 내 주위에 있는 부정이나 죄악에 대해 서러워하는 동기가 어떠한지 살펴봅니까? 내가 죄를 짓는 어떤 형제에 대해서 말할 때 내가 슬퍼하는 동기는 무엇인지 반성해 봅니까? 그 형제의 장래가 염려되어 그를 사랑하는 마음에서일 때도 있지만 사실은 그 형제의 생활에서 일종의 위협을 받고 있기 때문임을 발견할 수 있습니다. 잘 돌봐 주지 않았기 때문에 책임자로서 실패했다는 느낌, 그 형제를 생각해 주는 것이 아니라 그 때문에 곤란해진 내 입장 등 어딘가 나의 생활에 위협을 받기 때문입니다.

또, 우리가 직접 어떤 불의의 행동에 부딪히게 될 때 자신이 당했다고 생각하기 때문입니다. 이것은 잘못된 자애심에서 나오는 것이며, 우리가 그리스도를 따르는 것이 아니라 자신을 따르고 있다는 표시입니다.

"악을 악으로 갚거나 모욕을 모욕으로 갚지 말고 오히려 축복해 주십시오. 바로 이렇게 하라고 여러분은 부르심을 받았습니다."(1베드 3,9) "악에 굴복당하지 말고 선으로 악을 굴복시키십시오."(로마 12,21) 이 권고에 적용되는 복음 말씀처럼 어떤 형제자매가 잘못한다 해서 나도 똑같이 잘못한다면 그것은 바로 악에 굴복하는 것입니다.

2. 공동체 내의 형제적 사랑

1) 수도생활을 하는 가운데 원수가 된 형제자매나 원수같이 여기는

형제자매는 없겠지만, 나와 맞지 않는 형제는 있을 수 있고 또 사실 있습니다. 여기서 이 문제에 대해서는 말씀드리지 않겠습니다. 다만 그러한 형제자매에 대한 각자의 태도, 나의 태도를 반성하도록 하겠습니다.

나를 미워하는 형제를 사랑합니까? 그를 사랑하려고 노력이라도 합니까? 아니면 나도 똑같이 그를 미워합니까? 그렇다면 나는 아직 구약의 법을 따라서 사는 사람이라고 할 수밖에 없습니다. '이는 이로, 눈은 눈으로'라는 구약의 법을 따르는 내가 그리스도의 구원을 받았다고 할 수 있겠습니까?

나를 중상하고 어렵게 만드는 형제자매에게 행동으로써 사랑을 보여 줍니까? 그를 위해 기도하며 선을 베풉니까, 아니면 악으로 갚지는 않았습니까? 우리는 나를 괴롭히는 형제자매에 대해 너무 쉽게 말하는데, 이것은 복음적 생활을 하려는 우리에게 아주 중요한 문제입니다. 물론 그런 노력을 안 하는 것은 아니지만 다른 형제자매들에 대한 우리의 태도를 자주 반성해야 합니다.

내가 다른 형제자매들로부터 행동이나 말로 어떤 해를 당할 때 어떤 반응을 보입니까? 자애심이나 자존심, 자만심이 손상되었기 때문에 화를 냅니까, 아니면 그가 하느님 앞에 죄를 짓게 된 것을 진심으로 슬퍼합니까?

자신도 잘못 살면서 나에게 해를 끼치는 형제자매에 대해서 분노하거나 화를 낼 때는 그 분노의 동기를 잘 살펴보아야 합니다. 내가 피해를 당하였다고 생각되어 화를 낸다면 참으로 육적인 사람이지만, 상대방의 잘못이 분명하고 따라서 하느님 앞에 죄인이 된 그를 위해 슬퍼한다면 영적인 사람입니다.

나는 누구를 위해서 살고 있습니까? 나를 위해서? 아니면 하느님을 위해서? 자신이 하느님 편인지 스스로의 편인지, 즉 누구를 중심으로 사는지는 어떤 피해를 볼 때 나타나는 반응으로 분명하게 알 수 있습니다.

자기에게 해를 끼치는 자매를 비난하거나 단죄하기보다는 오히려 그를 위해 기도하며, 하느님께서 그의 부족함을 도와주시도록 청하는 것이 참된 사랑입니다. 사부님 말씀대로 행동으로써 사랑을 보여 주는 행동적인 사랑이 되는 것입니다.

상대방을 비판하고 판단하기에 앞서 "악인에게나 선인에게나 당신의 해가 떠오르게 하시고, 의로운 이에게나 불의한 이에게나 비를 내려 주시는"(마태 5,45) 하느님 아버지의 사랑을 본받아야 합니다. 내가 다른 방법으로 그를 도울 수 없는 경우라면 그를 하느님께 맡겨 드리는 것이 참다운 형제애라 하겠습니다.

성 프란치스코 살레시오의 유명한 일화가 있습니다. 어떤 부인이 성인을 찾아와서 현대인들의 죄악과 타락에 대해 자꾸 이야기하자 그는 "다른 이들이 죄짓는 것을 볼 때마다 우리만이라도 죄를 짓지 맙시다"라고 응답했다 합니다. 우리도 공동체 안에서 잘못 사는 형제자매를 볼 때 비판하기보다는 '나라도 잘 살아야 되겠다'는 적극적인 자세가 되어 있어야 합니다.

이 말씀들처럼 잘못 사는 형제자매를 볼 때 그를 업신여기거나 판단하지 말고 자기 자신의 생활을 반성해야 할 것입니다.

2) "그리고 분노와 흥분은 자신과 다른 사람들의 사랑을 방해하므로, 남의 죄 때문에 화내거나 흥분하지 않도록 조심할 것입니다."(인준 규칙 7,3) "부드럽고 화려한 옷을 입은 사람이나 맛 좋은 음식을 먹고 마시는 사람들을 볼 때, 그들을 멸시하거나 판단하지 말고 오히려 각자가 자

기 자신을 판단하고 멸시하십시오."(인준 규칙 2,17)

특히 분노와 흥분은 이기심과 자만심의 표시가 될 뿐만 아니라 사랑의 걸림돌이 되어 사랑하지 못하게 만듭니다.

우리가 참된 프란치스칸으로서 또 참으로 가난한 자로서 생활하기 위해서는 "너희 아버지께서 자비하신 것처럼 너희도 자비로운 사람이 되어라"(루카 6,36)라고 하신 예수님의 말씀을 실천에 옮기도록 해야 하겠습니다.

현대에 와서 잘 쓰지 않는 말 중의 하나가 자비입니다. 어떤 형제자매의 잘못 사는 생활을 볼 때, 좀 더 심한 표현으로 구제 불능의 상태에까지 이르렀다 하더라도 우리 수도자에게 남아 있어야 할 것은 바로 자비입니다. 결국, 권고 9의 내용은 자비로 요약할 수 있습니다.

3) 사부님은 「어느 봉사자에게 보낸 편지」에서 어떤 형제 때문에 고통을 당하고 있는 한 관구장에게 그가 어떻게 그 형제를 자비로써 처신해야 하는지에 대해 놀라운 조언을 하십니다.

> 그대가 주 하느님을 사랑하는 데에 방해되는 것이든, 또 형제들이나 다른 사람들이 그대를 때리면서까지 방해하든, 이 모든 것을 은총으로 받아들여야 합니다. 그리고 그대는 이런 것들을 원하고, 다른 것은 원하지 마십시오. 그리고 이것이 그대가 따라야 할 주 하느님의 참된 순종이요 나의 참된 순종이 됩니다. 나는 이것이야말로 참된 순종임을 확실히 알고 있기 때문입니다. 그대에게 이런 것들을 하는 이들을 사랑하십시오. 그리고 주님께서 그대에게 주시는 것이 아니면, 그들에게서 다른 것을 바라지 마십시오. 그리고

이러한 상황에서 그들을 사랑하고, 그들이 더 훌륭한 그리스도인
들이었으면 하고 바라지 마십시오.(봉사자 편지 2-7)

우리도 공동생활을 하면서 어떤 형제자매가 변화되었으면 하고 바랄 때가 가끔 있을 것입니다. 그러나 사부님은 그들을 있는 그대로 받아들이라고 하십니다.

당신 사랑 까닭에 남을 용서하며,
병약함과 시련을 견디어 내는 이들을 통하여 찬미 받으시옵소서.
평화 안에서 이를 견디는 이들은 복되오니(참조: 마태 5,10),
지극히 높으신 이여, 당신께 왕관을 받으리로소이다.(태양 노래 10-11)

공동생활을 하면서 함께 사는 형제자매들에게 사랑을, 좀 더 구체적으로 잘못 사는 형제자매들에게 자비를 베풂으로써 우리도 마음의 평화를 얻게 될 것입니다.

권고 10

육신의 제어

*

¹ 죄를 지을 때나 해를 입을 때 자주 원수나 이웃을 탓하는 사람들이 많습니다. ² 그러나 이래서는 안 됩니다. 사람은 육체를 통해서 죄를 짓게 되는데 누구나 그 원수, 즉 육체를 다스릴 수 있기 때문입니다. ³ 그러므로 자기의 지배 아래 넘겨진 그러한 원수를 항상 손아귀에 집어넣고 그에게서 슬기롭게 자기 자신을 지키는 "그런 종은 복됩니다."(마태 24,46) ⁴ 이렇게 하는 한, 볼 수 있건 볼 수 없건 그 어떤 원수도 그를 해칠 수 없기 때문입니다.

영신생활이나 우리가 사는 수도생활에 대해서 반성해 볼 때 의무를 다하지 못하고, 성소에 따른 이상을 충실하게 따르지 못하고 있음은 우리가 매일 하는 경험입니다. 그뿐만 아니라 수도 서약을 할 때 하느님께 맹세한 것까지도 제대로 지키지 못하고 있음을 느끼기도 합니다. 이는 한마디로 우리 생활에 아직 죄악이 존재하고 있음을 의미하며, 우리는 이 사실을 솔직히 인정할 수밖에 없습니다. 물론 우리 생활 안에 죄만 존재하는 것은 아니지만, 사부님은 항상 좋은 것은 하느님께 돌려 드리되 죄악만은 자기 것으로 인정하라고 말씀하십니다.

그렇다고 너무 비관적으로 생각할 필요는 없습니다. 우리가 양심 성찰할 때 잘못을 솔직하게 인정한다면 겸손과 가난 속에서 우리 주 예수 그리스도의 발자취를 따르려고 노력하는 마음도 갖게 될 것입니다. 이런 의미에서 참된 수도자, 참된 프란치스칸은 그 생활 안에 죄악이 없는 사람이 아니라 더욱더 가까이 주님을 따르고자 노력하는 사람입니다.

우리 생활 안에 존재하고 있는 죄악, 그 죄악 앞에서 우리가 어떻게 해야 하는지에 대해 사부님은 권고 10에서 말씀해 주십니다.

1. 우리 안에 있는 죄악은 그리스도와 함께 극복할 수 있다

죄를 지을 때나 해를 입을 때 자주 원수나 이웃을 탓하는 사람들이 많습니다.(1절)

이 간단한 말씀으로 사부님은 우리 수도자들까지도 죄를 범하게 될 때 자주 변명과 핑계를 대고 남을 탓하는 것을 지적해 주십니다. 변명하고 핑계를 댄다는 것은 잘못에 따른 책임을 회피하는 것입니다. 그것은 세례를 받을 때, 또 수도 서약을 할 때, 우리 스스로 받아들이기로 맹세한 의무와 생활과는 다른 생활을 하고 있으면서도 자신의 잘못에 대해서는 책임을 지지 않으려고 하는 것입니다. 그것은 사부님 말씀대로 원수인 악마나 다른 이들에게 책임을 전가하는 것이며, 자신을 정당화하는 것입니다.

자기가 맡은 직책이나 책임 때문에 잘못 살고 있다고 핑계를 대는 사람도 있습니다. '다른 직책, 다른 일을 한다면 좀 더 열심히 잘 살 수 있을 텐데', '너무 바빠서 그렇지 못하다'는 등 이런 핑계 역시 환경을 탓하는 것입니다. 쉽게 핑계를 대는 또 한 가지는 다른 형제자매들의 성격입니다. '그 형제자매가 변화하면 받아들일 수 있을 텐데'하는 것 역시 결국은 자기를 정당화하는 것이고 남을 탓하는 것밖에 안 됩니다.

변명이나 핑계로 자기 자신을 속인다면 생활이 나아지기는커녕 오히려 아무렇게나 살아도 된다는 식으로 양심을 마비시키기 쉽습니다. 자기 자신의 잘못을 알고 있으면서도 그것을 좋은 체험으로 삼지 못하고 오히려 변명하기 때문에 생활의 변화도, 발전도 없게 되는 것입니다. 이것은 특히 우리 공동체 생활에서 큰 위험이 되며, 따라서 사부님은 1절에서 이것에 대해 주의를 시켜 주시는 것입니다.

그러나 이래서는 안 됩니다. 사람은 육체를 통해서 죄를 짓게 되는데 누구나 그 원수, 즉 육체를 다스릴 수 있기 때문입니다.(2절)

변명과 핑계, 자기 자신을 정당화하고자 남에게 책임을 전가하는 말이나 생각 등 이 모든 것은 거짓말이라고 말씀하십니다. 번역은 "그러나 이래서는 안 됩니다"라고 되어 있지만, 이것은 거짓말을 뜻합니다. 즉 죄악의 원인은 외부에 있는 것이 아니라 바로 내 안에 있다는 것입니다.

사부님이 말씀하시는 육체, 육신은 단순히 인간의 몸만을 말하는 것이 아니라 죄악으로 기울어진 인간의 자기 과신을 의미하며, 죄를 짓게 하는 원수로서의 육체를 표현하는 것입니다. 남을 탓하고 환경을 탓하는 바로 이것 때문에 우리는 너무 쉽게 남의 악에서 영향을 받게 되며, 한마디로 자기 자신이 자신의 원수인 것입니다. 그러나 우리는 원수인 자기 자신에게 대항할 수 없을 만큼 무기력한 것은 아닙니다. 사부님 말씀대로 각자의 자유와 양심, 구원, 성사, 기도 등 여러 가지를 통해 우리는 이미 죄악에서 해방된 구원된 사람들이기 때문입니다. 하느님 말씀과 성사 그리고 기도를 통해서 우리는 우리의 원수, 즉 죄를 짓게 하는 나 자신을 다스릴 힘을 얻을 수 있습니다.

하느님 말씀과 성사 등은 하느님이 우리에게 은총을 주시는 방법들입니다. 하느님의 말씀을 들으면 들을수록, 성사를 받으면 받을수록 자신을 다스릴 수 있는 은총과 힘을 얻게 됩니다.

> 그러므로 자기의 지배 아래 넘겨진 그러한 원수를 항상 손아귀에 집어넣고 그에게서 슬기롭게 자기 자신을 지키는 "그런 종은 복됩니다."(마태 24,46) 이렇게 하는 한, 볼 수 있건 볼 수 없건 그 어떤 원수도 그를 해칠 수 없기 때문입니다.(3-4절)

우리의 원수, 즉 우리 자신을 다스릴 수 있는 힘이 주어졌는데 그것은 바로 그리스도의 구원입니다. 우리 자신을 항상 손아귀에 집어넣을 수 있는 힘, 그것은 바로 그리스도의 구원을 통해서 성령이 주시는 은총입니다. 이런 힘과 능력은 성사, 하느님 말씀, 기도를 통해서 얻을 수 있는 하느님 도우심의 은총인 것입니다.

성경, 성사, 기도, 자유, 양심 등 이 모든 것은 우리의 구원을 위해 하느님이 주신 구원의 방법들입니다. 우리를 구원하시려는 하느님의 뜻과 구원되려는 우리의 뜻이 일치되어야만 각자의 구원은 가능할 것입니다.

모든 영성가들이 말하는 영신생활은 하나같이 하느님의 은총과 협력하는 것으로 이것이 우리의 영신생활이고 크리스천으로서, 그리고 수도자로서 우리에게 주어진 일생의 과제입니다.

하느님의 은총과 협력한다는 것은 무엇을 말합니까? 예수님도 복음에서 이러한 협력에 대해 자주 말씀하십니다. "누구든지 내 뒤를 따라오려면, 자신을 버리고 날마다 제 십자가를 지고 나를 따라야 한다."(루카 9,23) 이 말씀처럼 하느님의 은총과 협력한다는 것은 한편으로는 자신을 버리고 부정하는 것이며, 또 다른 한편으로는 그리스도를 무조건 따르는 것입니다. 우리가 구원되려면 이 두 가지 과정이 생활 안에서 반드시 실현되어야 합니다.

사부님은 여기에서 부정적이고 소극적인 관점을 더 강조하십니다. 자신을 버리고 부정한다면, 자신을 희생하고 그리스도와 함께 십자가의 길을 따르려고 노력한다면, "자기의 지배 아래 넘겨진 그러한 원수를 항상 손아귀에 집어넣고 그에게서 슬기롭게 자기 자신을 지키는 복된 종"이 될 것입니다. 그리하여 우리 안에 있는 육신의 정신으로부터 해방되고 주님의 영이 우리 안에서 다스리게 될 것입니다. 주님의 영을 지니는 사람은 차츰 주님을 닮게 되어 주님과 같은 사고방식, 주님과 같은 마음은 물론 결국 주님과 같은 생활을 하게 되는 것입니다.

세례자 요한이 "그분은 커지셔야 하고 나는 작아져야 한다"(요한 3,30)라고 했듯이, 주님은 갈수록 우리 안에서 성장하시고 나라는 육의 정신은 갈수록 작아진다면 우리는 참으로 그리스도의 제자가 되는 것이고 영으로 가난한 사람이 됩니다. 자신을 과신하지 않는 사람, 그리스도를 믿고 그분을 긍정하는 사람은 사부님 말씀대로 자기 자신을 지혜롭게 지키는 복된 종이 되는 것입니다.

자신의 힘을 믿기보다 그리스도의 능력을 믿고 신뢰하는, 즉 내적으로 가난한 사람은 오히려 다른 데서 자신감이 생깁니다. "나에게 힘을 주시는 분 안에서 나는 모든 것을 할 수 있습니다"(필리 4,13)라고 말씀하신 사도 바오로처럼, 그리스도를 힘입어 자신을 다스릴 수 있는 은총과 힘을 얻게 되는 것입니다.

사부님은 또 자기 자신으로부터 자신을 지혜롭게 지키는 종은 복되다고 지적해 주십니다. 우리는 죽을 때까지 나라는 육신의 정신 즉 교만, 자만심, 자애심, 자기 자랑 등 죄악으로 기울어진 나를 다스려야 하며, 그렇기 때문에 언제나 지혜롭게 원수인 자신에게서 스스로를 지켜야 합니다. 그러기 위해서는 핑계나 변명 등에 속아 넘어가지 않도록 늘 자신을 보호해야 합니다. 우리는 "뱀처럼 슬기롭고 비둘기처럼 순박해야"(마태 10,16) 할 것입니다.

"이렇게 하는 한, 볼 수 있건 볼 수 없건 그 어떤 원수도 그를 해칠 수 없기 때문입니다." 여기서 말하는 볼 수 있는 원수란 세속을 의미하고, 볼 수 없는 원수란 악마, 마귀를 뜻합니다. 내 안의 원수인 자기 자신을 손아귀에 넣고 지혜롭게 자신을 지켜나갈 때 다른 원수는 나를 해칠 수 없습니다.

2. 자신을 정당화하려는 데서 해방되도록 합시다

사부님의 권고 10은 간단하고 단순한 것이지만, 참으로 지혜로운 말씀인 것 같습니다. 잠시 우리 생활을 반성합시다.

1) 우선 생각할 수 있는 것은, 우리가 어떤 잘못이나 죄를 지었을 때

먼저 솔직하게 하느님 안에서 반성해야 합니다. 그리고 자신을 정당화 하려는 변명이나 다른 형제자매를 탓하는 자세가 아니라 자기의 잘못에 대해 분명히 책임지는 자세여야 한다는 것입니다.

인간은 하나의 신비입니다. 변명은 되풀이하다 보면 나중에는 그 내용이 사실인 것처럼 생각되고 그렇게 믿게 되고 맙니다. 그렇게 되면 결국 우리 생활에 변화나 나아지는 점이 있을 수 없게 되는 것입니다. 무엇보다도 중요한 것은 솔직하게 자기의 잘못을 인정하는 것입니다. 자신의 잘못에 책임감을 느끼고 반성하면서 그런 잘못을 하나의 좋은 경험으로 삼아야 할 것입니다. 그리하여 "주님, 나의 모든 것을 받아 주십시오. 그러나 나의 변명만은 받아 주시지 마십시오" 하는 기도가 바로 우리의 기도가 되어야 하겠습니다.

우리의 양심을 솔직하게 살핀다면 내가 잘못 사는 원인이 다른 형제자매나 공동체의 환경, 직책 등 외부에 있는 것이 아니라 내 안에 있음을, 즉 죄의 원인은 바로 나라는 것을 쉽게 알 수 있을 것입니다.

우리는 잘못했을 때 책임감을 느끼고 있습니까? 하느님은 물론이고 다른 형제자매 앞에서도 적어도 변명만은 하지 말아야 합니다. 솔직한 책임감이 없으면 진실한 통회 역시 있을 수 없고 그 생활이 나아지는 변화도 있을 수 없습니다.

2) 자기가 다스릴 수 있는 원수, 즉 자기 자신을 항상 손아귀에 집어넣을 수 있도록 지금까지 노력해 왔습니까? 우리는 자신을 부정하고 그리스도와 함께 십자가를 지는 것을 받아들이고 있는지 반성해야 합니다. 입이나 머리로 받아들이는 것이 아니라 어떤 환경에서도 항상 복음의 이 두 가지 요구를 받아들여야 할 것입니다. 하느님이 매일 선물로 주시

는 도움의 은총은 우리의 협력과 노력을 요구하고 있기 때문입니다.

자기 자신으로부터 지혜롭게 자신을 지키고 있습니까? 자신을 과신하는 헛된 자신감을 느끼고 있지는 않습니까? 수도자 중에는 빈틈없이, 그리고 자신감 있게 사는 사람이 많은데 이런 자신감은 한마디로 교만입니다. 이런 수도자는 언젠가는 한 번 크게 깨어지게 마련이고, 자신에게 도취하여 있으므로 마치 눈먼 사람같이 그리스도의 길을 걸을 수 없게 됩니다.

이와 반대로 하느님을 믿는 그 믿음에서 생기는 자신감을 가져야 합니다. 나를 이끌어 가시며 내 생활의 주인공은 하느님이시라는 것을 인식하고 인정하는 수도자야말로 깨우침을 받은 수도자라 할 수 있겠습니다. 복된 종이 되는 것입니다.

권고 11

다른 사람의 악행 때문에
무너지지 말 것입니다

*

¹ 하느님의 종은 죄 외에는 아무것도 못마땅해해서는 안 됩니다. ² 그리고 누가 어떻게 죄를 짓든, 하느님의 종이 이 때문에 사랑이 아닌 다른 이유로 흥분하거나 분개한다면, 스스로 과오를 쌓는 것입니다.(참조: 로마 2,5) ³ 어떤 일로 말미암아 분개하거나 흥분하지 않는 하느님의 종이 진정 소유 없이 사는 사람입니다. ⁴ 그리고 "황제의 것은 황제에게 돌려주고 하느님의 것은 하느님께 돌리면서"(마태 22,21) 자기에게 아무것도 남겨 두지 않는 사람은 복됩니다.

권고 11에서는 다른 형제자매들의 생활 안에서 악행, 즉 죄악을 발견할 때 우리가 프란치스칸으로서 어떻게 해야 하는가를 주제로 말씀하십니다. 이것은 각자의 개인 생활뿐 아니라 공동체 생활에서도 아주 중요한 주제라 하겠습니다.

교회가 이 지상을 순례하는 동안은 완전하지 못하고, 따라서 거룩한 교회이면서도 죄인들의 교회라고 말할 수 있습니다. 또한, 교회는 그리스도의 티 없는 신부이면서 아울러 결점과 죄악을 지닌 연약한 인간들을 품 안에 품고 있습니다. 우리 프란치스칸 공동체 역시 교회 내의 한 단체이기 때문에 이런 선과 악을 함께 지니고 있는 것이 사실입니다. 그래서 교회는 거룩한 교회이면서 다른 한편으로는 죄인들의 교회인 것입니다.

주님이 다시 오실 때까지, 다시 오셔서 교회를 완성하시고 성화시키시기 전까지 교회는 거룩한 교회인 동시에 죄인들의 교회로 남아 있을 것입니다. 이와 마찬가지로 우리 공동체도 주님의 재림 때까지 이 두 가지의 면, 선과 악, 거룩함과 죄악을 보일 것입니다.

교회의 이런 양면성에 대해서 잘 알고 있던 사부님은 공동체 안에 혹은 다른 형제자매의 생활 속에 존재하는 죄 앞에서 우리가 취해야 할 자세에 대해 비교적 많은 글을 남기고 있습니다. 그 대표적인 글 중 하나가 바로 권고 11입니다.

1. 죄악은 미워하되 죄인은 사랑해야 합니다

하느님의 종은 죄 외에는 아무것도 못마땅해해서는 안 됩니다.(1절)

사부님의 권고 말씀 중 여기에서 처음으로 하느님의 종이라는 표현으로 시작합니다. 우리에게 잘 맞지 않는 표현 같기도 하지만 매우 뜻 깊은 표현입니다. 이 표현은 다음 권고에서도 반복해서 자주 사용되고 있으므로 그 의미에 대해서 잠깐 말하고자 합니다.

우선 야훼의 종이란 이 표현은 성경적인 표현으로 그 뜻도 성경적인 의의를 지니고 있습니다. 구약의 모든 예언자는 앞으로 오실 메시아를 하느님의 종, 야훼의 종이라고 불렀으며 사도행전이 증언하는 것처럼 초대 교회도 그리스도를 하느님의 종이라고 부르고 있습니다. 예수님도 복음의 많은 비유 말씀에서 하느님 나라에 속해 있는 사람들은 하느님의 종 혹은 그냥 단순히 종이라고 부르고 있습니다. 성모 마리아 역시 "저는 주님의 종입니다. 말씀하신 대로 저에게 이루어지기를 바랍니다"(루카 1,38)라고 말씀하시며, 하느님의 뜻을 믿음 안에서 받아들입니다.

이런 성경적인 배경을 염두에 두고 하느님의 종이라는 표현을 알아들으면 그 뜻이 깊습니다. 하느님의 종은 그리스도처럼, 마리아처럼 자신을 하느님께 내맡기는 사람이고, 하느님의 왕권과 주권을 인정하고 받아들이기에 주님이신 하느님 나라를 위하여 몸 바치는 사람을 뜻합니다. 주님이신 하느님의 뜻을 온전히 받아들이고 그 뜻을 자기 것으로 삼음으로써 하느님의 종이 되는 것입니다. 그러므로 하느님의 종은 자기 뜻대로, 자신의 주장대로, 자신의 설계대로 살지 않고, 오히려 하느님의 뜻을 따라 살도록 항상 준비되어 있고 항상 주님 밑에서 사는 사람입니다. 그래서 수도생활을 하느님께 봉헌된 생활이라고 정의하는 것입니다. 한마디로 하느님의 종이 되는 것이며 하느님은 우리의 주님이 되시는 것입니다.

사부님이 말씀하시는 하느님의 종은 하느님께 봉헌된 사람, 하느님의 사람 곧 수도자를 가리킵니다. 하느님의 종은 주님의 뜻을 알아내고 발견하기 위해 항상 노력하는 사람이고, 그럼으로써 주님의 생각과 뜻을 같이하는 사람입니다. 또 하느님의 종이란 하느님의 자녀라는 뜻입니다. "사랑받는 자녀답게 하느님을 본받는 사람이 되십시오"(에페 5,1)라는 바오로 사도의 말씀처럼 하느님의 종은 하느님을 닮으려는, 그리하여 하느님의 모습을 자기 생활 속에서도 드러내 보이는 사람입니다. 하느님의 종은 순종 안에서 순종의 눈으로 하느님을 바라보는 사람입니다.

이렇게 볼 때 하느님의 종과 하느님 자녀는 같은 사실을 좀 다른 측면에서 표현하고 있는 것뿐입니다. 하느님은 우리의 주님이시기에 우리는 그분의 종이 되는 것이고, 또한 우리의 아버지이시기에 우리는 그분의 자녀가 되는 것입니다. 그러므로 하느님 앞에서 우리가 취해야 할 자세는 겸손과 순종과 경외심, 그리고 다른 한편으로는 사랑과 신뢰의 자세이어야 합니다.

"주님, 당신은 누구시며 저는 또 누구입니까?" 하고 기도하신 사부님처럼 주님이신 하느님의 위대성에 대한 경외의 거리감을 느끼는 자세와 함께 아버지이신 그분께 자녀로서의 친밀감, 신뢰심을 느끼는 자세가 되어야 할 것입니다. 이렇게 하느님의 종은 모든 것을 하느님 안에서 하느님을 중심으로 평가하기 때문에 죄만을 미워해야 할 뿐, 그 밖의 어떤 것도 못마땅해 해서는 안 됩니다. 죄 외의 다른 모든 것은 하느님의 선물이고, 따라서 어떤 시련을 겪을 때에도 우리는 그것이 사랑으로 채찍질하시는 하느님의 섭리에 의한 것임을 알기 때문에 악행 외에 다른 모든 것은 하느님의 손에서 나온 것으로 받아들일 수 있습니다. 결국, 그는 죄를 못마땅해 할 수밖에 없으며 죄는 마음에 들 수 없습니다. 남이 짓는 죄는 물론 내 생활 안에 있는 죄도 미워해야 합니다. 왜냐하면, 죄는 나를 하느님의 원수인 악마의 노예가 되게 하기 때문이고, 하느님 나라의 질서를 파괴하기 때문에 하느님 나라를 위해 하느님을 섬기며 사는 하느님의 종은 죄를 미워할 수밖에 없는 것입니다.

나름대로 어떤 즐거움이 자리하고 있기 때문에 인간은 죄를 범하게 됩니다. 그러나 하느님의 종은 악마의 노예가 되지 않을까 하는 두려운 마음 때문에 죄악에서 어떤 즐거움도 찾지 않습니다. 이것은 윤리적인 측면에서가 아니라 신학적인 측면에서 말하는 것으로, 죄를 미워해야 할 동기가 윤리적인 것이라기보다는 신학적이고 신앙적인 것이라는 것을 의미합니다. 하느님의 종은 하느님 나라의 충실한 일꾼으로서 항상 하느님의 통치 아래 사는 사람입니다.

> 그리고 누가 어떻게 죄를 짓든, 하느님의 종이 이 때문에 사랑이 아닌 다른 이유로 흥분하거나 분개한다면, 스스로 과오를 쌓는 것입니다.(2절)

죄는 하느님께 대항하는 것이므로 우리는 죄 그 자체를 미워해야 합니다. 그러나 죄인에 대한 우리의 태도는 이와는 반대로 사랑의 태도이어야 합니다. 공동체 안에서 다른 형제자매가 잘못을 범했을 때, 잘못한 그 형제자매 때문에 화를 내고 분개하며 그를 가까이하는 것을 피하고 멀리한다면 이는 한마디로 너무 쉽게 유죄 판결을 내리는 태도로서 반성해야 할 것입니다.

우리가 넘어진 형제, 죄에 떨어진 형제, 연약한 자매를 받아들이지 못하는 가장 큰 이유는 사랑 때문이 아니라 교만, 즉 자만심 때문입니다. 이런 사람은 자기 자신을 죄지은 그 자매보다 더 나은 사람으로 알고 있으며, 자신의 열성과 성덕에 스스로 만족하고 도취한 사람입니다. 자신의 생활을 그들과 비교하면서 자신을 더 나은 사람으로 평가하는 교만하고 가난하지 못한 사람입니다.

우리는 자신의 생활을 다른 형제자매의 생활과 비교할 필요가 없습니다. 그런데 우리는 자신이 더 열심히 살기 위해 비교하는 것이 아니라 그 형제자매를 판단하고 재판하기 위해 비교하고 있습니다. 자신이 더 나은 사람으로 보이기 때문에 마치 자기가 그들을 판단할 권한을 가지고 있는 재판장인 양 죄지은 형제자매를 판단하고 멸시하는 것입니다.

이들은 한마디로 오늘날의 크리스천 바리사이들입니다. "오, 하느님! 제가 다른 사람들, 강도짓을 하는 자나 불의를 저지르는 자나 간음을 하는 자와 같지 않고 저 세리와도 같지 않으니, 하느님께 감사드립니다"(루카 18,11)라고 기도하는 것처럼, 죄지은 형제자매를 무시하는 것은 '나는 그와 같은 사람이 아니다'라고 하는 바리사이파적인 자세이며 그 근본 뿌리는 자애심, 이기심, 자만심입니다. 이들은 모든 것을 영신생활과 기도생활까지도 자기중심으로 봅니다. 사부님은 여기서 바로 이런 수도자에 대해서 말씀하시는 것입니다. 사실 이들은 자기 자신의 노예일 뿐 하느님의 좋은 못 됩니다. 이들은 결국 남의 죄 때문에 흥분하고 분개하면서 그 죄를 자기 것으로 하는 것입니다.

"사랑이 아닌 다른 이유로"라고 지적하신 것처럼, 죄는 못마땅해 해야 하지만 죄인은 사랑해야 합니다. 여기서 우리가 반드시 생각해야 할 것이면서도 쉽게 잊고 있는 사실이 하나 있는데 그들이 죄인이기 이전에 나의 형제자매라는 것입니다. 그렇기 때문에 그의 잘못이나 죄는 받아들이지 않으면서도 그를 나의 형제자매로 받아들이는 자세, 더 나아가서 그를 사랑하는 자세, 그리스도가 죄인들을 사랑하시던 바로 그런 자세라야 합니다. 그리고 그런 형제자매를 판단하는 대신 하느님을 더욱 사랑하도록 해야 할 것이며, 그 대신 보속을 함으로써 마음 상하신 하느님을 기쁘게 해 드려야 합니다.

그리고 누가 하느님께 대해 악한 말을 하거나 악한 짓을 하거나 그분을 모독하는 것을 보거나 들을 때, 우리들은 좋은 말을 하고 좋은 일을 행하며 "영원히 찬미 받으실"(로마 1,25) 하느님을 찬양합시다.(참조: 로마 12,21)(비인준 규칙 17,19)

이 글은 다른 배경에서 쓰신 것이지만 여기에도 적용됩니다. 즉 죄지은 형제자매 앞에서 프란치스칸은 먼저 하느님을 바라보아야 합니다. 그분을 바라보면서 "하느님의 사랑 때문에 가슴 태우는"(권고 9,3) 사랑으로 그들 대신 하느님께 찬미를 드리고, 그다음에 그 형제자매를 바라보아야 합니다.

"행동으로 사랑을 보여 줍니다"(권고 9,4), "악에 굴복당하지 말고 선으로 악을 굴복시키십시오"(로마 12,21)라는 말씀들처럼 그들을 도와줄 수 있는 행동적인 방법을 찾아야 합니다.

"서로 너그럽고 자비롭게 대하고, 하느님께서 그리스도 안에서 여러분을 용서하신 것처럼 여러분도 서로 용서하십시오. 그러므로 사랑받는 자녀답게 하느님을 본받는 사람이 되십시오. 그리스도께서 우리를 사랑하시고 또 우리를 위하여 당신 자신을 하느님께 바치는 향기로운 예물과 제물로 내놓으신 것처럼, 여러분도 사랑 안에서 살아가십시오"(에페 4,32-5,2)라고 하신 바오로 사도의 말씀이 우리가 그리스도인으로서 지녀야 할 자세입니다. 만약 우리가 죄지은 형제자매를 받아들이지 못한다면 우리는 크리스천도, 프란치스칸도 아닐 것입니다.

어떤 일로 말미암아 분개하거나 흥분하지 않는 하느님의 종이 진정 소유 없이 사는 사람입니다. 그리고 "황제의 것은 황제에게 돌려주고 하느님의 것은 하느님께 돌리면서"(마태 22,21) 자기에게 아

무엇도 남겨 두지 않는 사람은 복됩니다.(3-4절)

사부님은 죄인 앞에서 우리가 지녀야 할 자세와 가난을 연관시키고 있습니다. 진정 소유 없이 사는 사람, 자기에게는 아무것도 남겨 두지 않는 사람이란(사실 이것은 가난과 연관시키기가 어렵기 때문에 오래된 사본 중에도 '죄 없이 산다'는 의미로서) '소유 없이' '죄 없이 산다'는 뜻입니다.

죄 짓는 형제자매를 볼 때 오히려 하느님과 그 형제자매를 더욱 사랑하도록 하는 2절의 사랑의 자세를 3-4절에서는 가난의 측면에서 보고 있습니다. 아무것도 없이 사는, 자기에게 아무것도 남겨 두지 않는 사람은 내적으로 가난한 사람이므로 죄지은 형제자매를 판단하지 않으며 그를 하느님께 맡겨 드립니다. 자기에게 판단할 권한이 없으므로 분개도 흥분도 하지 않습니다.

> **나는 죄인 중에 가장 큰 죄인으로 여겨집니다. 왜냐하면 하느님께서 어떤 악한을 이만한 큰 사랑으로 보살피셨다면, 아마 그는 나보다 열 배는 더 영적인 사람이 되었을 것이기 때문입니다.**(2첼라노 123)

이것이 바로 가난한 이의 자세입니다. 자신의 모든 좋은 것은 하느님의 은혜임을 알고 있는 사람이기 때문입니다. 사부님의 이러한 자세처럼, 자신의 성덕이나 열심한 생활이 곧 하느님의 은혜임을 알고 그분께 되돌려 드리는 자세가 아무 소유도 없이 사는 가난한 이의 자세입니다. 이런 겸손 없이는 죄지은 형제자매에 대한 사랑은 불가능할 것이며, 교만하고 내적으로 가난하지 못하여 바리사이들처럼 남을 쉽게 판단해 버리게 될 것입니다. 특히 상대가 가장 약할 때, 죄를 지었을 때 쉽게 그를 멸시하게 될 것입니다.

이런 사람은 공동체 내에서 다른 형제자매들에게 상처를 줄 뿐이며, 죄지은 그들에게도 아무 도움이 되지 못합니다. 결국, 그런 사람은 자비하신 하느님과 닮은 점이 하나도 없는 무자비하고 잔인한 사람에 지나지 않습니다. 그들 앞에서 흥분하거나 분개하는 프란치스칸은 복음의 비유에 나오듯이 자기 동료를 용서하지 않은 무자비한 종(마태 18,23-35 참조)과 같습니다. 2절에서 말씀하신 것처럼 그들의 죄가 자기에게 돌아가는 것입니다.

사부님이 자주 인용하시듯이 하느님의 것인 모든 것을 하느님께 돌려 드리면서 자기에게는 아무것도 남겨 두지 않는, 내적으로 가난한 사람은 복된 종입니다.

2. 판단할 줄 모르는 겸손한 자가 됩시다

이제 우리의 내적 가난에 대해 반성하도록 하겠습니다. 하느님의 종이란 곧 그리스도, 메시아, 성모 마리아, 하느님의 자녀 등을 뜻하는 말로 성경적인 의미에서 알아들으면 됩니다.

여기서 생각할 수 있는 것은 세례, 수도 성소, 프란치스칸 성소 등 복음적인 생활로 부르심을 받은 우리가 어떤 의미에서는 일반 평신도보다 특별한 은총으로 하느님의 종이 된다고 할 수 있다는 것입니다.

1) 우리는 이 생활을 감사드리고 있습니까? 매일 시편과 '성모의 노

래'를 부르며 기도하고 있지만 정말 하느님의 종답게 살려고 노력하고 있습니까? 이것은 간단한 질문 같지만 깊이 반성해 보아야 합니다. 특히 하느님이 우리 각자에게 주시는 자연적, 초자연적 선물을 어떻게 받아들이고 있으며, 그 선물들을 허비하고 있지는 않은지 반성해야 합니다. 또한, 주님이 매일 주시는 은총을 생활 속에서 어떻게 성장시키고 있으며 그 은총에 어떻게 협력하고 있는지, 혹 은총을 받을 많은 기회들을 나의 부주의로 놓치고 있지는 않은지 생각해 보아야 할 것이며, 내 생활 안에 있는 악을 본능적으로 남에게 돌리고 있지는 않은지에 대해서도 살펴보아야 할 것입니다.

특히 권고 11은 열심히 사는 수도자를 대상으로 하시는 말씀입니다. 나의 성덕, 나의 영신생활, 나의 기도생활을 내 것으로 삼고 있지는 않습니까? 나는 왜 열심히 살고 있습니까? 칭찬을 받기 위해서입니까, 아니면 열심한 수도자로 인정받기 위해서입니까? 그렇다면 사부님의 말씀처럼 하느님의 보배를 훔치는 도둑(2첼라노 99 참조)이 되는 것입니다.

나의 생활 속에 있는 좋은 것들을 하느님의 은총으로 주신 선물로 인정하고 감사할 줄 아는 사람이라면 틀림없이 겸손 속에서 성장할 것입니다. 이런 감사하는 마음이 커지면 커질수록 우리는 하느님 앞에서 아무것도 아니라는 겸손도 함께 성장하게 될 것이며, 이런 사람이야말로 남을 판단하지 않고 죄지은 형제자매를 멸시하는 대신 오히려 받아들이는 사람이라 하겠습니다.

2) 나의 생활 속에 존재하고 있는 나의 약점, 나의 잘못, 나의 죄악을 어떻게 평가하고 있습니까? 참으로 미워하고 불쾌하게 생각하고 있습니까? 우리는 다른 형제자매들의 죄를 용서하는 데는 인색하면서 자신의 죄에 대해서는 쉽게 용서해 주고 정당화시키는 경향이 많습니다. 우리는

적어도 다른 형제자매들의 잘못과 죄악을 미워하는 만큼 나의 죄도 미워해야 합니다. 우리는 양심 성찰 때 하느님 앞에 자기 잘못을 인정하고 시인하는 것처럼 남 앞에서도 그러해야 합니다. 우리가 하느님 앞에서 솔직하게 잘못을 시인한다면, 다른 사람들 앞에서도 솔직하게 시인해야 한다는 것은 상식적인 이야기입니다. 그러므로 자기 자신을 아는 사람은 사랑이 없는 판단을 피하는 것은 물론 죄지은 형제자매에게 개방된 마음과 받아들이는 마음을 지님으로써 내적인 가난 속에서 자라게 되는 것입니다.

3) 자기 자신을 하느님 앞에서 어떻게 평가하고 있습니까? 나의 생활 속의 모든 좋은 것, 선한 것은 하느님의 것이고 하느님의 선물이라는 것을 행동으로 나타내고 있습니까? 하느님 앞에서 자신을 아무것도 없는 참으로 가난한 자로, 참으로 작은 자로서 인식하고 있습니까? 이 질문들은 프란치스칸 수도생활을 그 기초에서부터 평가하는 것들로서 너무 쉽게 답변해서는 안 됩니다. 파도바의 성 안토니오는 교회 박사였지만 그가 남긴 것은 조그만 강론집 하나가 전부였고, 강론도 아주 단순한 내용으로 되어 있어서 사부님의 정신을 그대로 이어받고 있음을 알 수 있습니다. 거기에서도 그는 수도자의 네 가지 부류에 대해 말하고 있습니다.

> 첫째 열심히 하면서도 교만한 수도자로 자기 안에 있는 선을 자기 것으로 생각하는 사람, 둘째 자기의 공로에 의해 마땅히 받아야 할 선물로 생각하는 사람, 셋째 선이라곤 아무것도 없으면서도 자랑하는 사람, 넷째 다른 이들로부터 자기의 선함을 인정받기 위해 다른 이를 멸시하는 사람이 있습니다.

우리는 세리를 판단하고 멸시할 권리가 있다고 생각한 바리사이 인

들처럼 되지 말아야 합니다.(루카 18,11 참조)

"내가 너희에게 말한다. 그 바리사이가 아니라 이 세리가 의롭게 되어 집으로 돌아갔다. 누구든지 자신을 높이는 이는 낮아지고 자신을 낮추는 이는 높아질 것이다"(루카 18,14)라는 말씀을 잊어서는 안 됩니다.

죄지은 이들은 멀리 있는 것이 아니라 바로 우리 곁에, 공동체 안에 있으며, 때로는 내가 죄인이 될 수도 있습니다. 참으로 내적으로 가난한 사람만이 죄인들에게 마음을 개방할 줄 알고, 또 자신도 죄인임을 인식하고 있기 때문에 죄지은 이들을 사랑 안에서 만날 수 있습니다.

4) 죄지은 형제자매를 어떻게 도와주어야 합니까? 여러 가지 방법들이 있겠지만, 사부님이 제시하는 방법은 그들을 판단하지 말고 화를 내서도 안 된다는 것입니다.

> 그리고 분노와 흥분은 자신과 다른 사람들의 사랑을 방해하므로, 남의 죄 때문에 화내거나 흥분하지 않도록 조심할 것입니다.(인준 규칙 7,3)

이 외에도 참되게 가난한 사람으로서 용서와 사랑을 베풀 수 있어야 합니다. 내가 어떤 형제자매를 사랑해야 할 이유가 없어진다 해도 그를 계속 사랑해야 할 이유가 하나 있다면 그것은 바로 자비 때문입니다.

> 그대에게 이런 것들을 하는 이들을 사랑하십시오. 그리고 주님께서 그대에게 주시는 것이 아니면, 그들에게서 다른 것을 바라지 마십시오. … 이런 형제들에게 늘 자비를 베푸십시오.(봉사자 편지 5-11)

이 글은 죄지은 형제자매 앞에서 사부님이 지녔던 자세를 가장 잘 표현해 주고 있습니다. 무엇보다도 이 권고에서 말하고자 하는 것은 판단하지 말고 흥분하지 말며, 사랑과 자비로 용서하라는 이 세 가지입니다.

사부님의 권고 말씀들은, 특히 우리 공동생활에서 아주 중요한 내용으로서, 공동체를 통하여 하느님 나라를 앞당겨 건설해야 하는 우리는 사부님의 이런 노선을 지향하고자 노력해야 합니다.

그러므로 하느님께 선택된 사람, 거룩한 사람, 사랑받는 사람답게 마음에서 우러나오는 동정과 호의와 겸손과 온유와 인내를 입으십시오. 누가 누구에게 불평할 일이 있더라도 서로 참아 주고 서로 용서해 주십시오. 주님께서 여러분을 용서하신 것처럼 여러분도 서로 용서하십시오. (콜로 3,12-13)

하느님 나라는 평화와 사랑의 나라라는 사도 바오로의 말씀처럼, 자기 잘못을 알고 있는 내적으로 가난한 사람이라면 잘못하는 다른 형제자매를 받아들일 수 있을 것입니다. 그리하여 우리가 있는 그대로 서로를 받아들이는 공동체, 서로 용서를 주고받는 공동체, 그리고 자기 자신을 죄인으로 바라봄으로써 다른 형제자매들을 나보다 훨씬 좋은 사람으로 인정하고 존중하는 그런 공동체를 창조하고자 노력한다면 하느님은 반드시 우리 가운데 우리와 함께 계실 것입니다.

권고 12

주님의 영을 어떻게 알 수 있는가

*

¹ 하느님의 종이 주님의 영을 지니고 있는지는 이렇게 알 수 있습니다. ² 육은 항상 모든 선을 거스르기에, 주님께서 그 사람을 통하여 어떤 선을 행하실 때, 그의 육이 그 때문에 자신을 높이지 않고, ³ 오히려 자신을 더 비천한 자로 여기며 다른 모든 사람보다도 자신을 더 작은 자로 평가할 때 알 수 있습니다.

권고 26, 27을 제외한 나머지 권고의 공동 주제는 내적인 가난입니다. 권고 12 역시 다른 권고와 같이 단순하면서도 우리 생활에 쉽게 적용되는 내용으로 되어 있으며, 그 성경적 배경은 로마서 8장입니다.

바오로 사도는 육적인 사람과 영적인 사람을 구분하여 이렇게 설명하고 있습니다.

무릇 육을 따르는 자들은 육에 속한 것을 생각하고, 성령을 따르는 이들은 성령에 속한 것을 생각합니다. 육의 관심사는 죽음이고 성령의 관심사는 생명과 평화입니다. 육의 관심사는 하느님을 적대하는 것이기 때문입니다. 사실 그것은 하느님의 법에 복종하지 않을 뿐만 아니라 복종할 수도 없습니다. 육 안에 있는 자들은 하느님 마음에 들 수 없습니다. 그러나 하느님의 영이 여러분 안에 사시기만 하면, 여러분은 육 안에 있지 않고 성령 안에 있게 됩니다. 누구든지 그리스도의 영을 모시고 있지 않으면, 그는 그리스도께 속한 사람이 아닙니다. 그러나 그리스도께서 여러분 안에 계시면, 몸은 비록 죄 때문에 죽은 것이 되지만, 의로움 때문에 성령께서 여러분의 생명이 되어 주십니다. (로마 8,5-10)

바오로 사도가 말하는 육체란 단순히 영혼의 반대 개념인 육신, 또는 육적인 쾌락을 말하는 것이 아닙니다. 하느님의 원수가 되어 죄악의 지배를 받는 인간, 즉 하느님과 그분의 뜻에 대항하려는 인간의 경향을 말하는 것입니다. 원죄로 인해 죄악의 영향을 받는 죄악으로 기울어진 나, 하느님의 종이 되기보다는 주인이 되려고 하는 나, 아버지의 뜻보다 나의 뜻을 이루려고 하는 나를 의미합니다. 사부님이 말씀하신 육의 정신 역시 이와 같은 의미로 알아들으면 됩니다.

그러면 주님의 영이란 무엇입니까? 사도 바오로의 말씀처럼 "육의 관심사는 죽음이고 성령의 관심사는 생명과 평화입니다."(로마 8,5) 우리는 성령을 모시고 사는 사람들로서 "우리가 받은 성령을 통하여 하느님의 사랑이 우리 마음에 부어졌기 때문에"(로마 5,5) 육체를 따라 살 수 없습니다. 세례를 받은 우리는 이미 육신의 정신, 곧 '나'라는 노예 상태로부터 해방된 사람들입니다.

우리는 육에 따라 살도록 육에 빚을 진 사람이 아닙니다. 여러분이 육에 따라 살면 죽을 것입니다. 그러나 성령의 힘으로 몸의 행실을 죽이면 살 것입니다. 하느님의 영의 인도를 받는 이들은 모두 하느님의 자녀입니다.(로마 8,12-14)

예수 그리스도께서 우리를 위해서 죽음에 이르시기까지 순명하셨기 때문에, 돌아가시기 전날 올리브 동산에서 "그러나 제 뜻이 아니라 아버지의 뜻이 이루어지게 하십시오"(루카 22,42)라고 기도하시면서 아버지의 뜻을 받아들이셨기 때문에, 한마디로 그리스도의 절대적인 순종 때문에 우리는 구원된 것이고 악마의 종살이에서뿐만 아니라 자기 자신에게서도 해방된 것입니다. 그럼으로써 우리는 세례를 통해 성령의 인도를 따라 사는 것이 가능해졌습니다.

여러분의 몸이 여러분 안에 계시는 성령의 성전임을 모릅니까?(1코린 6,19)

그리스도인은 더 이상 자신의 노예가 아니라 하느님의 종, 하느님의 자녀이며, 이것은 하느님의 뜻에 순명하는 것과 모든 일에서 자신을 성령의 인도에 내맡기는 사람을 의미합니다. 한마디로 자녀의 정신을 지니는 것입니다. "주님과 결합하는 이는 그분과 한 영이 됩니다."(1코린 6,17)

삼위일체이신 하느님과의 일치, 인간과 성삼위와 일치의 신비, 이것이 바로 구원의 크나큰 은혜요 하느님의 선물입니다. 우리는 주님과 한 몸이 되었고, 하느님의 영인 성령께서 머무르시면서 역동적으로 인도하심으로써 하느님의 성전이 되는 것입니다.

성삼위이신 성부, 성자, 성령이 우리 안에 계시는 이런 신비는 어떻게 표현할 수 없는 그 무엇입니다. 바오로 사도가 말씀하셨듯이 "우리가 받은 성령을 통하여 하느님의 사랑이 우리 마음에 부어졌기 때문입니다."(로마 5,5) 이 놀라운 사랑의 신비인 구원에 대해서 항상 감사하는 마음을 지니는 것도 중요하지만, 실생활에서 성령을 따라 삶으로써 고마움을 나타내는 것은 더 중요합니다. 성령의 인도 하심에 개방된 마음으로 "주님의 영과 그 영의 거룩한 활동을 마음에 간직하는"(인준 규칙 10,8) 생활을 해야 합니다.

여기서 잊지 말아야 할 또 한 가지는 우리 3대 서원의 목적이 바로 우리를 해방해 자유를 주기 위한 것이라는 점입니다. 자유, 즉 성령이 우리 안에서 장애물 없이 자유롭게 활동하실 수 있도록 그분께 마음을 열어 드리는 것입니다. 크리스천 생활에 대한 사부님의 핵심적인 가르침은 바로 "주님의 영"입니다. 육의 정신을, 죄악으로 기울어진 나를 이겨 내야 할 주님의 영, 이것이 바로 사부님 영성의 핵심입니다.

1. 주님의 영과 그 영의 거룩한 활동을 마음에 간직하도록 힘쓰십시오
   (인준 규칙 10,8)

하느님의 종이 주님의 영을 지니고 있는지는 이렇게 알 수 있습니다.(1절)

권고 12에서는 우리가 주님의 영을 지니고 있으며, 그 영이 우리 안에서 장애물 없이 자유롭게 활동하시도록 하고 있는가를 알기 위한 세 가지 판단 기준을 말씀해 주십니다.

우리는 어디서나 항상 그리스도의 영의 인도를 받을 마음의 준비가 되어 있습니까? 우리는 항상 주님과 같은 마음, 즉 생각과 판단의 원인을 주님과 일치시킵니까?

이 기준을 적용해 볼 때 우리의 생활에 무엇이 중심이 되고 있는지 알 수 있습니다. 모든 일을 통해 자신을 찾지 않고 하느님만을 찾고 있습니까? 즉 우리의 수도생활, 프란치스칸 생활을 평가하는 기준이 되는 것입니다.

육은 항상 모든 선을 거스르기에, 주님께서 그 사람을 통하여 어떤 선을 행하실 때, 그의 육이 그 때문에 자신을 높이지 않고(2절)

생활 속에서 또는 활동을 하면서 어떤 좋은 일, 좋은 결과가 생길 때 자신을 높이지 않기란 참 힘듭니다. 사부님이 항상 강조하시는 것이 바로 이것입니다. 즉 주님은 모든 선의 소유자이시며 그것들을 선물로 주시는 분이시라는 것입니다.

우리 생활 안에 존재하는 모든 좋은 것, 모든 선은 하느님께로부터 선물 받은 것이며, 거기에 우리 프란치스칸의 내적 가난의 기초가 있습니다.

우리는 지극히 높으시고 지존하신 주 하느님께 모든 좋은 것을 돌려드리고, 모든 좋은 것이 바로 그분의 것임을 깨달으며, 모든 선에 대해 그분께 감사드립시다. 모든 선이 그분에게서 흘러나옵니다. 그리고 모든 선의 주인이시며 홀로 선하신, 지극히 높으시고 지존하시며 홀로 참되신 하느님께서 모든 영예와 존경과 모든 찬미와 찬송과 모든 감사와 영광을 지니시고, 또한 돌려받으시며, 받으시기를 빕니다.(비인준 규칙 17,17-18)

사부님의 기도문을 보면 매번 하느님께 대해 말씀하실 때마다 그분께 대한 개념을 비슷한 여러 가지 말로 표현하고 있음을 알 수 있습니다. 그러다가 마지막으로 당신은 선이라는 이 한마디로 결론을 내리십니다. 사부님에게 하느님의 본질은 선입니다. 따라서 우리 생활 안에 있는 모든 선 혹은 이 세상에 있는 모든 좋은 것, 모든 선을 바로 하느님의 일부로 보시는 것입니다.

물건들이란 모두 범죄 후에 우리가 그분께 시사施賜 받은 것이기 때문입니다. 그리고 베푸시기만 하시는 위대하신 분께서는 자비로우신 사랑 때문에 받을 만한 사람이건 그렇지 못한 사람이건 간에 누구에게나 당신의 선물들을 베푸십니다.(2첼라노 77)

베푸시기만 하시는 위대하신 분! 우리의 공로와는 상관없이 당신이 원하시는 대로 선물을 주시는 하느님을 모든 선 안에서 발견하는 눈이야말로 바로 내적인 가난의 기초가 되는 것입니다. 하느님 앞에서 자신을 가난한 자로 의식하는 사람은 모든 좋은 것 안에서 활동하시는 하느님의 영을 즉시 발견하게 됩니다. 그분의 영이 우리 안에 머무르시면서 선을 행하시는 것이며 우리는 그분 손의 한 도구에 불과합니다.

죄 때문에 악으로 기울어진 우리 육신, 우리 자신은 마치 보물을 쌓아 두는 것처럼 모든 좋은 것을 자기 것으로 소유하려는 경향을 지니고 있습니다. 특히 이런 위험은 열심히 살려고 하는 이들에게 더 큽니다. 열심한 생활로 많은 덕행을 닦아 나가고, 능률적이고 효과적인 활동들을 통해 인정받게 될 때 더욱 그렇습니다. 우리는 인정받을 때가 자신도 모르게 교만해지는 가장 위험한 때라는 것을 알아야 합니다. 그러므로 사부님은 그런 것 때문에 자신을 높이지 않도록 이런 교만한 유혹에 대해 주의를 주십니다.

파도바의 성 안토니오도 마찬가지로 이런 유혹에 대해 경고하고 있습니다. "많은 좋은 일을 하면서 그 일들 때문에 자만감을 느끼지 않기가 참 어렵습니다." 사부님과 성 안토니오 같은 위대한 성인도 이러한 위험을 느꼈다면 우리는 얼마나 더 주의 깊게 이런 유혹으로부터 자신을 지키고 보호해야 하는지 알 수 있습니다.

주님의 영을 지니지 않고 있다는 첫째 표시는 자기 자랑, 자만심, 자아 만족, 즉 교만입니다. 어떤 사람은 하느님의 종이 아니라 오히려 하느님을 대항하는 자기 육신의 정신, 즉 자신의 지배를 받는 자신의 노예가 되고 맙니다. 이와 반대로, 주님의 영을 지니고 있는 주님의 종은 참된 내적 가난 속에서 살면서 모든 선은 하느님에게서 온다는 사실을 인정하고 주님을 모든 선의 주인으로 받아들이고 모십니다.

오히려 자신을 더 비천한 자로 여기며 다른 모든 사람보다도 자신을 더 작은 자로 평가할 때 알 수 있습니다. (3절)

주님의 영을 지니고 있는 둘째 표시는 "자신을 비천한 자로 여기는 것입니다." 우리는 과거는 물론 지금도 받고 있는 모든 은혜와 은총에 어떻게 응답했는가를 반성해야 합니다. 하느님을 알게 된 것, 크리스천 생활로 부르심, 세례, 견진 성사, 매일의 미사성제, 수도 성소, 프란치스칸 성소 등 우리가 받은 많은 은총에 대해 반성해 보면 우리 것이라고는 죄밖에 없음을 알게 되고, 또 우리가 얼마나 비천한 자인가를 인정하면서 그것을 지배할 수밖에 없을 것입니다.

> 우리는 우리 탓으로 비참하고 썩었으며 악취 나고 구더기들이기에 우리의 육신을 수치와 멸시를 받아 마땅한 것으로 여깁시다. (2신자 편지 46)

이렇게도 생각해 봅시다. 만약 하느님이 매일 자비를 베풀어주시지 않는다면 나는 과연 어떤 존재가 되겠습니까? 참으로 내가 가진 것은 무엇입니까?

모든 것은 하느님의 것입니다. 그러므로 하느님의 것을 그분께 돌려드리는 이와 같은 솔직성은 바로 우리 크리스천 겸손의 도구가 됩니다. 이렇게 작은 자, 겸손한 자는 매일 풍부하게 베풀어주시는 하느님께 늘 감사의 자세로 사는, 자기 자신을 이겨 내는 사람입니다. 겸손은 하느님의 종으로서 주님의 영을 지니고 있는지에 대한 둘째 표시가 됩니다. 이런 하느님의 종 안에는 하느님과 그분의 나라에 대항하는 온갖 교만과 자만심이 남아 있을 자리가 없기 때문입니다.

성 안토니오는 단순하면서도 분명한 자신의 방식으로 교만한 수도자를 심하게 나무랍니다. "하느님 앞에서나 다른 사람들 앞에서 수도자의 교만보다 더 흉악한 것이 또 어디 있겠습니까? 그리고 교만한 천신들이 하늘에 있을 자리가 없었는데 교만한 수도자가 어떻게 수도원에 머물

수 있겠습니까?" 따라서 하느님의 종인 우리는 아직까지 우리가 얼마나 비천한가를 생각하면서 겸손해지도록 해야 합니다.

셋째 표시는 "다른 모든 사람보다도 자신을 더 작은 자로 평가할 때 알 수 있습니다."

이 말씀은 마치 우리 마음 가장 깊은 곳을 찌르는 듯 강렬합니다. 우리는 항상 자신을 위해서 무엇인가를 남겨 두고 있습니다. 물론 노골적으로 그런 표현을 하지는 않지만 자신을 다른 형제자매들과 비교하고, 그럼으로써 자신이 그들보다 더 훌륭한 그 무엇인가를 갖고 있다는 그런 확신을 하려 합니다. 그러므로 자신을 다른 이보다 더 낮은 자로, 더 비천하고 작은 자로 평가하는 것이 어려울 수밖에 없습니다. 따라서 권고 12의 이 말씀은 우리 프란치스칸 생활을 평가할 수 있는 가장 기초적인 기준이 됩니다.

좋은 일을 할 때도 자신을 높이지 않는 것으로 충분하지 않고, 자신을 비천한 자로 여기는 것으로 넉넉하지도 않으며, 항상 자신을 다른 이보다 더 작은 자로 생각해야 한다는 말씀은 지나친 요구 같지만, 사부님의 의도는 그것이 아닙니다. 자신을 남과 비교하여 자신이 더 낫다는 생각을 하는 것은 잘못된 출발점이라는 것을 지적해 주시고자 하는 것일 뿐입니다. 우선 우리는 다른 이와 비교하지 말아야 합니다. 비교함으로써 우리는 너무 쉽게 자만심에 빠지게 되기 때문입니다.

같은 이유로 성 안토니오 역시 이렇게 주의를 줍니다. "죄인은 항상 자기 행위를 눈앞에 놓고 마음 아파하고 주의 깊게 반성하면서 회개의 결실을 맺어야 합니다. 자기 눈앞에 항상 진실한 자신을 놓는 사람은 눈물의 동기밖에 다른 동기를 찾을 수 없을 것입니다."

하느님이 나를 통해 어떤 일을 처리하실 때마다 오히려 자기 자신을 다른 형제자매들보다 더 작은 자로 평가해야 합니다. 권고 12를 전체적으로 보면 우리가 해야 할 유일한 일은 바로 하느님의 사랑을 바라보는 일, 즉 나의 생활 안에서 활동하시는 선하신 하느님의 사랑을 바라보는 일입니다.

> 지극히 높으신 분께서 이렇게 기막힌 물건들을 한 강도에게 주셨다면, 프란치스코야, 그는 너보다 더 고마워했을 것이다.(2첼라노 133)

이런 겸손의 자세를 우리도 가져야 할 것입니다.

2. 자신을 다른 사람보다 더 작은 자로 평가합시다

사부님은 권고 12에서 우리 각자의 결점이나 약점을 지적해 주실 뿐만 아니라 그 해결책까지도 알려 주십니다.

우리는 사부님의 지적처럼, 어떤 일이 잘될 때 자신을 다른 사람보다 훨씬 능력 있는 자로 착각하고 교만해질 수 있는 성향을 쉽게 발견할 수 있습니다.

1) 판단과 행위에서 나의 생각보다 주님의 성령의 인도를 따르고 있습니까? 하느님의 자녀가 되었음을 알고 있는 우리는 "아버지께서 우리에게 얼마나 큰 사랑을 주시어 우리가 하느님의 자녀라 불리게 되었는지 생각해 보십시오. 과연 우리는 그분의 자녀입니다"(1요한 3,1)라고 기쁘

게 외칠 수 있지만, 그러나 그것으로 끝나는 것이 아닙니다. "하느님의 영의 인도를 받는 이들은 모두 하느님의 자녀입니다"(로마 8,14)라고 하신 바오로 사도의 말씀대로 우리는 세례를 받음으로써 하느님의 아들딸이 된 것은 사실이나 하느님의 자녀답게, 즉 성령의 인도를 따라 살도록 해야 합니다. 그러므로 우리는 자기 자신을 평가할 때 자신의 인도를 따르고 있는지, 아니면 하느님 성령의 인도를 받고 있는지를 기준으로 삼아야 할 것입니다.

2) 우리는 매일 내적으로 가난한 자가 되도록 노력합니까?

"주님, 저희에게가 아니라 저희에게가 아니라 오직 당신 이름에 영광을 돌리소서. 당신의 자애와 당신의 진실 때문입니다"(시편 115,1)라는 시편처럼 내 생활 안에서 이루어지는 모든 선을 하느님께 되돌려 드리는 자세가 되어야 합니다. 그리하여 "그대가 가진 것 가운데에서 받지 않은 것이 어디 있습니까? 모두 받은 것이라면 왜 받지 않은 것인 양 자랑합니까?"(1코린 4,7)라고 하신 바오로 사도의 말씀대로 우리가 가진 모든 것은 우리에게 주어진 하느님의 선물임을 생활 속에서 드러내야 합니다.

이렇게 가난한 자의 태도를 보여야만 우리는 주님 영의 인도를 받을 수 있게 되는 것입니다. 이것은 자기 자신에 대한 애착심을 버리는 것을 의미합니다.

성 안토니오가 "자기가 행하는 선한 행위를 자기 것으로 생각하는 사람은 분명히 하느님의 은총을 모르는 사람이다"라고 말했듯이 내적 가난만이 하느님의 은총을 모르는 불행에서 우리를 구제할 수 있을 것입니다.

3) 자기 자신을 비천한 자로 여기고 다른 사람보다 더 작은 자로 평가해야 한다는 사부님의 말씀을 너무 지나치다고 생각합니까? 복자 에지디오의 아주 지혜로운 말이 있습니다. "너는 하느님이 너에게 베풀어 주신 선을 생각하면 고개를 숙여야 하고 너의 죄를 생각하면 온몸을 굽혀야 한다."

우리는 묵상할 때, 특히 양심 성찰할 때 하느님 앞에서 솔직하게 자신을 부끄러운 죄인으로 고백하는 것처럼, 생활 안에서도 이같이 부끄러워하는 자세로 살도록 해야 합니다. 하느님 앞에서 자기 자신을 부족한 사람으로 인정하는 것처럼 다른 사람들 앞에서도 부족하고 비천한, 작은 자로 평가하지 않으면 우리는 거짓말쟁이밖에 안 됩니다. 하느님과 사람들 앞에서 자신을 솔직하게 다 내놓을 수 있을 때 우리는 육신의 정신에서 벗어나 "주님의 영과 그 영의 거룩한 활동을 마음에 간직하고"(인준 규칙 10,8) 참으로 가난한 사람만이 가질 수 있는 희망 속에서 살게 되는 것입니다.

"무슨 일이든 이기심이나 허영심으로 하지 마십시오. 오히려 겸손한 마음으로 서로 남을 자기보다 낮게 여기십시오. 저마다 자기 것만 돌보지 말고 남의 것도 돌보아 주십시오."(필리 2,3-4)라고 하신 바오로 사도의 말씀으로 우리 생활을 채워 나가도록 해야 하겠습니다.

권고 13

인 내

*

¹ 하느님의 종은 자기가 만족스러워 할 때에는 자기에게 어느 정도의 인내심과 겸손이 있는지를 알 수 없습니다. ² 그러나 자기를 만족스럽게 해야 할 바로 그 사람들이 자신을 반대하는 순간이 왔을 때, 그 때에 지니고 있는 만큼의 인내와 겸손을 지니고 있는 것이지 그 이상을 지니고 있는 것이 아닙니다.

우리는 공동생활 속에서 형제들을 판단하기도 하고 평가하기도 합니다. 여러분도 다른 형제자매들에 대해서 이미 어떤 평가를 가지고 있을 것으로 생각합니다. 우리는 다른 형제들의 행동뿐만 아니라 그들의 의도와 동기와 목적까지도 판단하게 됩니다. 그러나 어느 정도 들어맞는 경우도 있지만, 그 형제자매의 전부가 아닌 것 또한 사실입니다. 우리는 함께 사는 상대방에 대해 모든 것을 다 잘 안다고 생각하게 됩니다. 그렇기 때문에 어떤 형제와 대화를 할 때도 이야기가 길어지는 것입니다.

남을 평가할 때보다 자기 자신에 대해서 평가할 때에는 더 많이 틀릴 수 있고 실제로 틀리는 경우가 많습니다. 자기 자신에 대해서는 맹인이 되는 것입니다. 우리는 자신을 정확하게 알아야 하는데, 그래서 "에파타!" 곧 "열려라!"(마르 7,34)라는 예수님의 말씀을 듣고 그것을 깊이 묵상하며, 솔직한 양심 성찰이 필요한 것입니다. 우리의 눈과 귀를 열어 주실 수 있는 "열려라!"라는 기적의 말씀을 신앙 안에서 듣고 받아들이며 우리 자신을 알아야 합니다.

더욱 깊은 수도생활을 위해 자신을 정확히 알아야 하는데 그러면서도 우리는 항상 착각과 공상 속에서 자신에게는 없는 성덕이나 없는 능력이 있는 줄 알고 있습니다. 이러한 자신에 대한 과대평가에서 자연히 자신감이 생깁니다. 헛된 자신감입니다. 그 때문에 다른 형제자매의 충고가 들리지 않고, 오히려 충고의 말 한마디를 듣게 되면 화를 냅니다. 바른 길을 지적해 주는 바로 그 사람에 대해 분개하는 것입니다.

충고의 말을 받아들이기는 힘듭니다만, 그러나 충고나 훈계를 해주는 형제자매를 통해서 말씀해 주시는 분이 바로 하느님이시라는 것을 우리는 잊지 말아야 할 것입니다.

자신에 대한 이러한 착각을 극복할 수 있는 두 가지의 덕행이 바로 인내와 겸손이라고 생각합니다. 이런 의미에서 개인 생활에서보다 공동생활에서 인내와 겸손은 더욱더 필요한 덕행들입니다.

겸손(내적 가난)에 대해서 이미 여러 번 말씀드렸습니다.

"다른 이들로부터 핍박을 당하더라도 하느님 때문에 그들을 더욱더 사랑하도록 … 자기 형제들과 헤어지기를 바라기보다는 핍박을 견디는"(권고 3), "형제를 시기하면 … 하느님을 모독하는 죄"(권고 8), 자기가 어떤 해를 당할 때 그것을 생각하지 않고 "오히려 … 하느님의 사랑 때문에 가슴 태우는 사람"(권고 9), "어떤 일로 말미암아 분개하거나 흥분하지 않는 하느님의 종이 진정 소유 없이 사는 사람"(권고 11) 등, 즐겨 사용하는 이와 같은 표현들을 읽으면 사부님이 우리에게 요구하시는 겸손을 좀 더 자세히 알게 됩니다. 이와 같은 내적인 가난의 정신을 지니지 않고서는 우리 프란치스칸 공동체가 지탱될 수 없다고 생각됩니다. 아마 존재할 수도 없을 것입니다.

이제 형제자매들이 서로 간에 참아 주고 부축해 주는 인내심에 관해 이야기해 보도록 하겠습니다.

> 서로 남의 짐을 져 주십시오. 그러면 그리스도의 율법을 완수하게 될 것입니다.(갈라 6,2)

형제자매들의 잘못과 결점과 나와 맞지 않는 점들을 참아 주는 겸손과 인내는 인간의 본성이나 육신의 정신과 반대되는 것이기 때문에 우리가 프란치스칸으로서 이와 같은 근본적 자세를 취하기가 참으로 어렵습니다. 이 인내심과 겸손의 자세는 크리스천 생활에서는 물론 특별히 프란치스칸 생활에서 근본적인 것입니다. 사부님은 권고 13에서 이러한 중요하고도 근본적인 프란치스칸 정신에 대해서 말씀해 주십니다. "하느님의 종은 … 어느 정도의 인내심과 겸손이 있는지"를 언제 어떻게 알 수 있는가에 대해 말씀해 주시면서 착각 속에서, 공상 속에서 살지 않도록 주의를 시켜 주시는 말씀을 들어봅시다.

> 하느님의 종은 자기가 만족스러워 할 때에는 자기에게 어느 정도의 인내심과 겸손이 있는지를 알 수 없습니다.(1절)

참으로 단순하면서도 인간의 심리를 깊이 잘 파악하는 말씀이며, 지혜로운 말씀입니다.

1. 어려움 속에 있을 때만 우리 자신의 인내심을 평가할 수 있습니다

이미 권고 11에서 말씀드린 것처럼 하느님의 종, 즉 수도자는 모든 일에서 하느님의 뜻만을 찾는 사람입니다. 하느님의 종은 야훼의 종이신 그리스도처럼, 하느님의 뜻이 땅에서도 이루어지며 자기 생활 안에서도 이루어지기를 빌면서 그분의 뜻이 이루어지도록 노력하는 사람입니다. 그는 "사랑받는 자녀답게 하느님을 본받는"(에페 5,1) 사람입니다. 언제나 "종들의 눈이 제 상전의 손을 향하듯 몸종의 눈이 제 여주인의 손을 향하듯 그렇게 저희의 눈이 주 저희 하느님을 우러러"(시편 123,2) 보면서 주님을 닮으려는 사람이며, 그 얼굴에서 발견한 것을 실천하려는 사람입니다. 그래서 하느님의 종은 인내심과 겸손을 지녀야 합니다. 성 프란치스코가 「지극히 높으신 하느님께 드리는 찬미」에서 "당신은 겸손이시나이다. 당신은 인내이시나이다"(7절)라고 말씀하시는 것처럼 하느님은 겸손과 인내 그 자체이시기 때문입니다.

하느님은 겸손 자체이십니다. 그분은 창조 사업을 하시면서, 또한 창조물이 계속 존재하도록 그것들을 보존하시면서, 우리 인간을 섬기시는 분이십니다. "내 아버지께서 여태 일하고 계시니 나도 일하는 것이다"(요한 5,17)라는 그리스도의 말씀처럼 하느님 아버지는 우리가 계속 존재하도록, 피조물이 계속 살 수 있도록 봉사하시는 분이십니다.

그분은 또한 당신의 섭리를 통해서, 안배하심을 통해서, 또한 당신의 은총을 통해서 우리를 섬기시는 분이시며, 우리의 잘못과 우리의 모든 허물을 용서해 주시려고 인내하는 마음으로 기다리십니다. 우리가 무슨 짓을 하든지 간에 그분은 놀라운 인내심으로 우리를 참아 주십니다. 그래서 우리는 사도의 말씀처럼 겸손과 인내심을 지니도록 항상 노력해야 합니다.

"서로 너그럽고 자비롭게 대하고, 하느님께서 그리스도 안에서 여러분을 용서하신 것처럼 여러분도 서로 용서하십시오."(에페 4,32) 그리고 "사랑받는 자녀답게 하느님을 본받는 사람이 되십시오. 그리스도께서 우리를 사랑하시고 또 우리를 위하여 당신 자신을 하느님께 바치는 향기로운 예물과 제물로 내놓으신 것처럼, 여러분도 사랑 안에서 살아가십시오."(에페 5,1-2)

우리는 하느님의 인내와 겸손을 생각하면서 온갖 힘을 다해 인내의 덕과 겸손의 덕을 얻으려고 계속 노력해야 합니다. 그러기에 우리 자신의 외적, 내적인 반응을 항상 반성하고 감정이라든가 분노, 마음의 움직임 등을 살펴가면서 항상 노력하려는 자세가 필요합니다. 솔직하고 날카로운 양심 성찰이 필요한 것입니다.

이러한 계속된 반성과 양심 성찰은 모든 일이 내가 원하는 대로 잘 될 때는 불가능하기도 합니다. 마치 순풍에 돛을 달고 항해하는 배처럼 모든 일이 잘 될 때는 인내하기 쉽지만, 바람이 반대 방향으로 불면 배도 힘들게 파도를 헤치고 가야 하는 법입니다.

일이 뜻대로 잘 될 때는 하느님보다 자신을, 하느님의 뜻보다 자기 자신의 뜻을 찾게 되며 인내와 겸손의 자세를 지니기가 어렵습니다. 어느 정도의 인내심과 겸손을 지니고 있는지 본인 자신도 알 수 없으므로 착각에 빠질 수 있습니다. 자신을 대단한 성인으로 착각하게 하고 아주 훌륭한 수녀, 수도자로 알게 하는 환상의 위험에 대해 사부님은 주의를 주시는 것입니다. 그러기에 참된 성덕은 자기 뜻을 버리고 자신의 죄스러운 모든 본능적인 성향을 극복하면서 하느님의 뜻을 받아들이는 데 있습니다. 성덕은 어려운 가운데서 시험되며 성장하는 법입니다.

> 그러나 자기를 만족스럽게 해야 할 바로 그 사람들이 자신을 반대하는 순간이 왔을 때, 그 때에 지니고 있는 만큼의 인내와 겸손을 지니고 있는 것이지 그 이상을 지니고 있는 것이 아닙니다.(2절)

그렇습니다. 생각조차 해보지 못한 어느 누가 나를 반대할 때, 혹은 그가 나와 의견을 달리할 때 인내와 겸손의 자세와 마음을 지니기란 참으로 힘듭니다. 그리고 나의 뜻을 받들어야 할 바로 그 사람들이 나의 뜻을 받아들이지 않고 거부할 때 더욱더 힘들 것입니다. 이와 같은 경우들이 바로 우리가 지니고 있는 인내심과 겸손의 수준과 정도를 평가할 수 있는 틀림없는 기준이 되는 것입니다.

사부님의 말씀이 맞습니다. 어떤 일을 당할 때 우리가 보여 주는 만큼의 인내심과 겸손을 지니고 있는 것이지 그 이상은 아닙니다. 분노하지 않고, 이성을 잃지 않으며, 나를 반대하는 바로 그 형제자매를 받아들일 때야말로 우리는 하느님의 종이 되는 것입니다. 즉 야훼의 종처럼, 하느님의 아들 그리스도처럼 겸손과 인내 속에서 하느님을 본받는 하느님의 종이 되는 것입니다. 이 때문에 하느님의 종이 되는 것이 얼마나 어려운 일인지 알 수 있습니다. 모든 인간적, 자연적 사고방식과 평가 기준들을 초월하여 다른 세계, 즉 하느님 나라의 가치관과 평가 기준들을 받아들이는 것입니다. 하느님 나라의 가치관과 인생관, 그리고 평가 기준과 사고방식 등은 인간 본성과 세속 사람들과는 정반대가 됩니다.

우리는 자주 프란치스칸 영성이나 프란치스칸 생활에 대해 아름다운 말을 많이 하고 듣습니다. 영성 세미나, 단체 토의, 강의 등 마땅히 프란치스칸 영성을 살리려면 그렇게 해야 합니다. 그런데 권고 13에서 제시하는 이런 어려운 경우를 당할 때 정말 내가 프란치스칸 정신대로 생활하는 것인지, 적어도 노력하고 있는지는 나의 반응에서 확실하게 판단할 수 있겠습니다.

나를 어렵게 만드는 그런 형제에 대해 참아 주면서 혹시 나의 얼굴이 빨개지거나 표정이 달라질 때가 있을지도 모르겠습니다. 그러나 마음속으로라도 그를 참아 준 것은, 하느님 나라의 가치관을 얻으려고 노력하고 있다는 표시가 되는 것입니다.

후대에 좀 미화된 이야기이지만, 사부님의 생애에 실제로 있었던 사건인 '참되고 완전한 기쁨'에서 사부님은 다음과 같이 결론을 짓습니다. "이러한 경우 만약 내가 인내를 가지고 마음의 평정을 잃지 않는다면, 바로 여기에 참된 기쁨이 있고 참된 덕도 영혼의 구원도 있다고 나는 형제에게 말합니다."(참기쁨 15)

2. 공동생활 안에서 인내하도록 합시다

우리 대부분은 사실을 있는 그대로 받아들이기를 싫어합니다. 특히 자기 자신에 대한 사실은 있는 그대로 들으려고 하지도 않습니다. 착각과 환상 속에서 사는 것을 오히려 더 좋아하며, 그렇게 살기를 원합니다.

그렇게 사는 것이 더 편하기 때문입니다. 그래서 공동체 생활을 하면서 다른 형제자매들을 도와주기가 어렵습니다. 받아들이려는 자세가 되어 있지 않기 때문입니다. 더구나 다른 형제에게서 어떤 지적의 말을 듣게 되면 화부터 내면서 그 의견을 부정하는 일이 자주 있으며, 그 자세 또한 자기방어의 자세라면 누구도 그에게 말을 건네지 않을 것입니다.

교정해 주어야 하고 훈계해 주어야 할 책임자들까지도 그런 용기가 없습니다. 아무도 그에게 문제점을 지적해 주지 않습니다. 사부님은 권고 13에서 공동생활에서 있을 수 있는 이와 같은 금기를 반박하십니다. 하느님의 종이 되어야 할 우리는 프란치스코의 제자가 된 이상 모든 죄악의 뿌리를 뽑아야 하기 때문입니다.

1) 자기 자신을 속이지 않고 자신에 대한 모든 착각과 내가 만든 나에 대한 환상을 끊어 버릴 용기를 가지고 있습니까? 이러한 자세는 대단한 용기를 요구하는 마음가짐입니다. 이런 의미에서 인내는 적극적인 덕행입니다.

이 권고의 말씀처럼 우리들의 매일매일 생활을 하느님의 가치관을 기준으로 평가할 용기가 있습니까? 하느님의 판단 기준으로 자신의 행동과 동기, 그리고 마음의 움직임을 날카롭게 성찰해 보면, 진실한 나, 있는 그대로의 나를 발견하게 되어 마음의 아픔과 놀람을 금치 못할 것입니다. 솔직한 성찰은 나를 자신의 노예 상태에서 구제하며 하느님의 종으로 만드는 해방적인 성찰이 될 것입니다.

"주님, 당신께서는 의로우시고 당신의 법규는 바릅니다. … 제가 살아 당신을 찬양하고 당신의 법규가 저를 돕게 하소서."(시편 119) 우리는 주님의 종이 되기 위하여, 인내심과 겸손 속에서 살기 위하여, 언제 어디서나 하느님의 뜻을 찾는 자세를 지니고 있으며, 모든 것을 하느님의 빛으로 평가하고 판단하는 자세를 지니고 있습니까?

2) 여기서 우리가 주의해야 할 점은 일이 뜻대로 잘 될 경우입니다. 모든 일이 잘 될 때에는, 우리 자신에 대해 올바르고 객관적인 평가를 하기가 거의 불가능합니다. 이와 반대로 잘못이나 실수를 범할 때도 자기 자신을 있는 그대로 받아들이고 자신을 참아 주는 겸손과 인내심이 필요합니다. 자신에 대한 자비와 용서의 방향으로 반성해 본다면 자신에 대해 모르고 있었던 많은 것을 알게 되며 배우게 될 것입니다.

3) 그래서 생활의 어려움과 문제점, 반대 등은 매우 좋고 귀중한 기회들이라고 생각됩니다. 이런 일들이 우리에게 정말로 필요한 것입니다. 우리는 공동체의 부딪침 속에서, 특히 자기의 뜻을 받들어야 할 바로 그 사람들이 자신을 반대하는 그런 어렵고 힘든 상황 속에서 우리는 성장하게 되는 것입니다. 특별한 의미에서 반대를 당할 때 그 형제는 겸손과 인내심 속에서 하느님을 닮는 하느님의 진실한 종이 되는 것이며 공동체를 위해 선물로 주어진 형제이기에 우리 온 공동체가 하느님의 축복을 받는 복된 공동체가 되는 것입니다.

어느 공동체든지 아직까지 원죄의 영향을 받고 있으며 성인들의 공동체처럼 하느님의 원의와 조화를 이루는 공동체가 아니기 때문에 이러한 덕행의 결핍으로 그 공동체는 여러 위험에 직면하게 되며 파괴될 위험까지 당하게 되는 것입니다. 그래서 우리는 다른 형제들을 참아 주고 인내하면서, 그들 아래에서 그들을 섬기는 자세가 필요합니다. 이것은 우리 공동생활에서 필수조건입니다.

그런데 솔직하게 우리 중에서 누가 이런 자세를 가지려 하고 있습니까? 겸손과 인내심이 있어야 한다는 주장을 하면서 누가 그것을 실천하려 합니까? 겸손, 인내심! 아마도 그런 형제에 대해서는 바보라고들 생각할지도 모르겠습니다. 하지만 우리는 이런 바보, 바오로 사도의 말씀대로 주님 때문에 바보가 되는 이런 바보가 되도록 해야 할 것이며, 그러면서도 하느님의 지혜에 가득 찬 생활 태도를 가지도록 해야 할 것입니다.

이 권고 말씀은 우리 각자와 공동체에 복을 가져다주는 것입니다. 우리 각자에게는 하느님의 자녀가 되는 복이며, 우리 각 공동체에는 하느님의 나라가 완전히 임하시게 됩니다. 천사들과 성인들의 나라는 인간들의 주님이신 하느님의 다스리심과 주권 속에서 사는 곳에 임하시는 것이기 때문입니다.

사부님은 이 권고에서 "행복하여라, 평화를 이루는 사람들! 그들은 하느님의 자녀라 불릴 것이다"라는 예수님의 말씀을 공동생활 안에서 실천하는 인내와 겸손으로 해석하고 있습니다. 평화는 반드시 인내와 겸손을 통해서 이루어집니다. 인내와 겸손 없이는 평화도 없습니다. 인내와 겸손이 없으면 그 형제자매가 분노 속에서 살게 되는 것은 물론이고 공동체도 불목 속에서 생활하게 되는 것입니다.

이와 반대로 인내와 겸손에 머무는 형제자매는 하느님의 아들딸이 되는 복을 누릴 것이며, 그 공동체도 하느님의 나라가 이미 그 안에서 임하시는 복을 누리게 될 것입니다.

권고 14

영의 가난

※

¹ "행복하여라, 영으로 가난한 사람들! 하늘나라가 그들의 것이다."(마태 5,3) ² 여러 가지의 기도와 일에 열중하면서 자기 몸에 많은 극기와 고행을 행하지만, ³ 자기 육신에 해가 될 것 같은 말 한 마디에, 혹은 자기가 빼앗길 것 같은 그 무엇에 걸려 넘어져 내내 흥분하는 사람들이 많습니다. ⁴ 이런 이들은 영으로 가난한 사람들이 아닙니다. 진정 영으로 가난한 사람은 자기 자신을 미워하고(참조: 루카 14,26), 자기 뺨을 치는(참조: 마태 5,39) 사람들을 사랑하기 때문입니다.

사부님이 돌아가신 후 1세기 동안 『완덕의 거울』이란 제목의 책들이 많이 나왔습니다. 이 책들은 완덕의 거울이 되기 위한 프란치스칸 덕행들을 그 내용으로 하고 있습니다. 우리가 진정 완덕의 거울을 찾고자 한다면, 소유 없는 내적 가난이 유일한 주제인 '내적 가난의 대찬가'라 할 수 있는 권고 말씀들을 열심히 탐독하여야 합니다.

권고 14는 이 영적 가난에 대해 직접적으로 말씀해 주십니다. 외적이고 물질적인 가난도 중요합니다. 사부님 친히 "우리는 그 이상 더 가지기를 원치 않았습니다"(유언 17)라는 말씀으로 당신과 초기의 형제들이 물질적으로 얼마나 가난하게 사셨는가를 증명해 주십니다. 그러나 오늘의 프란치스칸인 우리는 사부님과 같은 물질적 가난을 따를 수도 없거니와 따를 필요도 없습니다. 우리는 가끔 사부님의 엄격한 가난을 그리워하고 부러워할 때도 있지만, 그때와 지금은 시대의 요구가 다르기 때문에 그대로 실천할 수도 없고 또 실천해서도 안 됩니다.

사부님이 당신을 본받고자 하는 우리에게 요구하시고 기대하시는 것은 언제 어디서나 당신의 내적인 가난, 영적인 가난을 지니는 것입니다. 이것이 바로 프란치스칸이 되는, 프란치스칸답게 사는 핵심입니다. 소유 없이 사는 것이 바로 우리의 근본적인 자세가 되어야 하기 때문입니다.

사부님은 우리가 자기 것으로 주장할 수 있는 한 가지만은 허락하십니다. 바로 자기 잘못, 자기 죄악입니다. 외적인 것은 물론이고 내적이고 영적인 모든 것을 하느님 그분을 위해서 바치되 자기를 위해서는 아무것도 남겨 두지 않는 것, 자기 것으로 아무것도 소유하지 않는 것, 이것이 바로 영적인 가난입니다.

1. 진정 마음으로 가난한 사람

사부님은 여기서 열심히 사는 수도자, 프란치스칸이 빠지기 쉬운 교만이나 자기만족에 대해 주의를 주시면서 열심한 가운데서도 늘 내적으로 가난한 사람으로 머물러 있어야 할 것을 말씀하십니다.

행복하여라, 마음이 가난한 사람들! 하늘나라가 그들의 것이다.(마태 5,3)

사부님은 예수님이 산상 설교에서 선포하신 진복팔단 중 첫째 행복으로 제시한 말씀으로 권고 14를 시작하십니다.

예수님은 하느님 나라에 들어가는 선행 조건으로 영의 가난을 분명히 요구하고 계십니다. 그러면 예수님의 이 말씀은 무엇을 의미하는 것입니까? 영으로 가난한 사람이란 단순히 물질적인 재산의 소유로부터 해방되어 자유로워진 사람만을 말하는 것이 아닙니다. 이 말씀은 그 당시 사회적, 종교적 배경과 함께 알아들어야 합니다. 성경학자들은 예수님이 이 산상 설교를 통해서 바리사이들을 반박하신다고 말합니다.

바리사이들은 이스라엘 백성 가운데서도 가장 깊은 신심가요 열성파 중의 열성파였습니다. 그들은 율법을 충실히 지킬 뿐 아니라 율법이 요구하는 그 이상을 지켰기 때문에 자신들을 하느님 앞에서 의인으로 알고 있었습니다. 그들은 또 엄격한 율법 준수와 여러 가지 의로운 행위 등으로 자신들은 마땅히 보상받을 권리가 있으며, 하느님께 그 권리를 주장할 수 있다고 생각하고 있었습니다. 영으로 가난한 사람들이 아니었습니다.

우리는 복음에서 자주 바리사이들에 대해 듣고 있으면서도 그 깊은 의미를 간과하기가 쉽습니다. 예수님은 세리, 창녀, 죄인 등 모든 이를 받아들여 친구가 되시고 가까이 지내셨으나, 이스라엘 백성 중 가장 열심하고 충실한 그들과는 가까이하실 수 없었습니다. 여기서도 알 수 있듯이 하늘나라는 바리사이들과 같은 사람들의 것이 아닙니다. 하느님은 교만한 사람을 절대 받아들이지 않으십니다. 신심을 보물이나 재산처럼 소유하고, 하느님 앞에서 자신의 공로를 내세우며 권리를 주장하던 그들은 하느님의 구원과 은총을 받아들일 마음의 준비가 되어 있지 않았습니다. 자신의 의로움으로 자신을 단죄하게 된 것입니다.

권고 14에서는 영의 가난을 성경적인 의미에서 받아들이고 있으며,

그럼으로써 영의 가난을 우리의 영신생활에 적용하셨습니다. 특히 열심하고 잘 산다는 형제자매들도 이 말씀을 주의 깊게 들어야 할 것입니다.

여러 가지의 기도와 일에 열중하면서 자기 몸에 많은 극기와 고행을 행하지만(2절)

사부님은 여기서 성무일도나 신심 행사, 극기와 고행 등 특별히 열심히 살려고 노력하는 수도자나 프란치스칸을 두고 말씀하십니다. 이렇게 열심히 생활하려고 노력하면서도 "자기 육신에 해가 될 것 같은 말 한마디에, 혹은 자기가 빼앗길 것 같은 그 무엇에 걸려 넘어져 내내 흥분하는 사람들이"(3절) 뜻밖에 많습니다. 이것은 우리가 흔히 볼 수 있는 수도자 부류입니다.

사부님은 여기에서 겉보기에만 열심한 수도자를 꼬집어 말씀하십니다. 의무적으로 꼭 참석해야 할 성무일도나 다른 공동 기도 외에도 여러 가지 기도를 많이 하고, 자신을 억제하기 위해 극기와 고행, 단식까지 서슴지 않는 그런 수도자가 이에 해당한다고 하겠습니다. 그러나 열심히 생활하면서도 바리사이들처럼 위선자가 될 수 있으며, 따라서 단순히 외적 행동만을 보고 속지 않도록 하시는 것입니다. 그런 사람은 생활 목표가 하느님이 아니고 자신이며, 하느님을 섬기는 것이 아니라 자신을 섬기는 것입니다. 자신을 위해서 공로를 재산처럼 쌓아 두는 것입니다.

열심한 생활을 통해서 하느님을 더욱더 잘 섬기고 더욱더 열렬하게 사랑해야 함에도 내적으로 가난한 사람이 아니면, 이 모든 행위는 결과적으로 자신을 분향하는 일종의 우상 숭배가 되고 맙니다. 영의 가난에서 나오는 것이 아닐 때, 이 모든 것은 우상 숭배로 전락해 버릴 가능성을 지니고 있음을 지적해 주시는 것입니다. 사람들로부터 인정받으려는, 칭송을 들으려는, 명예욕이 무의식적으로라도 마음속 깊이 숨겨져 있을 수 있으며, 이런 사람들은 한마디로 가짜 성인들이고 헛수고하는 마음의 부자들입니다. 참된 성덕을 평가하는 기준은 영의 가난이기 때문입니다. 사부님에게 이 이외의 다른 기준은 없습니다.

우리 안에는 누구나 다 열심한 수도자로 인정받고 싶어 하는 욕심이 잠재되어 있습니다. 사부님은 수도생활이 안고 있는 위험, 즉 기도생활, 영신생활까지도 자기중심으로 하는 잘못된 자아 중심에 대해 주의를 주면서 이런 위선자를 어떻게 알아낼 수 있는지 말씀해 주시는 것입니다.

자기 육신에 해가 될 것 같은 말 한마디에, 혹은 자기가 빼앗길 것 같은 그 무엇에 걸려 넘어져 내내 흥분하는 사람들이 많습니다.(3절)

잘 보십시오. 해가 되는 말이 아니라 해가 '될 것 같은' 말 한마디라고 되어 있습니다. 우리는 판단하려는 자세가 되어 있고, 그런 만큼 영으로 가난한 사람들이 아니라는 것을 뜻합니다. 마치 자신의 성스러운 모습을 손상하기라도 한 것처럼 그 말을 받아들이기 때문에 하찮은 한마디에도 분노하고 내내 흥분하는 것입니다. 이렇게 하는 것을 보면 그 사람이 영으로 가난한 사람이 아님을 알 수 있습니다. 이것이 그 첫째 표시가 됩니다.

둘째 표시로는 "자기가 빼앗길 것 같은 그 무엇에 걸려 넘어져 내내 흥분하는" 것입니다. 사부님은 '무엇', 즉 물건에 대해서 말씀하십니다. 예를 들어, 공동체를 위해 자기가 쓰고 있는 어떤 물건을 내놓으라고 책임자가 지시할 때, 자기가 맡은 활동을 위한 책이나 기계 등 필요한 물건이 허락되지 않을 때, 집에서 보내 준 옷이나 약, 다른 사람으로부터 받은 선물을 자신은 필요하다고 생각하는데 다시 돌려주라고 할 때 등 이런 경우에 발끈하여 흥분한다면, 그 사람이 아무리 열심히 생활한다 해도 영으로 가난한 사람도, 프란치스칸도 아니며 위선자에 지나지 않습니다.

또 이런 경우도 생각할 수 있습니다. 자기가 마땅히 어떤 대우를 받아야 한다고 생각하는데 사실 그렇지 못할 때, 자기가 가지고 있다고 생각한 어떤 권위를 박탈당했을 때, 공동체를 위해 헌신한 만큼 그에 상응하는 어떤 보답을 받지 못하고 있다고 느낄 때 등 우리는 모두 공동체에 대해 이와 비슷한 억울한 체험들이 있을 것입니다. 이럴 때, 즉 "자기가 빼앗길 것 같은 그 무엇에 걸려 넘어져 내내 흥분하는" 나라면 나의 열성도, 나의 공로도, 나의 기도도 그리고 나의 극기와 고행도 아무 소용이 없을 것입니다. 정작 신경을 써야 할 것에는 등한시하면서 겉으로 드러나는 것에만 마음을 쓰는, 한마디로 헛수고하는 것입니다.

이런 이들은 영으로 가난한 사람들이 못됩니다. 진정 영으로 가난한 사람은 자기 자신을 미워하고 뺨을 치는 사람들을 사랑하기 때문입니다.(마태 5,39 참조)

생활의 모든 면을 항상 가난의 측면에서 보시는 사부님은 여기서도 기도생활, 영신생활을 가난과 관련지어 결론을 내리십니다.

기도와 신심 행위, 극기, 고행들을 보물처럼 자신의 소유로 만드는 사람은 영으로 가난한 사람이 아닙니다. 이들은 지상에서는 물론이고 후세에서도 자신들의 공로에 대해 큰 보상을 받을 권리가 있다고 생각합니다. 자기중심적인 이런 자애심은 참으로 무서운 것이라 하겠습니다. 하느님을 아래로 끌어내리고 자신이 그 윗자리로 올라서는 이런 교만,

이런 자애심보다 더 무서운 것은 없습니다. 이런 사람의 마음 안에 하느님 나라가 임할 수 없는 것은 지극히 당연합니다.

사부님은 또 여기서 영의 가난을 알 수 있는 두 가지 표시를 제시하십니다.

그 첫 번째는 '자신을 미워하는' 것입니다. 예수님도 복음에서 여러 가지 표현으로 자신을 미워할 것을 요구하십니다. 예를 들면 자신을 끊어버리는 것, 자신을 부정하는 것, 자신을 포기하는 것, 자신을 내세우지 않는 것, 자신에 대해 지나친 관심을 두지 않는 것 등 이 모든 것들이 그 표현만 달리한 복음의 요구인 것입니다.

이 영의 가난을 우리의 실생활을 통해 표현한다면 자신을 그리 중요시하지 않는 자신에 대한 무관심, 모든 좋은 것은 하느님의 선물임을 인정하고 그분께만 의탁하는 신뢰의 자세라 할 수 있을 것입니다.

이 내적 가난을 잘 표현해 주는 한국말로 "당신 덕분에"라는 말이 있습니다. 자기의 생활 안에 존재하는 모든 좋은 것을 당신의 덕분으로, 즉 '하느님 덕분'으로 생각하고 느끼며 사는 사람은 진정 영으로 가난한 사람이고, 이것이 바로 내적인 가난입니다.

두 번째 표시로는 '원수를 사랑하는' 것입니다. 무엇보다도 이 원수에 대한 사랑은 주님의 제자라는, 크리스천이라는 가장 확실한 표시가 됩니다.

"따라서 자기 원수를 진정으로 사랑하는 사람은 자기가 당하는 해(害)로 말미암아 괴로워하지 않고, 오히려 그의 영혼의 죄로 말미암아 하느님의 사랑 때문에 가슴 태우는 사람입니다. 그리고 그에게 행동으로 사랑을 보여 줍니다"(권고 9,2-4)라는 말씀처럼 원수에 대한 사랑이 주님의 제자인지 아닌지를 판별해 줍니다.

우리가 억울하다고 생각하기보다 나에게 해를 입힌, 잘못을 저지른 상대방을 먼저 생각해 주고 그를 대신하여 그 안에 자리한 죄를 통회하고 보속하며, 행동으로써 그에게 사랑을 보여 주어야 할 것입니다. 우리에게 해를 입힌 자매를 용서해 주고 사랑해 준다면, 즉 뺨을 치는 사람을 사랑해 준다면, 우리는 참으로 영으로 가난한 사람이며, 하늘나라가 우리의 것이기에 우리는 복된 사람이 되는 것입니다.

2. 영의 가난을 실천하도록

1) 사부님이 여기서 말씀하시는 내용은 한마디로 외면적인 것과 내면적인 것과의 일치, 즉 행동과 마음의 일치입니다.

먼저 생각해야 할 점은 열심히 살고자 하는 마음을 행동으로 실천해야 한다는 것입니다. 우리는 수도원에서 말로만 열심히 사는, 열심히 살고 싶은 마음을 가지고 있으면서도 실천하지 않는 수도자를 볼 수 있습니다. 이처럼 실천이 없는 수도생활은 하나의 공사요 착한 지향으로서만 끝날 뿐 아무것도 아닙니다.

이와 관련해서 반성해야 할 또 하나는 외적인 기도생활, 영신생활은 반드시 마음에서 우러나오는 것이어야 한다는 점입니다. 사실 내적인 마음과 지향이 행동에 가치를 부여해 주고 하느님 앞에서 공로가 되게 하는 것입니다. 그러나 수도생활을 오래 하다 보면 기계적이고 습관적인 것이 되기 쉽습니다. 마음에 아무 지향도 영성도 없이 기도 시간이 되면 성당에 가고, 그저 짜인 시간표대로만 움직인다면, 겉보기에는 잘 사는 것처럼 보일지 몰라도 수도자 흉내만 내는 것에 불과합니다.

생활에서 가장 중요한 것은 내적인 마음가짐입니다. 영신생활의 심장은 바로 하느님께 대한 진정한 사랑에 있으며, 이 사랑은 영의 가난 속에서만 꽃필 수 있다는 것을 잊지 말아야 할 것입니다.

2) 영의 가난을 얻는 방법으로 사부님은 부정적 방법과 긍정적 방법을 각각 두 가지씩 제시해 주십니다.

① 부정적 방법: 먼저 생각할 수 있는 것은 기도를 많이 하는 수도자가 반드시 좋은 수도자는 아니라는 것입니다. 바리사이들도 기도는 누구보다도 열심히 했지만 하느님은 그들을 받아들이지 않으셨고 오히려 위선자라고 비난하였습니다. 중요한 것은 자기 자신으로부터 해방되는 것입니다. 자신을 자기 것으로 소유하지 않고 자기를 포기하여 자유를 얻는 것이 중요한 것입니다. 자기 자신에 대해서 얼마나 해방되어 있는가를 늘 반성하면서 참된 자유와 내적인 가난을 얻도록 중단 없는 노력을 해야 합니다.

우리는 자연스럽게 자기중심적인 경향을 갖고 있습니다. 본능적으로 자신을 사랑하게 됩니다. 미국 사람들이 잘 쓰는 표현에 이런 말이 있습니다. "To be with." 자기 자신에게 반한다는 뜻입니다. 그만큼 자기가 남보다 낫다고 생각하고 있음을 말해 주는 것입니다. 나도 이 정도면 괜찮은, 훌륭한 수도자라고 생각하는 자세, 물론 다른 사람 앞에서 노골적으로 그런 표현은 안 하지만 남 앞에서 화를 내는 것은 상대방에게 그 말을 하는 것이나 마찬가지입니다. 그러므로 우리의 양심 성찰은 솔직하지 못하고, 자신에 대해 과대평가를 하게 되는 것입니다.

인간 심리는 참 묘합니다. 우리는 자신의 실수나 잘못에 대해 자신을 변호하는 데 아주 유능한 변호사들입니다. 그렇게 변호하다 보면 나중엔 자기의 거짓말(변명)까지도 믿게 되어 버리는 것이 인간입니다.

우리가 공동생활을 하면서 자신의 잘못을 깨닫게 해주는 그런 형제자매를 갖고 있다면 자신의 생활을 반성하고 평가하는 데 큰 도움이 될 것입니다. 우리의 눈을 뜨게 해줌으로써 자신을 있는 그대로 올바르게 바라볼 수 있게 해 주는 형제자매야말로 공동생활에서 보배 같은 존재입니다. 충고를 통해 다른 형제자매가 자신을 있는 그대로 볼 수 있도록 눈을 뜨게 해 주는 행위, 이것이야말로 가장 큰 사랑의 봉사라 하겠습니다. 그런데도 우리는 자신에게 이것을 허락하지 않습니다. 그러한 경우 오히려 화를 내기 십상입니다. 우리는 다른 형제자매들이 나의 결점들을 자신보다 더 잘 발견할 수 있다는 것을 알아야 합니다. 그러므로 상대방이 나에 대해 무슨 말을 해줄 때 그 속에는 반드시 작은 진리가 들어 있다는 것을 잊지 말고 그 말을 귀담아듣도록 해야 할 것입니다. 지나친 자애심 때문에 자신의 그릇된 면들을 보지 못해서는 안 되기 때문입니다.

사부님 말씀처럼 상대방의 말이 해가 될 듯한 말도 아니고 나를 비난하고 공격하는 말도 아니라는 것을 이해할 때, 즉 그 말을 조용히 받아들일 때 비로소 우리는 영으로 가난한 사람이 되기 시작하는 것입니다. 특히 우리는 공동체 안에서 말에 대해 많은 반성을 할 필요가 있습니다.

② 긍정적 방법: 자신을 미워하는 것, 그리고 원수를 사랑하는 것입니다. 이 두 가지는 우리가 정말 하느님을 위해 자유를 얻은 사람인지, 또 우리 생활 안에서 그분이 자유롭게 활동하실 수 있도록 모든 장애물을 없앴는지 그 표시가 됩니다.

자기 자신을 미워하는 것은 우리가 가난 속에서 그리스도를 따르고 있는지, 그리고 원수를 사랑하는 것은 겸손 속에서 그리스도를 따르고 있는지 알게 해주는 표시가 됩니다. "모든 형제들은 우리 주 예수 그리스도의 겸손과 가난을 따르도록 힘쓸 것이며"(비인준 규칙 9,1)라는 말씀처럼, 우리가 가난을 택하는 유일한 동기는 겸손하시고 가난하신 그리스도를 따르는 것입니다. 그러므로 우리는 형제자매들과 함께 살면서 어떤 말을 들을 때 자신을 미워하는 형제자매들을 프란치스칸으로서 겸손되이 받아들여야 하겠고, 더 나아가 그 말을 해 준 형제자매가 나의 뺨을 치는 원수같이 여겨진다 할지라도 그들을 더욱 사랑해야 합니다. 이것이 진정한 의미의 영의 가난이며 내적 가난의 핵심이기 때문입니다.

행복하여라, 마음이 가난한 사람들! 하늘나라가 그들의 것이다.(마태 5,3)

『성 프란치스코의 잔꽃송이』에 나오는 에피소드로 이 글을 끝맺겠습니다. 라 베르나 산에 올라가기 위해 당나귀를 빌리면서 농부로부터 충고의 말을 들었을 때 취한 사부님의 자세는 우리에게 영으로 가난한 자의 참 본보기가 된다 하겠습니다.

그다음 날 아침에는 완전히 기진맥진하여 너무 쇠약해졌기 때문에 걸어서는 도저히 여행을 계속할 수 없다는 것을 안 형제들은 어느 가난한 농부에게 가서 걸어서는 여행할 수 없는 프란치스코 형제를 위해 하느님의 사랑으로 당나귀를 한 필 빌려줄 것을 요청했다.
프란치스코라는 말이 언급되는 것을 듣고 난 그 농부는 형제들에게 "당신네들이 바로 사람들이 훌륭하다고 그렇게 많이들 이야기하는 아씨시의 프란치스코 형제와 함께 사는 형제들이요?" 하고 물었다. 형제들은 "예, 그렇습니다" 하고 말하며, 자기들이 당나귀를 구하는 것도 바로 그를 위해서라고 설명했다. 이 말을 들은 이 선량한 농부는 큰 신심과 성의를 다하여 당나귀에 안장을 얹어 끌고 왔고 경외심을 가지고 성인이 안장에 올라앉는 것을 도와주었다. 여행이 계속되므로 농부는 당나귀 뒤에서 형제들과 함께 걸어왔다. 그들이 얼마 가지 않아서 농부는 성인에게 "당신이 아씨시의 프란치스코 형제이십니까?" 하고 물었다. 성 프란치스코는 자기가 바로 프란치스코 형제라고 대답했다. "그러시면 모든 사람이 형제를 훌륭하다고 생각하는 그만큼 훌륭하게 되시도록 노력하셔야 합니다. 수많은 사람이 형제께 큰 신심을 갖고 있기 때문입니다. 그래서 저는 사람들이 형제에게서 기대하는 것과는 다른 어떤 점이 결코 있지 않도록 형제께 당부 드립니다" 하고 농부는 말했다.

성 프란치스코는 이 농부의 충고에 조금도 마음이 상하지 않았고, 또 오늘날 수도복을 입은 많은 거만한 친구들이 흔히 "나에게 충고하는 이 짐승 같은 녀석이 도대체 누구야?" 하고 말하는 것처럼 혼잣말로 중얼거리지도 않았다.

성인은 즉시 당나귀에서 내려 농부 앞에 무릎을 꿇고, 그의 발에 겸손히 입 맞추면서, 자신에게 이처럼 황송하게도 자비로이 충고해 준 데 대해서 감사했다.

형제들과 농부는 아주 경건하게 프란치스코를 부축하여 일으켜 세워 당나귀에 다시 타게 했다. 그러고는 여행을 계속했다.(잔꽃송이 제2부 1장)

권고 15

평화

*

¹ "행복하여라, 평화를 이루는 사람들! 그들은 하느님의 자녀라 불릴 것이다."(마태 5,9) ² 이 세상에서 어떤 일을 겪더라도 우리 주 예수 그리스도의 사랑 때문에 마음과 몸에 평화를 간직하는 사람들이 진정 평화의 사람들입니다.

우리가 하느님께 무엇을 위해서 기도하고 청한다면, 그와 동시에 우리는 그것을 위해 먼저 노력하는 사람이 되어야 할 것입니다. 매일같이 평화를 달라고 기도하면서도 평화를 창조할 생각은 하지 않는 우리에게 사부님은 권고 15를 통해 '평화 창조의 방법'을 가르쳐 주십니다.

권고 27을 제외한 권고 14부터 나머지 모든 권고는 라틴어로 "Beatus(행복하여라)"라는 표현으로 시작됩니다. 한국말로도 그렇게 번역했으면 합니다. 권고 13, 15는 예수님의 산상 설교 중 같은 말씀을 인용하며, 따라서 오래된 사본 중에는 이 두 권고를 하나로 묶고 권고 18은 둘로 나누어 기록한 것도 있습니다.

권고 말씀들은 그것을 진지하게 받아들이고 실천하려는 우리에게 복이 되는 말씀들로서 우리에 대한 사부님의 축복이라 할 수 있습니다. 사부님은 산상 설교에서 세 가지의 복을 먼저 인용하시고(마태 5,3.8.9) 나머지 다른 복들은 그 당시 형제들의 생활에 적용하시어 필요에 따라 하신 말씀들입니다.

이 권고의 말씀을 해설해 드리기 전에 먼저 평화란 무엇인가, 평화를 파괴하는 것은 무엇이고, 평화를 가져다주는 것(방법)은 무엇인가에 대해 잠시 생각하기로 하겠습니다.

1) 평화란 무엇입니까?

교회의 교부들은 하나같이 평화의 정의를 이렇게 내리고 있습니다. "Pax et tranquillitatis in ordine(평화란 질서 안의 평온함, 고요함, 그리고 조화)", 즉 평화란 하느님이 세우신 질서가 지켜질 때 거기서 생기는 평온함과 고요함, 그리고 조화라는 것입니다. 이와 반대로 하느님의 질서가 파괴될 때 불목과 불안, 고통이 뒤따르게 마련입니다. 인간들의 불화와 불목의 원인, 그 가장 근본적인 뿌리는 하느님의 질서를 파괴하는 죄입니다.

교황 요한 23세는 그의 유명한 대칙서 「지상의 평화(PACEM IN TERRIS)」에서 이렇게 말씀하십니다. "모든 시대의 인간들이 갈망해 온 이 지상 위의 평화는 하느님이 세우신 질서가 충실히 지켜질 때에만 안전하게 지탱된다." 하느님의 질서란 하느님의 뜻을 의미합니다. 특별한 의미에서 인간과 인간 상호 관계에서 더더욱 그렇습니다. 다시 말해 하느님이 계시해 주신 뜻을 저버리고 벗어날 때 정의와 질서 대신 불목이 그 자리를 차지하게 되고 싸움과 분쟁이 발생하게 됩니다. 옛 속담에도 있듯이

"Homo homini lupus"(인간에게 늑대가 되는 인간)처럼 너와 내가 원수가 되고 한 민족은 다른 민족에게 원수가 되는 것입니다. 이렇게 볼 때 평화는 결국 인간이 하느님의 뜻을 따르고 그분의 법을 완전히 지키는 데 있다고 할 수 있습니다.

2) 평화를 파괴하는 것은 무엇입니까?

이 질문에 대한 대답이 여러 가지 있을 수 있겠지만 평화를 파괴하는 이유를 하나로 요약한다면, 그것은 인간의 이기심입니다. 개인이든 단체이든 상관없이 이기심은 평화를 파괴하는 가장 큰 이유임이 틀림없습니다. 이런 이기심에서 야망, 야심, 욕망, 사리사욕 등의 욕심이 생기는 것입니다. 이기심과 욕심, 이 두 가지는 아담의 죄로부터 시작하여 오늘까지 이 세상에서 불목과 불화를 일으켜 왔습니다. 인간은 다른 사람보다 더 가지려 하고 다른 사람의 것을 빼앗고자 하기 때문에 그 사이에 싸움이 생기기도 하고 민족과 민족 사이에 전쟁이 일어나기도 합니다. 그래서 이기심과 욕심, 이 두 가지는 인간 사이의 평화에도 가장 큰 원수일 뿐 아니라 하느님과 인간 사이의 불화에도 역시 마찬가지입니다. 이기심과 욕심은 죄의 근본 뿌리입니다. 그래서 바오로 사도는 다음과 같이 말합니다. "사실 돈을 사랑하는 것이 모든 악의 뿌리입니다. 돈을 따라다니다가 믿음에서 멀어져 방황하고 많은 아픔을 겪은 사람들이 있습니다."(1티모 6,10)

3) 평화를 가져다주는 것은 무엇입니까?

인간이 자기 본성만 따라 산다면 결코 평화를 일으킬 수는 없습니다. 죄의 결과인 이기심이 얼마나 강하고 얼마나 깊으며, 얼마나 우리 마음속 깊이 뿌리 박혀 있는지, 우리는 우리 힘만으로는 절대 극복할 수 없습니다. 카인과 아벨에서부터 벌써 인류 역사는 인간의 이기심과 욕심의 결과에 의한 역사라고 할 수 있습니다. 그러므로 하느님은 인간 사이에 평화를 다시 회복시키기 위해 인류 역사에 들어오실 수밖에 없으셨습니다. 인류에 대한 하느님의 놀라운 사랑은 바로 그리스도의 육화 신비에서 구체화되었습니다. 지상의 평화를 회복시키기 위해서 인간의 모습을 취하신 것입니다. 그래서 그분이 탄생하실 때 천사들이 노래하였습니다. "지극히 높은 곳에서는 하느님께 영광, 땅에서는 그분 마음에 드는 사람들에게 평화!"(루카 2,14)

인간의 이기심은 욕심과 사리사욕을 통해 불목을 가져다주지만, 이기심이 없으신 그리스도의 사랑은 가난과 겸손을 통해서 평화를 가져다 줍니다. 그래서 성탄 축일에 그리스도를 "Rex pacificus(평화의 임금)"라고 부르고 있습니다. 바오로 사도도 "그리스도는 우리의 평화"(에페 2,14)라고 공포하고 있습니다.

1. 하느님의 인도를 따라 살면 평화를 얻게 됩니다

행복하여라, 평화를 이루는 사람들! 그들은 하느님의 자녀라 불릴 것이다.(마태 5,9)

평화를 위하여 일하는 사람들, 평화를 창조하는 사람들이야말로 하느님의 사랑을 받는 사람들이기에 참으로 복되고, 행복한 사람들입니다. 그들은 그리스도의 구원 사업을 계속하는 것이며, 하늘에 계신 아버지의 뜻을 그리스도와 함께 실천하는 것입니다. 그래서 예수님은 이렇게 외칠 수 있으셨습니다. "내 어머니와 내 형제들은 하느님의 말씀을 듣고 실행하는 이 사람들이다."(루카 8,21) 사부님이 예수님의 이 말씀을 자주 인용하시는 것을 보면 이 말씀이 사부님에게 얼마나 깊은 감명을 주었는지 알 수 있습니다. "그러므로 우리가 하늘에 계신 그분의 아버지의 뜻을(마태 12,50 참조) 실천할 때 우리는 그분의 형제들입니다"(2신자 편지 52)라는 사부님의 말씀은 이를 아주 잘 나타내주는 예가 됩니다.

평화를 촉진하도록 노력하는 우리는 그리스도의 형제자매가 되고, 따라서 하느님의 자녀가 됩니다. 하느님은 인간에게 평화와 일치를 원하시고 사랑하시는 참으로 평화의 하느님이십니다. 그래서 인간이 이해할 수 없는 사랑으로 인간이 되셨고, 또 인간의 죄를 짊어지시고 십자가 위에서 목숨을 바치신 것입니다. 인간을 하느님과 화해시키시고 하느님과의 화해로 다시 얻은 평화를 주시기 위해서, 그리고 그 평화를 인간들 사이에 회복시켜 주시기 위해서 목숨을 바치신 것입니다. 우리가 평화의 사람으로서 평화를 심고 평화를 촉진하며 회복시키기 위해 노력을 아끼지 않을 때, 참으로 그리스도의 형제자매가 되고 하느님의 자녀가 됩니다. 그렇다고 거창하게 세계적인 평화를 생각할 필요는 없습니다. 지금 우리가 사는 이 공동체의 평화만 생각하면 됩니다.

"아버지의 마음에 드시고 겸손하시고 평화로우시고 달콤하시고 사랑할 만하시고 또한 무엇보다도 바랄만한 그러한 형제와 아들을 모시는 것이, 오, 얼마나 거룩하고 좋은 일인지! 그분은 양들을 위해 목숨을 바치셨고(요한 10,15 참조) 아버지께 기도하셨습니다. '거룩하신 아버지, 아버지께서 저에게 주신 이들을 아버지의 이름으로 지켜 주십시오'"(2신자 편지 56)라고 사부님께서 외치셨듯이 우리도 평화를 위해 힘을 아끼지 않을 때 사부님의 그 기쁨을 느낄 수 있을 것입니다.

이 세상에서 어떤 일을 겪더라도 우리 주 예수 그리스도의 사랑 때문에 마음과 몸에 평화를 간직하는 사람들이 진정 평화의 사람들입니다.(2절)

우리가 진정으로 평화를 원한다면 온갖 이기심과 욕심을 버려야 할 뿐만 아니라 가난과 겸손 속에서 모든 고통과 모욕을 감수, 인내하신 그리스도처럼 많은 고통을 각오해야 할 것입니다. 십자가를 지신 그리스도처럼 우리도 매일 우리 각자의 십자가를 지고 그분만을 따라야 합니다. 매일 매일의 십자가, 계속적인 자아 포기가 얼마나 힘들고 무거운 것인지 우리는 체험을 통해 잘 알고 있습니다.

나라는 '육의 정신'은 하느님을 저버리고 등지며 자신을 찾는 자기 자신의 길을 걸으려는 성향을 지니고 있어서 계속적인 노력이 요구됩니다. 이런 의미에서 하느님이 아니고 내가 내 안에서 다스리게 될 때 하느님과의 평화가 깨지고 또한 인간들 간의 평화도 파괴됩니다.

평화 없이 사는 사람은 얼마나 불행합니까? 여기서 프란치스코가 아주 중요한 점을 지적해 주는데, 즉 평화뿐만 아니라 불화도 우리 각자의 마음에서 생긴다는 점입니다. 우리 마음이 하느님을 향하고 있다면 이 세상이 줄 수도 빼앗을 수도 없는 평화를 간직하게 될 것입니다. 그러나 자기 자신을 중심으로 향하고 있다면 평화를 잃게 되어 불화가 오게 됩니다. "자신의 마음을 지키는 사람은 온 세상의 마음을 지킨다"라고 누군가 말했습니다. 우리 각자가 평화의 사람이 되면 될수록 바오로 사도의 말씀처럼 "사람의 모든 이해를 뛰어넘는 하느님의 평화가"(필리 4,7) 우리 각자와 공동체를 지켜 주실 것입니다.

여기서 또 하나 지적할 것은, 평화를 위한 우리 노력의 동기는 우리

주 예수 그리스도의 사랑 때문이라는 것입니다. 우리의 노력은 인간적인 지혜 때문도 아니고 불목의 결과가 무서워서도 아니며, 자신의 이익 때문은 더더욱 아닙니다. 그리스도의 사랑 때문입니다. 어떤 문제가 생길 때 우리는 흔히 "다투기 싫어서 말하지 않았습니다"라고 말합니다. 그러나 그것은 아주 잘못된 동기입니다. 자기중심으로 살고 있기 때문에 그러한 것입니다. 이런 인간적인 동기가 전혀 없을 수는 없겠지만 이런 동기로 평화를 간직한다면 그것은 이기적인 동기에 지나지 않습니다.

사부님의 동기는 '우리 주 예수 그리스도의 사랑 때문에'입니다. 그 중심은 하느님이십니다. '몸과 마음의 평화' 즉 외적 내적 평화를 간직하는 동기와 목적은 역시 그리스도의 사랑이 인간 사이에 성장하고 다스리도록 하기 위한 것입니다. 고통스러운 모든 일 가운데서도 평화를 위하여 일하는 우리의 노력은, 우리에게 화해와 평화를 가져다주기 위해서 고통과 수난, 그리고 죽음까지도 받아들인 그리스도의 사랑에 대한 응답이어야 합니다. 그분 사랑에 대한 역동적이고 감사하는 응답이 되어야 합니다.

2. 우리 공동체 내의 평화에 대한 책임감을 느끼고 있는가

오늘날 모든 사람은 그 어느 때보다도 평화를 갈망하고 있습니다. 따라서 우리는 앞에 말한 대칙서에서 교황 요한 23세께서 하신 말씀을 듣고 각성해야 합니다. "평화가 각 사람의 마음속에 거처하지 않고서는 또한 각자가 하느님이 원하시는 질서를 지키지 않고서는 평화는 상대 안에서도 절대 거처하지 못할 것이다."

그렇습니다. 내가 평화를 지니고 있지 못하면서 다른 사람에게 평화를 줄 수는 없습니다. 평화는 먼저 각자의 마음속에 간직해야 합니다. 교황 요한 23세도 말씀하셨습니다. "그리스도는 당신의 고통스러운 수난과 죽음을 통하여 불목과 불의의 원천인 우리 죄를 사해 주신 것뿐만 아니라 당신의 피로써 인류를 하느님 아버지와 화해시켜 주셨습니다."

이 말씀에서처럼 세례 받은 크리스천인 우리는 이미 하느님과 화해하고 구원된 사람들입니다. 그런데도 아직 우리 크리스천 사이에 얼마나 많은 싸움과 질투, 미움과 교만, 멸시가 자리하고 있는지, 또 '열심' 하다는 신자들은 물론 주님을 더 열심히 따르기 위해 영적인 형제자매가 된 우리 사이에도 얼마나 많은 갈등과 시기, 다툼이 있는지에 대해 깊이 생각해야 할 것입니다. 여러 사람이 모여 사는 공동체에서 그럴 수는 있다고 이해한다 하더라도 우리는 평화가 파괴될 때마다 그 이유를 솔직하게 통찰하고 반성해야 합니다. 그런데 우리는 대부분 그 이유를 인간적인 차원에서 찾습니다. 무슨 문제가 생겼을 때 흔히 견해나 성격 차이 등을 내세웁니다. 주님을 따르기로 서약한 우리는 이와 같은 인간적 기준에서 파괴의 원인을 찾을 것이 아니라 아직 자신을 포기하지 못하는, 한마디로 영으로 가난한 사람이 아니라는 데에서 불목의 원인을 찾아야 합니다.

"그러나 주님과 결합하는 이는 그분과 한 영이 됩니다"(1코린 6,17)라는 바오로 사도의 말씀처럼 우리 각자가 주님과 영적으로 하나가 될 때, 그분과의 일치 속에서 살 때, 우리 공동체에 반드시 그분의 평화가 깃들게 될 것입니다. 우리는 이런 의미에서 우리 공동체의 평화에 대해 각자가 책임져야 합니다. 주님과 하나가 되는 것뿐만 아니라 더 나아가 평화를 위하여 일하는 것은 평화의 하느님이신 하느님 아버지의 아들딸이 되는 길이라는 확신을 해야 합니다. 어떤 고통스러운 일을 당할지라도 그렇습니다.

행복하여라, 평화를 이루는 사람들! 그들은 하느님의 자녀라 불릴 것이다.(마태 5,9)

우리가 마음 안에 평화를 간직해야 할 책임감을 느끼고 있을 뿐만 아니라 우리 공동체 내에서 평화를 간직해야 할 책임감을 느낀다면, 하느님이 주시는 은총과 협력해서 모든 이기심을 극복하고 그리스도와 함께 완전히 가난한 자가 되도록 노력해야 하겠습니다. 우리는 자신을 위해서 아무것도 원하지 않고 이 세상에서 어떤 고통이나 희생도 받아들일 각오를 해야 합니다. 자신을 위해서 아무것도 남겨 두지 않는, 그렇게 내적으로 가난한 사람이 되어야만 비로소 평화를 심는, 다른 사람에게 평화를 주는 그런 사람이 될 것입니다.

권고 16

마음의 깨끗함

∗

¹ "행복하여라, 마음이 깨끗한 사람들! 그들은 하느님을 볼 것이다."(마태 5,8) ² 진정 마음이 깨끗한 사람들은 지상의 것들을 멸시하고 천상의 것들을 찾으며, 살아 계시고 참되신 주 하느님을 깨끗한 마음과 정신으로 항상 흠숭하고 바라보는 일을 그치지 않는 사람들입니다.

권고 16도 산상 설교 말씀으로 시작합니다. 권고 말씀을 보기 전에 예수님의 말씀을 먼저 묵상해 보겠습니다.

마음이 깨끗한 사람에 대해 성 프란치스코는 2절에서 설명하고 있습니다. 복된 사람, 행복한 사람이란 누구입니까? 그리고 하느님을 뵙는 것, 바라보는 것이란 무엇을 의미합니까? 복된 사람이라는 표현은 신약성경의 표현으로 하느님만을 위해 사는 사람, 하느님을 전적으로 믿는 사람입니다. 마리아처럼 "저는 주님의 종입니다. 말씀하신 대로 저에게 이루어지기를 바랍니다"(루카 1,38)라고 늘 기도하기에 "행복하십니다, 주님께서 하신 말씀이 이루어지리라고 믿으신 분!"(루카 1,45)이라는 축복 속에 살게 되는 사람입니다.

하느님 안에서만 기쁨과 즐거움을 찾고 하느님 안에서만 자기완성과 자기 만족감을 찾는 사람은 정말로 복된 사람입니다. 이런 사람은 기쁨에 넘친 프란치스코처럼 다음과 같이 외칠 수 있습니다. "Deus Meus et omnia!"(나의 하느님, 나의 전부시여)

하느님을 뵙는 것이란 무엇입니까? 인간 마음속에는 하느님을 향한 열망이 깊이 박혀 있습니다. 이 열망은 아담과 하와처럼 하느님을 직접 뵙는 은총의 선물을 원죄 이후로 잃게 된 우리가 에덴동산을 향해 갖는 일종의 향수인지도 모릅니다. 우리는 죄 때문에 하느님을 직접 뵐 수 있었던 선물을 잃게 되었습니다. 이와 같이 자신밖에 보지 못하는 사람은 하느님을 볼 수 없으며, 하느님은 그의 시야에서 사라집니다. 죄를 지으면서 자기중심이 되고 자기밖에 모르는, 자기만을 생각하는 인간에게 하느님은 낯선 분, 모르는 분이 되시며 갈수록 점점 더 모르는 분이 되십니다.

모든 일에서 자신만을 찾는 사람은 하느님을 절대 찾을 수 없습니다. 그러면서도 인간은 하느님을 위해서 창조되었기에 성 아우구스티노가 "당신 안에서 휴식을 취할 때까지 우리 마음은 안식을 찾지 못하나이다"라고 말했듯이, 하느님을 그리워하는 것입니다. 그래서 하느님은 당신이 먼저 인간에게 손을 내밀어 주시면서 우리에게 내려오셔서 우리 죄를 짊어지시고 죽음을 통해서 하느님 나라의 길을 열어 주신 것입니다. 하느님 나라 안에서 인간은 또다시 하느님을 직접 뵙는 것이며, 하느님과 화해하고 그분과 일치를 다시 이루는 것입니다.

신학자들은 천국의 생활을 하나같이 "하느님을 직접 뵙는 복"(Visio beatifica)으로 표현합니다. 하느님을 직접 뵙는 복은 그리스도의 재림 때 이루어지겠지만, 이 지상에서 이미 믿음을 통해 구원된 우리는 그 복을 미리 누릴 수 있습니다. 물론 우리는 신앙 안에서, 기도 안에서, 특히 생활 안에서 하느님을 만나게 됩니다. 온갖 이기심에서 해방되고 구속된 사람은 사부님처럼 모든 피조물 안에서 하느님을 발견하고 뵙게 되는 것입니다. 따라서 모든 피조물은 성 보나벤투라가 가르치는 것처럼 영광스러운 하느님의 그림자, 하느님의 거울, 하느님의 형상, 하느님의 모상인 것입니다. 프란치스코는 아름다운 것 안에서 아름다움 그 자체이신 하느님을 발견할 수 있었고, 모든 피조물 안에서 하느님을 발견하는 신앙의 눈을 가지고 있었습니다. 어떤 의미에서 하느님은 당신 작품인 창조물들을 통해 당신 자신을 드러내십니다. 특히 가장 뛰어난 작품인 인간 안에서.

모든 인간 안에서 하느님을 알아보신 프란치스코를 또다시 생각할 수 있습니다. 프란치스코는 누구보다도 "나를 본 사람은 곧 아버지를 뵌 것이다"(요한 14,9)라고 말씀하신 인간의 대표, 즉 인간이 되신 사람의 아들 그리스도 안에서 하느님을 알아보셨습니다. 인간에 대한 성 프란치스코의 존경스러운 태도, 다른 사람들보다도 가난한 이들과 소외된 이들, 그리고 나환자들에 대한 그분의 존경과 사랑의 태도는 이러한 신앙심과 신앙의 눈으로써 이해할 수 있습니다. 사부님은 하느님을 뵙고 싶은 갈망 속에서 늘 살았기 때문에 사람들을 그렇게 대하신 것입니다. 사부님은 늘 하느님을 뵙고자 열망함으로써 모든 사람을 사랑으로 대할 수 있었고, 열렬한 기도생활 역시 이런 열망에서 비롯되었습니다. 기도 안에서 하느님을 만나고, 또 그분과 이야기하고 싶어 했던 열망, 그리고 말씀 안에서, 복음 안에서 그분과 통하고 싶어 했던 열망을 감안할 때 우리는 사부님을 더 잘 이해할 수 있을 것입니다.

하느님은 사람이 가까이 갈 수 없는 빛 가운데 계시고 누구도 본 적이 없을 뿐만 아니라, 인간이 잘 알지도 못하는 분이시라는 것은 앞서 권고 1에서 다룬 주제입니다. 여기서 우리는 기도생활의 어려움, 어두움을 생각할 수 있습니다. 잘 알지도 못하고 가까이 느껴지지도 않는 하느님, 그리고 그분이 우리의 기도를 듣고 계시는지조차도 불확실한 어둠 속에서 이루어지는 기도생활의 어려움과 어두움을 우리는 체험합니다. 사부님이 "나를 본 사람은 곧 아버지를 뵌 것이다"라고 대답하신 그리스도의 말씀을 반복하고 있는 것도 바로 이런 이유 때문입니다.

이와 같이 하느님 아버지는 그리스도 안에서 가까이 느껴지는 '인간적 인물'이 되십니다. 나의 생활 속에서도, 나의 마음속에서도 하느님을 체험할 수 있고 실제로 우리는 그분을 체험하고 있습니다. 특히 기도할 때 그분이 가까이 계심을 느낄 수 있고 하느님을 직접 뵙는 듯한 느낌이 드는 일도 있을 수 있습니다. 이것은 착각이 아니라 신앙의 눈에 의한 은총입니다.

기도 속에서 하느님을 만나기 위해서 긴 시간이 필요한 것도 아니고 또 많은 말이 필요한 것도 아니라고 생각합니다. 연세가 많아 일은 못 하시고 온종일 성체 앞에서 보내시는 노인 형제가 한 분 있었습니다. 그분께 하루 종일 성당에서 뭘 하시느냐고 물었을 때 하신 그분의 대답은 아주 인상적이었습니다. "뭐, 별것 안 합니다. 착하신 하느님께 이런 말씀만 드립니다. '당신은 여기에 계시고 그리고 저도 여기 있습니다.' 이것으로 우리 둘 다 만족합니다."

또, 성질이 아주 급한 신부님이 한 분 계셨는데 미사를 굉장히 빨리 드립니다. 그래서 한번은 미사가 끝나고 그분께 무슨 급한 일이 있기에 그렇게 빨리 미사를 드리느냐고 물었습니다. 그분으로부터 "Good lovers don't need to much time to communicate"(진짜 연인들끼리는 통하기 위해 많은 시간이 필요하지 않는다)라는 대답을 듣고 웃었습니다만 오늘까지도 이 훌륭한 대답이 잊히지 않습니다.

우리는 기도할 때, 특히 묵상할 때 여러 가지 말들을 만들면서 하지만 실상 많은 말을 할 필요는 없습니다. 그렇다고 기도를 짧게 할수록 좋다는 말은 아니고 우리의 기도 방법을 다시 생각해 볼 필요가 있다는 뜻입니다. 특히 묵상 방법에 대해 검토해 볼 필요가 있습니다. 어떤 수도자들은 묵상할 때 아주 활발하게 움직입니다. 활동을 많이 합니다. 먼저 준비 단계, 성찰, 독서, 상상으로 어떤 장면을 연상, 거기에 대하여 생각, 다음 결심 등 아주 복잡하게 머릿속으로 활동하면서 나름대로 열심히 묵상하려고 노력을 많이 합니다. 그럼 성령이 언제 활동하십니까? 그렇게 되면 내 기도라는 생각으로 인해 성령께서 활동하실 아무런 여유도 주지 않게 되고 맙니다.

물론 묵상에는 방법도 필요하고 또 각자 나름대로 순서를 세워야겠지만 지나친 활동은 피해야 합니다. 우리가 이런 식으로 묵상하니까 묵상이 끝나면 쉬 피곤을 느끼게 되고, 묵상 시간을 피하고 싶은 마음이 생겨 급하게 해야 할 일들을 만들기도 하는 것입니다. 하느님을 만나는 즐겁고 기대되는 시간이 되어야 할 묵상 시간이 오히려 지겹고 지루한 시간이 되어 그 시간을 피할 핑계거리를 쉽게 찾아내게 되는 것입니다. 나중에 개인적으로 묵상하겠다고 미루다 결국 기도를 궐하게 되는 경우가 많은 것이 사실 아닙니까?

사부님은, 하느님을 신앙 안에서 만나기 위해서는 한 가지 조건이 있다고 지적하십니다. 그것은 그리스도께서 친히 선포하신 조건입니다. "행복하여라, 마음이 깨끗한 사람들! 그들은 하느님을 볼 것이다." 즉 하느님을 만나 뵙기 위해서는 먼저 마음이 깨끗해야 한다는 것입니다.

1. 마음이 깨끗한 사람

마음이 깨끗한 사람, 정결한 사람이란 한마디로 하느님만을 찾는 사람이라고 하겠습니다. 사부님은 마음의 깨끗함을 이렇게 이해하고 설명하십니다.

> **진정 마음이 깨끗한 사람들은 지상의 것들을 멸시하고 천상의 것들을 찾으며**(2절)

마음이 깨끗한 사람은 지상의 것들을 등지고 하느님을 향하여 사는 사람들입니다. 우리는 이미 신앙과 성사를 통해서 구원을 받았고 구원된 사람들이지만 그러나 그 구원, 즉 은총과 협력하지 않는다면 이기심과 자애심에 가득 찬 옛 생활 속에 그대로 남아 있을 수도 있습니다. 옛 생활을 청산하고 새 생활로 넘어가기 위해서는 하느님의 은총만으로 부족합니다. 우리의 협력이 뒤따라야 합니다.

하느님이 주시는 은총은 우리를 완전히 변화시키는 것이 아니고 하나의 씨앗처럼 주어지는 것입니다. 따라서 우리는 우리 마음속에 심어진 이 은총의 씨앗을 싹트게 하고 가꾸어 나가야 하며 그것은 우리 일생의 과업입니다. 이런 인생의 과업을 신학자들은 '은총과의 협력'이라고 표현하고 있습니다. 도움의 은총은 물론이고 생명의 은총까지도 인간의 자유를 빼앗아 가지는 않습니다. 하느님은 우리에게 당신이 주시는 은총에 우리가 협력하도록 초대하시지만, 자유롭게 협력하기를 원하시므로 우리의 자유를 존중하십니다. 우리가 협력하지 않으면 그 은총은 싹트지 못하는 씨앗처럼 우리 마음속에 묻힌 채 그대로 남아 있을 것입니다.

한마디로 하느님과 그분의 나라가 우리 마음 안에서 임하시도록 우리 마음을 개방해 드려야 하는데, 어떻게 이것이 가능합니까? 이에 대해 프란치스코는 항상 그러하듯이 단순하게 말씀하십니다. "지상의 것들을 멸시하고 천상의 것들을 찾아야 합니다."

우리는 사부님이 깨끗한 마음, 정결한 마음이란 이 표현을 통해 무엇을 말씀하고자 하는지 그 의도를 쉽게 이해할 수 있습니다. 즉 여기서 말하는 마음이 깨끗하고 정결한 사람이란 십계명 중 여섯째 계명을 거스르지 않는 것뿐만 아니라 그보다도 훨씬 높은 차원을 의미합니다.

마음이 깨끗한 사람은 모든 것으로부터 이탈하고 모든 속박으로부터 해방된 사람입니다. 즉 내적으로 가난한 사람입니다. 하느님이 아닌 다른 모든 것에 무관심한 사람입니다. 자애심, 애착심, 명예심, 나에 대한 다른 사람의 평가를 지나치게 의식하고 조심하는 소심함 등에서 해방된 사람입니다. 한마디로 자기중심에서 벗어난 사람이야말로 마음이 깨끗한 사람입니다.

이렇게 사부님이 요구하시는 마음의 깨끗함은 빈 마음, 맑은 마음, 해방된 마음, 그리고 자유로운 마음으로 이해할 수 있습니다. 내적인 자유, 즉 하느님을 위해서 온전하게 준비 자세가 된 사람입니다. 그런데 지상적인 것들을 멸시하는 요구로만은 충분치 않고 천상적인 것들을 찾아야 합니다. "천상의 것들을 찾는다"라는 표현은 바로 마음의 깨끗함을 긍정적으로 표현하는 것입니다. 이것은 하느님께만 관심을 두고 그분께 나아가는 일에만 전력함을 의미합니다.

이렇게 보면 우리의 봉헌된 정결 생활, 동정 생활은 다른 빛 속에서 보이게 됩니다. 정결이란 희생과 포기, 금욕만을 의미하는 것이 아니라 무엇보다도 자신을 하느님 사랑에 개방하고 하느님과 일치하려는 마음가짐을 뜻하는 것이 됩니다. 이런 마음을 가질 때 우리는 비로소 마음이 정결하고 깨끗한 사람, 마음이 맑은 사람이 되고 따라서 하느님 나라에 속하는 사람이 되는 것입니다.

살아 계시고 참되신 주 하느님을 깨끗한 마음과 정신으로 항상 흠숭하고 바라보는 일을 그치지 않는 사람들입니다.

여기서 프란치스코는 아주 실질적으로 현실적인 제시를 하고 있습니다. 마음이 깨끗한 사람은 기도하는 사람이라야 한다는 것입니다. 기도하는 것, 사부님 표현대로 "하느님을 깨끗한 마음과 정신으로 항상 흠숭하는 것"은 그저 성체 앞에 무릎을 꿇고 "주님을 흠숭하나이다. 주님을 찬미하나이다"라고 입으로만 말하는 것이 아니며, 또 기도 내용과는 달리 하느님과 전혀 무관한 생활을 하는 사람 역시 기도하는 사람이 아닙니다. 하느님을 흠숭하며 기도한다는 것은 항상 하느님께 복종하는 것을 의미합니다. 항상 하느님의 뜻만을 찾는 것입니다.

제2차 바티칸 공의회가 교회 헌장에서 "지극히 사랑하는 하느님께 전적으로 봉헌되는 것"으로 수도생활을 정의하는 것처럼, 마음의 깨끗함은 하느님께 대한 흠숭과 경배, 즉 하느님께 대한 봉헌으로 이끌어 줍니다. 우리는 하느님을 흠숭하는 가운데 하느님의 것이 되어야 합니다. 하느님은 기도하는 사람, 자신을 계속 봉헌하는 사람에게만 당신 자신을 나타내십니다. 기도하는 사람이 될 때 자신에게서 벗어나 자애심을 극복할 수 있고, 기도하는 가운데 항상 하느님의 빛 속에서 자애심을 극복할 수 있습니다. 기도하는 가운데 항상 하느님의 빛 속에서 거니는 사람이 될 때 지상적인 것들을 멸시하고 그것으로부터 해방되어 자유로운 사람, 즉 마음이 깨끗한 사람이 될 수 있는 것입니다. 또 기도하는 사람은 사부님 말씀처럼 하느님을 향하는 얼굴, 하느님을 바라보는 그러한 자세를 가질 수 있을 것입니다.

우리가 이렇게 하느님을 흠숭하고 항상 그분만을 바라보는 자세를 가질 때 하느님도 당신 자신을 보여 주십니다. 그러므로 정결하고 맑은 마음의 소유자는 하느님을 만날 수 있는 참으로 복된 사람입니다.

프란치스코는 이런 확신을 가지고 있습니다. 우리가 자신을 하느님께 개방해 드릴 때, 다시 말해서 하느님의 구원과 해방 활동과 은총에 자신을 내맡길 때 사랑이신 하느님은 우리의 유일한 관심사요 사랑이 되신다는 것입니다. 그럴 때 우리는 이미 이 지상에서부터 하느님을 뵙고 체험함으로써 참으로 복된 사람이 되는 것입니다.

이러한 확신을 하고 계셨기에 회칙에서 다음과 같이 쓸 수 있었습니다.

> 오히려 우리가 무엇보다 먼저 갈망해야 할 것에 집중할 것입니다. 곧, 주님의 영과 그 영의 거룩한 활동을 마음에 간직하고, 주님께 깨끗한 마음으로 항상 기도하고(인준 규칙 10,8-9)

2. 모든 장애물로부터 해방되도록 합시다

우리는 정말 하느님을 그리워하며 천상적인 것을 찾고 있습니까? 이 질문은 특히 수도생활을 한 지 좀 오래되신 수녀님들께 던져 봅니다. 수도생활을 오래 할수록 하느님을 찾는 마음이 사라지는 경우를 볼 수 있기 때문입니다. 수도생활을 처음 시작할 때의 열심한 마음, 오로지 주님만 바라보고 주님만 찾겠다던 그 열망이 아직도 살아 있습니까, 아니면 우리 마음 안에 실망이나 습관의 먼지가 끼어 있는 것은 아닙니까?

누구를 위해 살고 있으며, 혹시 아직도 나 자신을 찾고 있는 것은 아닙니까? 하느님을 위해서 산다고 하면서도, 그분께 봉헌된 생활을 한다고 하면서도 실제로는 자신을 찾는 것이야말로 봉헌된 생활을 위협하는 가장 큰 장애물입니다. 입으로는 "하느님!" 하고 말하면서 사실은 자기 중심적이 되어, 자기 숭배자가 되지 않도록 주의해야 합니다. 사부님의 말처럼 우리는 "주 하느님을 깨끗한 마음과 정신으로 항상 흠숭하고 바라보는 일을 그치지 않는" 그런 복된 사람이 되어야 합니다.

사부님의 "지상의 것들을 멸시한다"라는 표현은 자신을 극복하기 위한 극기, 희생의 생활을 뜻합니다. 사부님은 지상적인 것들 그 자체를 절대 멸시하지 않으셨습니다. 그것은 '자신을 극복하기 위한 희생의 생활'이라는 의미로 알아들어야 합니다.

우리는 자신을 다스리기 위해 특별히 무엇을 하고 있습니까? 공동생활 안의 어려움, 희생, 부족함 등을 어떻게 받아들이고 있습니까? 희생, 극기, 금욕, 고행의 의미는 마음의 깨끗함을 얻는 데 있으며, 하느님과 우리 사이를 가르는 벽과 장애물을 깨뜨려 하느님을 위해 자유로운 사람이 되는 데에 있는 것입니다. 그것이 바로 지상적인 것들을 멸시하고 천상적인 것들을 찾는 것입니다. '하느님을 흠숭'하는 데 그 목적이 있는 것입니다.

그렇기 때문에 우리는 각자가 자기 십자가를 지고 그리스도와 함께 길을 걸어야 합니다. 그렇다고 해서 옛 성인들의 생활에서나 볼 수 있는 대단한 희생을 해야 한다는 말은 절대 아닙니다. 오늘 우리에게 요구되는 희생이란 매일 매일의 생활 안에서 이루어지는 것입니다. 그것은 공동생활의 어려움과 희생을 기꺼이 받아들이는 것뿐만 아니라 다른 형제자매들을 받아들이고 그들 모두에게 친절과 사랑을 베푸는, 가장 어려우면서도 가치 있는 희생의 생활입니다.

형제자매들에게 미소 띤 얼굴로 친절을 베풀고자 꾸준히 노력할 때 우리는 자신도 모르게 자기중심에서 벗어나는 변화를 느끼게 됩니다. 마음이 깨끗한 사람으로 변화되기 위해서 이보다 더 좋은 방법은 없습니다. 매일의 생활 안에서 이루어지는 작은 친절과 사랑이 다른 형제자매들의 눈에는 그저 당연하고 하찮은 것으로 보일 수 있지만 그러므로 오히려 우리는 마음의 깨끗함을 더 쉽게 보존할 수 있는 것입니다. 다른 사람이 금방 알게 되는 큰 희생보다는 눈에 잘 띄지 않는 작은 일들을 찾아서 다른 형제자매들이 깨닫지 못하는 가운데서 그들을 도와주고 편안하게 해주는, 이것이야말로 아무도 알아주지 않더라도 우리를 자기중심에서 빠져나가게 해 주는 것입니다.

우리 프란치스칸들이 받아들이는 사상 중에 성 아우구스티노의 사상이 있습니다. 이 성인은 "사랑은 개인의 것보다 공동의 것을 귀중히 여기며 개인보다 먼저 공동체를 생각해야 한다는 것을 알아야 합니다"(아우구스티노 수도규칙 8,3)라고 말하면서, 공동체와 그 안에서 이루어져야 할 형제애를 우선적으로 선택해야 함을 지적하고 있습니다. 우리는 수도생활, 영신생활의 성장을 판단하는 척도를 기도의 양에 두고 있는 것이 사실입니다. 그러나 성 아우구스티노는 '형제애'를 그 성장의 표시로 내세웁니다. "그러므로 형제는 자기 개인의 유익보다도 먼저 공동체의 유익을 염려하는 그만큼 진보되었음을 알아야 합니다. 이리하여 영원히 남을 이 사람은 일시적인 현세의 모든 일에서 형제들 간에 으뜸가는 것입니다."(아우구스티노 수도규칙 8,3)

오늘날 희생의 의미는 다른 사람에게, 자신이 속해 있는 공동체 형제자매들에게 기쁨을 주는 것입니다. 매일의 작은 일, 공동생활에서 요구하는 희생, 수도원 규칙의 준수, 서로를 아끼고 존중하는 마음, 받은 일에 대한 충실성 등 평범한 이 모든 것이 하느님과 깨끗한 마음을 얻기 위해서 자기를 버리는 것이고, 사부님이 요구하시는 지상적인 것들을 멸시하는 것입니다. 즉 자기 자신을 찾지 않고 하느님만을 찾는 일을 시작하는 것입니다.

우리는 기도를 즐겨하며 좋아합니까? 우리는 기도 안에서 자신과 자신의 만족감을 찾지 않고, 하느님만 바라보며 그분이 우리를 찾아오시기를 조용히 인내하며 기다리는 그런 기도가 되어야 합니다.

우리 수도자들이 잘하는 말 중에 기도할 수 없고 묵상이 잘 안 된다는 말이 있습니다. 그들이 기도의 고충을 털어놓으면서 어떻게 하면 묵상을 잘할 수 있는지 그 방법을 물어 올 때마다 나는 이렇게 반문합니다. "어떤 경우에 묵상을 잘했다고 생각합니까?" 그에 대한 대답은 여러 가지이지만, 눈물이 나온다든가 하여 감정적으로 무엇인가 느껴졌을 때라고 생각하는 것이 공통적인 대답이었습니다. 그러나 이보다 더 좋은 묵상이 있습니다. 주님께 존경심을 갖고 오시지 않는 그분을 인내로이 기다리며 만나 뵙기를 열망하면서 무의미하게 느껴질 만큼 아무런 느낌도 없는 무감각의 상태 속에서 시간을 보낼 때, 이런 묵상이야말로 가난한 사람의 묵상이라 하겠습니다. 다른 묵상도 좋은 묵상일 수 있지만, 속임수가 될 수도 있습니다.

묵상이란 영신생활 속에서 하느님을 찾는 것이어야 하는데, 그렇지 않고 자신의 만족감을 찾는다면 그것은 사부님에게는 불결한 마음입니다. "찾아라, 너희가 얻을 것이다"(마태 7,7)라고 하신 말씀에 대해 "주님, 제가 당신 얼굴을 찾고 있습니다. 당신 얼굴을 제게서 감추지 마시고"(시편 27), "저는 가련하고 불쌍하니 하느님, 어서 제게 오소서. 저의 도움, 저의 구원은 당신이시니 주님, 지체하지 마소서"(시편 70)라고 하면서 깨끗한 마음으로 주님을 찾을 때 그분을 만나 뵙게 될 것입니다. 따라서 우리가 할 일이란 정결하고 밝은 마음으로 주님을 찾고 기다리는 것뿐입니다.

여기서 사부님은 영신생활에서 이루어져야 할 두 가지를 지적하시는데 자신을 비우는 것과, 하느님이 주실 때 받아들이는 것입니다. 주시는 분은 하느님이십니다. 그러므로 우리는 항상 그분을 맞이할 마음의 자리를 깨끗이 하고 모든 장애물을 없애며 그분을 애타게 기다려야 합니다. 그럴 때 주님은 당신이 원하시는 대로 우리에게 오실 것입니다.

오, 높으시고 영광스러운 하느님,
제 마음의 어두움을 비추어 주소서.
주님, 당신의 거룩하고 참된 명命을 실천할 수 있도록
올바른 믿음과 확실한 희망과 완전한 사랑을 주시며
감각과 깨달음을 주소서. 아멘.(십자가 기도)

권고 17

하느님의 겸손한 종

*

¹ 주님께서 다른 사람을 통하여 말씀하시고 이루시는 선보다 자기를 통하여 말씀하시고 이루시는 선으로 자신을 더 높이려 하지 않는 "그런 종은 복됩니다."(마태 24,46) ² 주 하느님께 자기의 것을 바치기를 원하기보다 자기 이웃에게서 받기를 더 원하는 사람은 죄를 짓는 것입니다.

자주 말씀드린 바와 같이 권고 말씀의 근본적인 주제는 '내적 가난 안에서의 생활'입니다. 이것이 '소유 없이' 사는 프란치스칸 생활입니다. 프란치스코의 소유 없이 사는 내적 가난의 목적은 하느님의 자녀가 되고 다른 사람들과 형제자매가 되는 데 있습니다. 즉 하느님과 인간과의 올바른 관계, 또한 나와 다른 인간들과의 올바른 관계를 맺게 하는 것입니다. 그래서 다른 글보다도 권고 말씀들이 프란치스칸 영성을 배우는 데 더 중요한 글입니다.

사부님은 권고의 말씀을 통해서 복음이 요구하는 크리스천 공동체에서 이루어져야 할 형제애의 길은 바로 내적 가난이라고 강조하고 있습니다.

"너희는 모두 형제다. 또 이 세상 누구도 너희의 아버지라고 부르지 마라. 너희의 아버지는 오직 한 분, 하늘에 계신 그분뿐이시다"(마태 23,8-9; 비인준 규칙 22,33-34)라고 하셨듯이 하느님 아버지 안에서 서로가 형제자매가 된다는 것은 가장 아름다운 인간관계입니다. 그리고 이것은 이미 그리스도를 통해 이루어졌습니다. 그리스도께서 우리의 형제가 되심으로써 우리는 하느님 아버지의 자녀가 되었고, "하늘에 계신 저희 아버지"(마태 6,9)라고 부를 수 있게 되었습니다.

서로 형제자매가 된다는 것은 진정한 그리스도인이 된다는 것이며 이런 형제적 사랑은 그리스도인을 알아볼 수 있는 표시가 됩니다. "너희가 서로 사랑하면, 모든 사람이 그것을 보고 너희가 내 제자라는 것을 알게 될 것이다."(요한 13,35)

그러면 형제자매가 되는 것은 무엇을 의미합니까? 우리는 이것을 가끔 성격이 맞는 사람과 정감을 나누는 관계로 잘못 이해할 때가 있습니다. 그러나 우리는 먼저 그리스도와 일치되어야 하고 그리스도가 우리 관계의 중심이 되어야 합니다. 그리스도가 계시지 않는 형제적인 관계는 있을 수 없습니다. 그리스도가 우리 형제애의 중심이 되어야 합니다. 베드로의 말씀처럼 크리스천은 "신심에 형제애를, 형제애에 사랑을 더해야"(2베드 1,7)합니다.

우리의 형제애는 그리스도의 사랑을 실천하는 사랑이어야 합니다. "내가 너희에게 새 계명을 준다. 서로 사랑하여라. 내가 너희를 사랑한 것처럼 너희도 서로 사랑하여라"(요한 13,34)라고 하신 그리스도의 이 새로운 계명을 우선적으로 실천하는 형제애가 아니라면 그 사랑은 순전히 인간적인 기초 위에 세워진 한낱 인간적인 사랑으로만 남게 될 것입니다.

우리는 공동체 생활을 하면서 크리스천적인 사랑과 인간적인 사랑을 혼동할 때가 있습니다. 서로 성격이 맞는 사람끼리 살 때는 공동생활이 잘 되다가도 성격이 맞지 않는 사람과는 그렇지 못한다면 이것은 인간적인 공동체에 지나지 않을 뿐, 크리스천 공동체라고 볼 수는 없습니다. 크리스천 형제애는 그리스도의 사랑을 나누는 것이므로, 인간적 애정을 나누는 이런 공동체는 "너희는 내 사랑 안에 머물러라"(요한 15,9)라고 하신 말씀을 따르는 공동체가 아닙니다.

그러면 그리스도의 사랑은 어떤 사랑입니까? 그분이 우리에게 보여 주신 사랑은 섬기고 봉사하는, 한마디로 겸손한 사랑입니다. "나는 섬기는 사람으로 너희 가운데에 있다."(루카 22,27) "사람의 아들도 섬김을 받으러 온 것이 아니라 섬기러 왔고, 또 많은 이들의 몸값으로 자기 목숨을 바치러 왔다."(마태 20,28)

이처럼 크리스천의 사랑은 그리스도의 사랑을 실천하고 그 사랑을 볼 수 있게끔 드러내는 사랑이어야 하고 진정 남을 섬기는 사랑이어야 합니다. 서로의 섬김과 봉사 속에서 이루어지는 겸손한 사랑이어야 합니다.

우리가 공동체 안에서 실천해야 하는 사랑의 동기는 인간적인 것이 되어서는 안 됩니다. 인간적인 동기들을 사랑의 기초로 삼는다면 그 공동생활은 실패로 끝날 것이 분명합니다. 크리스천은 물론 특히 우리 프란치스칸들이 서로서로 지녀야 할 사랑의 동기는 그리스도의 사랑이어야 하고, 또한 공동체 내에서 이루어져야 할 사랑의 실천 방법 역시 그리스도의 겸손한 섬김과 봉사이어야 합니다.

프란치스코는 권고 17에서 형제애를 '내적 가난'과 관련시키십니다. 이 '형제애와 내적 가난'은 우리 프란치스칸 생활의 핵심입니다.

현대인들은 겸손에 대해 별로 말하지 않습니다. 겸손이 사람을 소극적이고 비겁하게 만드는 것으로 생각하여 오히려 피하는 경향이 있습니다. 우리 역시 생활 안에서 겸손하게 참아야 할 때, 겉으로는 받아들이는 척하면서 마음속으로는 마지못해 참는 경우가 많습니다. 그럴 때마다 따지지 않고 겸손하게 참기 위해서는 대단한 용기가 필요합니다. 이처럼 그리스도를 따르는 프란치스칸적 삶에서 '겸손과 가난은 근본적인 기초'가 됩니다. 특히 겸손은 우리 인간의 본성과는 너무나 반대되는 덕행이므로 우리는 자주 겸손에 대해서 반성해야 할 것입니다.

1. 참된 겸손

주님께서 다른 사람을 통하여 말씀하시고 이루시는 선보다 자기를 통하여 말씀하시고 이루시는 선으로 자신을 더 높이려 하지 않는 그런 종은 복됩니다.(1절)

이 간단한 말씀으로 프란치스코는 매우 중요한 자세를 요구하십니다. 사랑과 겸손은 결국 하느님 앞에서의 올바른 자세이며 다른 인간들 앞에서 우리가 가져야 할 올바른 자세입니다. 바로 이 권고의 말씀이 하느님 앞에서, 인간들 앞에서 우리가 지녀야 할 마음가짐을 지적해 주는 것입니다.

겸손을 다른 말로 표현한다면 '하느님 앞에서 가난한 자가 되는 것'이라 할 수 있습니다. 진정으로 가난한 사람은 사부님 말씀처럼 자기를 통하여 말씀해 주시고 이루어 주시는 선을 자랑하지 않는 사람입니다. 나를 통해서 말씀해 주시고 이루어 주시는 성공에 대해 자랑하지 않고 교만하지도 않은 사람입니다. 하느님의 겸손한 자녀는 자신이 하느님 앞에서 가난한 자임을 확실히 알고 고백하는 사람입니다. 프란치스코는 이러한 내적인 가난을 가지도록 권고하셨습니다.

> 어떤 때 하느님께서 여러분 안에서 그리고 여러분을 통해서 행하시거나 말씀하시고 이루시는 좋은 말과 일에 대해서, 더 나아가 어떤 선에 대해서도 자랑하지 말고, 스스로 기뻐하지 말며, 마음속으로 자기 자신을 높이지 않도록 하십시오. 주님께서 말씀하시는 대로, "영靈들이 복종하는 것을 기뻐하지 마십시오."(루카 10,20) 그리고 우리의 것이라고는 악습과 죄밖에는 아무것도 없다는 사실을 우리는 확실히 알고 있어야 합니다.(비인준 규칙 17,6-7)

하느님 앞에서 자신을 완전히 가난한 자로 인정하는 확실한 깨달음 속에서 사는 사람들은 참으로 하느님의 겸손한 종이 됩니다. 하느님의 겸손한 자녀는, 자기가 가지고 있는 모든 좋은 것은 하느님께로부터 받았음을 고백하는 사람입니다.

> 여러분이 '기록된 것에서 벗어나지 마라.' 한 가르침을 우리에게 배워, 저마다 한쪽은 얕보고 다른 쪽은 편들면서 우쭐거리는 일이 없게 하려는 것입니다. 누가 그대를 남다르게 보아 줍니까? 그대가 가진 것 가운데에서 받지 않은 것이 어디 있습니까? 모두 받은 것이라면 왜 받지 않은 것인 양 자랑합니까?(1코린 4,6-7)

그러므로 진정 하느님 앞에서 겸손한 자가 되려면, "온갖 좋은 선물과 모든 완전한 은사는 위에서 오는 것"(야고 1,17)임을 인정하여야 합니다.

이런 의미에서 '겸손은 내적인 가난과 동일한 것'입니다. 하느님의 소유인 모든 것을 자기 소유로 하지 않는 것입니다.

　이런 내적인 가난, 솔직한 고백은 물질적인 가난보다 훨씬 더 힘들고 어렵습니다. 그렇다면 내적인 가난의 소유 여부를 알아볼 수 있는 표시는 어디에 있습니까? 그것은 자기 자신은 물론 다른 형제자매들 역시 나와 똑같은 은혜를, 아니 나보다도 더 많은 은혜를 받고 있음을 알고 그것을 진심으로 기뻐하는 데 있습니다. 권고 8의 말씀처럼 질투하는 대신 오히려 사심 없고 조건 없는 감사를 드리는 데 있습니다. 주님이 다른 사람을 통하여 말씀해 주시고 이루어 주시는 선에 대해 기뻐하면서 감사드리는 데 있는 것입니다. 이렇게 감사하고 고마워하는 기쁨은 크리스천 겸손에서 아주 중요한 부분입니다.

　이와 같은 자세는 공동생활에서 아주 중요합니다. 항상 다른 형제자매들 안에서 좋은 점을 발견하려 하고, 그것을 기뻐하고 감사하는 이런 겸손과 기쁨은 하느님을 먼저 찾고 바라보는 하느님 중심이 될 때 가능한 것입니다. 사부님은 내적으로 겸손한 자아의 자세를 이렇게 묘사하십니다.

> 그리고 우리는 지극히 높으시고 지존하신 주 하느님께 모든 좋은 것을 돌려드리고, 모든 좋은 것이 바로 그분의 것임을 깨달으며, 모든 선에 대해 그분께 감사드립시다. 모든 선이 그분에게서 흘러나옵니다. 그리고 모든 선의 주인이시며 홀로 선하신, 지극히 높으시고 지존하시며 홀로 참되신 하느님께서 모든 영예와 존경과 모든 찬미와 찬송과 모든 감사와 모든 영광을 지니시고, 또한 돌려받으시며, 받으시기를 빕니다.(비인준 규칙 17,17-18)

여기서 말씀하시는 선에 대한 감사와 영광, 그리고 모든 좋은 것을 그분께 돌려드린다는 이 말씀은 우리 생활 안에서 이루어지는 선에 대한 것뿐만 아니라 다른 모든 사람, 특히 우리 형제자매들의 생활 안에서 이루시는 모든 선에 대해서도 감사를 드릴 줄 알아야 한다는 뜻입니다.

사부님은 권고 17에서 우리가 하느님 앞에서 가난한 자로서 올바른 자세를 가질 때, 다른 형제자매들 앞에서도 올바른 자세를 갖게 될 것이라는 이 점을 지적해 주시고자 하는 것입니다. 하느님 앞에서 참으로 가난한 자는 다른 형제자매들 앞에서도 가난한 자로 살며, 그들을 나의 경쟁자가 아니라 하느님이 나에게 주신 나의 형제자매로서 받아들이며, 그들을 무조건적으로 사랑하는 자세를 지닌 사람입니다. 하느님 앞에서 겸손한 자는 다른 사람들을 하느님이 주신 선물로 받아들이기 때문입니다.

하느님 앞에서 감사한 마음을 지니고 있는 바로 그만큼 참된 크리스천이 된다고 말할 수 있습니다. 따라서 다른 형제자매들을 참된 그리스도인으로 사랑하게 될 것입니다. 사랑의 근본 뿌리는 한마디로 겸손이라 하겠습니다.

주 하느님께 자기의 것을 바치기를 원하기보다 자기 이웃에게서 받기를 더 원하는 사람은 죄를 짓는 것입니다.(2절)

이 말씀은 앞의 1절의 내용과 연결되지 않는 것 같지만, 프란치스코는 2절에서 똑같은 생각을 다른 형식으로 표현하고 있습니다. 하느님 앞에서 지녀야 할 자세, 또한 다른 형제자매들 앞에서 지녀야 할 자세에 대해서 말씀하시면서 자기가 하느님께 바쳐 드리는 그것보다 더 많은 것을 다른 형제자매에게 요구하는 것은 잘못된 태도일 뿐 아니라 죄를 짓는 것이라고 지적해 주십니다. 한마디로 그것은 무리한 요구입니다.

내가 가진 것을 하느님께 돌려 드리고 있는 그 정도로만 다른 형제자매들에게 요구할 수 있으며, 따라서 내가 남에게 요구할 수 있고 받을 수 있는 기준이란 바로 내가 하느님께 얼마만큼 바쳐 드리고 있는가에 달린 것입니다. 다시 말해, 하느님께 대한 나의 자세가 곧 다른 형제자매들을 대하는 자세가 되어야 합니다. 그러나 불행하게도 그렇게 되지 않는 경우가 많습니다. 우리 대부분은 항상 하느님께 무엇을 청하고 인간들에게도 무엇인가를 요구하는 자세를 지니고 있습니다. 이것은 가난한 자의 자세가 아닙니다. 겸손한 자의 자세가 되지 못합니다.

이와 반대로 겸손한 자는 모든 것의 소유자이신 하느님께 모든 것을 바쳐드릴 줄 아는 사람입니다. 겸손한 자는 모든 것을 하느님께 바쳐드려야 한다는 것을 알면서도 그렇지 못하고 있음을 자신의 반성을 통해 발견함으로써 하느님께 대한 자신의 인색함을 깨닫는 사람입니다. 이렇게 자신의 인색함과 부족함을 아는 사람은 다른 형제자매들에게 감히 무엇을 요구하지 않습니다. 오히려 자신을 작은 자로 인식하고 그들 앞에서 겸손해집니다. 한마디로 하느님 앞에서 겸손하면 할수록 다른 형제자매들 앞에서도 겸손해지는 것입니다.

사부님은 이 권고의 말씀으로 우리가 공동체 생활에서 잊기 쉬운 아주 중요한 한 가지를 지적해 주십니다. 우리는 다른 형제자매들에게 어떻게 행동해 주기를 너무 쉽게 기대하고 요구하면서 그 요구하는 것을 자신이 실천하기란 참으로 어렵다는 것을 느끼게 됩니다. 우리는 모두 자신은 실천하지 않으면서 남에게는 행동이나 생활의 개선을 쉽게 요구하는 모순과 위선적인 경향을 지니고 있는지도 모릅니다. 그러므로 위선자로 비난하시며 바리사이들에게 하신 예수님의 말씀은 공동체 안에서 다른 사람들에게 많은 요구를 하는 이들에게도 적용된다고 하겠습니다.

> 그러니 그들이 너희에게 말하는 것은 다 실행하고 지켜라. 그러나 그들의 행실은 따라 하지 마라. 그들은 말만 하고 실행하지는 않는다. 또 그들은 무겁고 힘겨운 짐을 묶어 다른 사람들 어깨에 올려놓고, 자기들은 그것을 나르는 일에 손가락 하나 까딱하려고 하지 않는다.(마태 23,3-4)

우리 모두 자신은 실천하지 않으면서 남에게 요구하는 위선적인 모순과 경향을 지니고 있는데, 예수님께서 "불행하여라, 너희 위선자 율법학자들과 바리사이들아!"(마태 23,13)라는 비난을 하실 정도라면 이러한 위선은 하느님 앞에서 대단히 큰 죄인가 봅니다. 이들은 남에게서 받기를 원하고 요구하면서도 "하느님의 것은 하느님께 돌려 드려라"(마태 22,21)는 말씀은 실행하지 않습니다.

결국, 사부님의 말씀은 하느님 나라는 가난한 사람들에게 약속된 것이고, 따라서 남에게 요구하기만 하는 이들은 하느님 나라로부터 멀리 떨어져 있는 사람들이라고 요약할 수 있습니다.

2. 겸손 속에서 살도록 합시다

'하느님의 겸손한 종'이라는 권고 17의 말씀에 따르면 하느님의 자녀, 그리고 서로서로 형제자매가 되려면 '내적으로 가난하고 겸손한 사람'이 될 필요가 있습니다. 그러므로 우리 공동체 안에 하느님 나라가 임하시기를 진정 원한다면 우리는 모두 하느님의 겸손한 종이 되도록 노력해야 할 것입니다.

1) 겸손은 가장 본질적인 요구이기에 우리는 겸손에 대해서 자주 반성해야 하겠습니다. 겸손은 소극적이거나 부정적인 덕행이 절대 아닙니다. 우리는 양심 성찰할 때나 묵상할 때, 혹은 자신의 생활을 반성할 때 개인적으로는 물론 공동체적으로도 겸손에 대해서 반성해야 합니다. 외적인 생활만이 아니라 내적인 자세에 대해서, 또 남에게 보이는 우리의 모습에 대해서 반성해야 합니다. 모순 같지만, 수도자들이 일반 평신도보다 더 교만할 때가 많습니다. 완벽하고 거룩하게만 보이려 하기 때문에 신자들의 말 한마디에도 발끈하는 모습을 가끔 보게 됩니다. 그래서 사부님이 열렬하게 부탁하고 계십니다.

> **하느님이신 사랑 안에서**(1요한 4,8.16 참조) 성직형제들이든 평형제들이든 나의 모든 형제들, 즉 설교하는 형제들, 기도하는 형제들, 노동하는 형제들에게 간청합니다. 매사에 자기 자신을 낮추도록 노력하고, 어떤 때 하느님께서 여러분 안에서 그리고 여러분을 통해서 행하시거나 말씀하시고 이루시는 좋은 말과 일에 대해서, 더 나아가 어떤 선에 대해서도 자랑하지 말고, 스스로 기뻐하지 말며, 마음속으로 자기 자신을 높이지 않도록 하십시오.(비인준 규칙 17,5-6)

사부님의 이러한 권고를 진지하게 받아들인다면, 우리는 애긍을 베풀어주시는 그 위대하신 하느님께 늘 빚지고 있다는 것을 감사하게 느끼게 될 것입니다. 우리는 이럴 때 개인적으로 자존심이나 명예욕에서 벗어남으로써 비로소 자기 자신만을 찾는 자애심으로부터 해방되는 기쁨을 느끼게 됩니다.

공동체적으로도 다 함께 작은 자, 겸손한 자가 되도록 노력할 때 하느님의 나라를 건설하는 기쁨, 하느님 자녀들의 공동체를 창조하는 기쁨, 형제자매들의 공동체를 성장시키는 그런 기쁨을 맛보게 될 것입니다. 한마디로 복음적인 공동체의 기초는 하느님을 가난 속에서 바라보고 형제자매들을 겸손 속에서 바라보는 자세입니다. 이런 기초 위에 세워진 공동체는 예수님이 비유로 말씀하신 "자기 집을 반석 위에 지은"(마태 7,24) 것과 같습니다.

2) 하느님이 다른 형제자매들을 통해서 말씀하시고 이루시는 좋은 선에 대해서 기뻐하며 감사드립니까? 또, 그들을 축하해 줄 수 있습니까? 아마도 우리는 이런 방향으로 특별히 노력할 필요성이 있을 것입니다. 즉 다른 형제자매들 안에서 좋은 면과 밝은 면, 장점을 발견하기 위해 노력할 필요성과 그리고 좋은 일, 선에 대해 하느님께 감사드릴 필요성이 있다는 것입니다.

오늘의 사회는 경쟁 사회인만큼 우리 역시 그 영향을 전혀 받지 않을 수는 없지만, 그렇더라도 다른 형제자매들 안에서 결점이나 잘못 같은 어두운 면만 보려 하는 것은 묘한 취미가 아닐 수 없습니다. 그래서 그들의 밝은 면과 그들이 하는 작은 일이라도 그 안에서 좋고 아름다운 부분부터 보고자 하는 습관이 우리 몸에 배도록 길러 나가야 합니다. 우리는 본능적으로 다른 사람의 보기 흉한 점부터 발견하게 되는 이상한 습성을 지니고 있기 때문에 특히 이런 방향으로 노력해야 하겠습니다.

수려한 경관, 한 송이의 아름다운 꽃 등 우리는 항상 자연 안에서는 아름다움을 찾으면서 유독 인간 안에서는 보기 싫은 것만 보려고 하기 때문에 묘한 취미, 이상한 습성이라고 표현한 것입니다. 바로 나와 함께 사는 내 옆의 형제자매 안에서 좋지 않은 것만 찾기 때문에 더욱 그렇습니다. 또 그들의 장점을 발견했을 때 그것을 기뻐하기보다 속상해하거나, 어떤 형제자매가 어려움에 직면해 고생할 때 방관하는 자세 등은 모순된 모습이 아닐 수 없습니다.

하느님은 우리를 지으실 때 아름다운 면을 훨씬 더 많이 우리 안에 주셨습니다. 그러므로 우리는 아무리 부족하고 죄스러운 사람이라도 하느님이 원하시면 그를 통해서 얼마든지 좋은 일을, 선을 행하실 수 있다는 것을 잊지 말아야 합니다. 다른 형제자매들의 인격과 생활 안에서 장점을 발견하려고 노력하면서, 그 장점 앞에서 함께 기뻐하고 하느님께 감사드리는 일은 하느님께 영광을 돌려 드릴 뿐만 아니라 우리 프란치스칸 생활과 영성에 없어서는 안 될 중요한 부분이기도 합니다.

다른 형제자매들을 생각할 때에도 그들의 장점부터 먼저 찾아야 합니다. 부득이 판단해야 할 경우에도 부정적인 면만 갖고 경솔하게 단정해서는 안 됩니다. 그것이 그의 전부가 아니기 때문입니다.

3) 공동체 생활 안에서 지나친 요구를 하지는 않습니까? 다른 형제자매들에 대한 지나친 요구, 이것은 공동체 생활의 가장 큰 장애물입니다. 대개 이런 요구를 하는 사람들은 무조건적인 요구와 무조건적인 불만, 지나친 기대 그리고 자신의 기대대로 되지 않았을 때 상대방에게 또 한 번의 상처와 부담감을 가중하기 예사입니다. 그래서 '죄를 짓는 것'이라는 프란치스코의 말씀이 우연이 아닙니다. 자신은 무엇을 해줄 생각조차 하지 않으면서 받기만을 원하는 이런 지나친 요구는 상대방을 대하는 잘못된 자세일 뿐 아니라, 그 자체가 바로 죄가 되는 것입니다.

가난한 프란치스칸으로서 올바른 자세는 자신의 연약함과 죄스러움을 인정하고 느끼면서 항상 다른 형제자매들에게 도움을 주고 섬기려는 마음의 자세입니다. 자신을 있는 그대로 드러내는 바로 이런 겸손에서부터 형제애가 출발하고, 공동체의 기초가 놓이는 것입니다. 겸손과 내적 가난이 없는 공동체는 반드시 파괴되기 마련입니다. 그런 공동체 안에서는 서로 간의 사랑이 성장할 수 없기 때문입니다.

우리는 하느님 앞에서 양심 성찰할 때나 묵상할 때 "제 탓이오" 하면서 솔직하게 자신이 죄인임을 고백합니다. 하느님 앞에서 자신을 부족하고 결함 많은 사람으로 인정하듯이 다른 형제자매들 앞에서도 부족한 그대로의 자신을 드러낼 수 있어야 합니다. 하느님 앞에서 솔직한 그만큼 형제자매들 앞에서도 솔직해야 합니다. 이런 의미에서 형제자매들 앞에서 겸손하게 자기 잘못을 시인하고 고백할 용기를 지닌 사람은 자기중심에서 해방될 것입니다. 그럼으로써 그의 유일한 관심사는 오직 하느님 한 분이고 다른 이들에게도 따뜻한 관심을 두기 시작하는, 하느님의 겸손한 종이 되는 것입니다.

내적 가난은 우리를 형제애와 하느님의 사랑으로 이끌어 줄 것입니다. 사부님은 거룩한 가난과 겸손을 동일시하십니다.

귀부인이신 거룩한 가난이여, 주님께서 당신의 자매인 거룩한 겸손과 함께 당신을 지켜 주시기를!(덕 인사 2)

권고 18

이웃의 고통에 함께 함

*

¹ 이웃 안에 있는 연약함을 보고, 비슷한 경우에 처해 있을 때 그 이웃으로부터 부축받기를 원하는 것처럼 그 이웃을 부축해 주는 사람은 복됩니다.(참조: 갈라 6,2) ² 온갖 좋은 것을 주 하느님께 돌려드리는 종은 복됩니다. 실상, 어떤 것이라도 자신을 위해 묻어 두는 사람은 "자기 주" 하느님의 "돈을" 자기 안에 "숨겨 두는"(마태 25,18) 사람이 되며, "가진 줄로 여기고 있는 것마저 빼앗길 것이기"(루카 8,18) 때문입니다.

어떤 사본들은 권고 18을 둘로 구분하고 그 대신 권고 24와 권고 25를 하나로 합치고 있습니다. 실은 권고 18의 1절과 2절은 내용상으로 구분됩니다. 그래서 두 부분으로 나누어서 말씀드리겠습니다.

사부님은 권고 18에서 우리 크리스천 생활의 핵심적 원칙인 진리를 말씀해 주십니다. 하느님과의 일치 속에서, 하느님과의 평화 속에서, 하느님과의 사랑 속에서 사는 복된 사람이 되려면 우리 이웃인 형제자매들을 사랑해야 한다는 가장 근본적인 진리를 지적해 주십니다. 하느님께 대한 우리의 사랑은 반드시 형제자매에 대한 사랑으로 표현되는 것입니다.

사랑하는 여러분, 하느님께서 우리를 이렇게 사랑하셨으니 우리도 서로 사랑해야 합니다.(1요한 4,11)

우리는 요한 사도가 "하느님을 사랑해야 합니다"라고 하지 않고 "서로 사랑해야 합니다"라고 말하고 있음에 유의해야 합니다. 우리가 서로 사랑해야 하는 이유는 하느님이 우리를 사랑하시기 때문이며 다른 이유는 없습니다. 하느님이 그 형제자매를 사랑하시기 때문에 나 역시 그들을 사랑해야 하는 것입니다. 하느님께 대한 우리의 사랑은 반드시 형제애를 통해서 표현되어야 하고, 우리는 그 형제애를 통해서 성장하게 됩니다.

그래서 요한 사도는 다음과 같이 말씀하십니다.

우리가 사랑하는 것은 그분께서 먼저 우리를 사랑하셨기 때문입니다. 누가 "나는 하느님을 사랑한다" 하면서 자기 형제를 미워하면, 그는 거짓말쟁이입니다. 눈에 보이는 자기 형제를 사랑하지 않는 사람이 보이지 않는 하느님을 사랑할 수는 없습니다. 우리가 그분에게서 받은 계명은 이것입니다. 하느님을 사랑하는 사람은 자기 형제도 사랑해야 한다는 것입니다.(1요한 4,19-21)

1. 서로 남의 짐을 져 주어야 합니다

프란치스코는 여기서 "네 이웃을 너 자신처럼 사랑해야 한다"(레위 19,18; 마태 22,39)라는 크리스천 삶의 황금률이라 불리는 생활 원칙을 제시해 주고 있습니다.

이웃 안에 있는 연약함을 보고, 비슷한 경우에 처해 있을 때 그 이웃으로부터 부축받기를 원하는 것처럼 그 이웃을 부축해 주는 사람은 복됩니다.(참조: 갈라 6,2)

프란치스코는 바오로 사도의 말씀을 생각하고 있습니다. "서로 남의 짐을 져 주십시오. 그러면 그리스도의 율법을 완수하게 될 것입니다"(갈라 6,2)라는 말씀을 배경 삼아 이웃의 연약함을 볼 때 그 짐을 함께 질 것을 권유하십니다. 그러면 여기서 말하는 남의 짐이란 무엇을 의미합니까? 바오로 사도는 무엇보다도 나를 괴롭히는 형제자매들의 결점, 부족함, 성격, 그리고 남의 죄까지도 그 안에 포함하고 있습니다. 그뿐만 아니라 어떤 형제자매가 잘못을 저질렀을 때 그를 어떻게 대해야 하는가에 대해서도 언급하고 있습니다. "어떤 사람이 잘못을 저지르는 것을 보면, 영적인 사람인 여러분은 온유한 마음으로 그를 바로잡아 주어야 합니다. 그리고 그대도 유혹에 빠지지 않도록 조심하십시오. 서로 남의 짐을 져 주십시오. 그러면 그리스도의 율법을 완수하게 될 것입니다."(갈라 6,1-2)

어떤 형제가 잘못을 저질렀을 때 어떻게 그를 대해야 하는가 하는 질문에 함께 짐을 지라고 대답한 바오로 사도처럼, 사부님 역시 "이웃 안에 있는 연약함을 보고, 그 이웃을 부축해 주는 사람은 복되다"라고 말씀하십니다. 형제애를 실천하는 데 형제들의 잘못을 참아 주거나, 연약하기에 쉽게 죄에 떨어지는 형제를 참고 받아들이기는 힘든 일입니다.

사부님이 여기서 사용하시는 라틴어 낱말 "Fragilitas"는 '부서지기 쉽다, 깨어지기 쉽다'는 뜻입니다. 인간의 연약함이란 허약함과 부족함, 결점과 결함을 뜻하고 한마디로 그 자체로서 불완전한 각자의 성격과 인간성을 말합니다.

여기서 우리는 각자가 지니고 있는 성격적인 결함을 생각할 수 있습니다. 생활하면서 매일 되풀이되는 잘못과 실수, 죄 등은 내가 고의로 다른 형제자매들을 괴롭히고자 한 것은 아니라 하더라도 그들에게 짐이 되는 나의 연약함임에는 틀림없습니다. 연약함이란 죄악으로 기울어져 있는 인간적인 본성과 다시 죄 지을 가능성을 뜻합니다. 그래서 우리가 솔직하게 시인하고 고백해야 할 것은, 우리 공동체가 성인들의 공동체도, 천사들의 공동체도, 그리고 완전한 인간들만의 공동체도 아니라는 것입니다. 이렇게 솔직히 인정함으로써 현실적인 형제애를 실천할 수 있는 출발점이 되는 것입니다.

누구나 경험으로 알고 있듯이 오늘 결심한 것이 내일이면 다시 무너지는 나의 변덕스러움, 항구성 결핍, 부끄럽게 만드는 나의 약점들, 지워지지 않는 나의 얼룩진 부분과 어두운 면, 내가 안고 있는 마음의 상처, 쉽사리 잊히지 않는 어떤 감정 등 이 모두는 나의 연약함이고 십자가이며 무거운 짐입니다.

그래서 바오로 사도가 왜 서로 남의 짐을 져 주어야 하는지 그 이유와 동기를 암시해 주는 것입니다. 그것은 그리스도가 우리의 죄악을 지고 가셨기 때문이고, 불완전하고 결점도 많으며 변덕스러운 존재이며, 지금도 죄인인 나를 받아들이시고 참아 주시기 때문입니다. 그분은 당신께 항상 기쁨이 되어 주지 못하는 나를 지금도 있는 그대로 받아 주시고

사랑하시기 때문입니다. '끝까지 나를 받아들이시고 무한히 나를 사랑하시는 분!'

우리도 이상적인 형제자매를 바라지 말고 그를 있는 그대로 사랑해야 합니다. 그 이유는 하느님도 그들을 있는 그대로 사랑하시기 때문입니다. 따라서 우리는 요한 사도가 하신 다음 말씀의 깊이와 넓이를 이해하게 됩니다. "사랑하는 여러분, 하느님께서 우리를 이렇게 사랑하셨으니 우리도 서로 사랑해야 합니다. 우리가 사랑하는 것은 그분께서 먼저 우리를 사랑하셨기 때문입니다."(1요한 4,11.19) 예수님도 말씀하십니다. "아버지께서 나를 사랑하신 것처럼 나도 너희를 사랑하였다."(요한 15,9)

우리에게 고백하시는 예수님의 사랑을 정말 믿는다면 "이것이 나의 계명이다. 내가 너희를 사랑한 것처럼 너희도 서로 사랑하여라. 친구들을 위하여 목숨을 내놓는 것보다 더 큰 사랑은 없다. 내가 너희에게 명령하는 것을 실천하면 너희는 나의 친구가 된다"(요한 15,12-14)라고 하신 사랑의 계명을 좀 더 쉽게 받아들일 수 있을 것입니다.

사부님은 죽음이 임박했음을 아시고 시에나에서 유언을 받아쓰게 하셨습니다. 짧은 내용이지만 거기에 이런 말씀이 있습니다. "나의 축복과 나의 유언에 대한 기억의 표시로 항상 서로 사랑하고."(시에나 유언 3) 사부님의 이 말씀은 흡사 예수님 말씀의 메아리같이 들립니다.

진정 사랑하는 이에게는 불가능한 일이 없습니다. 형제자매들의 연약함을 보고 참아 주는 일도, 또 그런 자매를 부축해 주는 일도 불가능한 것은 아닐 것입니다. 오히려 즐거운 일이 될 것입니다. 그렇기 때문에 사부님의 말씀처럼 그러한 사람은 남을 부축해 주는 기쁨을 맛보는 복된 사람입니다.

사랑은 모든 것을 덮어 주고 모든 것을 믿으며 모든 것을 바라고 모든 것을 견디어 냅니다.(1코린 13,7)

자기가 비슷한 경우에 처해 있을 때에 그 이웃이 부축해 주기를 원하는 것처럼, 사부님은 "네 이웃을 너 자신처럼 사랑해야 한다"(마태 22,39)라는 예수님의 사랑의 계명을 구체적인 상황에 적용하십니다.

우리는 대부분 자신에 대해서는 이해심도 많고 관대한 것이 사실입니다. 자신의 변덕스러움과 부족함, 결점과 연약함을 넓은 마음으로 쉽게 용서하며 항상 핑계를 대고 변명하는 데 아주 능란합니다. 그러므로 다른 이들도 나를 이렇게 이해해 주어야 한다고 너무나 당연하게 생각합니다. 아름다운 바람입니다만, 그렇다면 내가 바라는 것처럼 나도 나의 형제자매를 부축해 주어야 하는 것이 지극히 당연한 자세 아닙니까?

사부님은 "그러므로 남이 너희에게 해 주기를 바라는 그대로 너희도 남에게 해 주어라"(마태 7,12)라고 하신 예수님의 말씀을 자주 인용하십니다. 구약의 사랑의 기준이 "네가 싫어하는 일은 아무에게도 하지 마라"(토빗 4,15)인 것처럼 소극적이고 부정적인 데 반해, 신약에서는 더욱 적극적이고 긍정적으로 변화했음을 알 수 있습니다. 특히 사부님께서는 "네 이웃을 너 자신처럼 사랑해야 한다"라는 이 계명을 우리 공동체 생활에 적용하십니다.

우리가 하느님의 자녀가 되고 그리스도의 형제자매가 되었다면 형제자매의 유대로 하나가 되어야 한다는 것입니다. 그리하여 다른 형제자매들의 걱정은 곧 나의 걱정이 되어야 하고 그들의 관심사 또한 나의 것으로 만들어야 한다는 것입니다. 그들의 기쁨이나 슬픔 그 어느 것 하나도 내 관심 밖에 있어서는 안 됩니다. 우리 자신에 대해 용서와 관대함, 이해심을 갖는 것 못지않게 형제자매들에 대해서도 그래야만 합니다. 우리는 신앙의 눈으로 그들 안에서 하느님의 자녀를, 그리스도의 형제자매를 발견해야 하기 때문입니다.

공동체 안에서 이루어져야 할 사랑은 무엇보다도 신앙에 의한 사랑입니다. 하느님의 자녀가 되었고 따라서 그리스도 안에서 한 형제자매가 되었기 때문에 우리는 서로 사랑하는 것입니다.

2. 공동체 안의 비평을 추방합시다

사부님의 권고 말씀들은 우리 공동체의 가장 근본적인 뿌리에까지 도전하는 말씀들입니다. 우리 공동체가 진정 복음적인 크리스챤 공동체인가, 아니면 그저 인간적인 기초 위에 세워져 몇몇 사람들이 모여 사는 그런 단체인가를 자문하게끔 하는 일종의 도전이라 할 수 있습니다.

1) 우리가 다른 형제자매들 안에서 발견하게 되는 결점이나 약점, 성격적인 결함으로 느껴지는 연약함은 대부분의 경우가 단순히 나와는 다르다는 것, 나와 맞지 않는다는 것일 때가 많습니다. 상대방이 나와 같지 않다는 것, 그것이 좋은 것이든 나쁜 것이든 그 자체만으로도 우리는 흥분하거나 분노하곤 합니다. 그 다르다는 것이 성격 차이, 견해 차이일 뿐 오히려 그런 다양한 가운데서 공동생활의 아름다움과 조화가 이루어지는 것인데도 그것을 받아들이지 못하고 용서해 주지 못합니다.

인도 속담에 이런 말이 있습니다.

그와 내가 다른 점은
그가 만일 그 일을 끝내지 않았다면 게으르다 하고
내가 그 일을 끝내지 않았다면
나는 너무 바쁘고 많은 일에 눌려 있기 때문이라고 하고
만일 그가 다른 사람에 관해서 말하면 수다쟁이라 하고
내가 다른 이에 관해서 이야기하면
건설적인 비판을 한다고 하고
만일 그가 자기 의견을 주장하면 고집쟁이라 하고
내가 그렇게 하면 개성이 뚜렷해서라고 하고
만일 그가 나에게 말을 걸지 않으면 콧대가 높다고 하고
내가 그렇게 하면
그 순간에 복잡한 다른 많은 생각을 하고 있기 때문이라고 하고
만일 그가 친절하게 하면
나에게서 무엇을 얻기 위해 그렇게 친절하다 하고
내가 친절하면
그것은 나의 유쾌하고 좋은 성격의 한 부분이라고 하고
그와 내가 이렇게 다르다니 얼마나 딱한가!

"지혜의 근원은 주님을 경외함이니 그것들을 행하는 이들은 빼어난 슬기를 얻으리라. 그분에 대한 찬양은 영원히 존속한다."(시편 111) 이처럼 나와 다른 형제자매를 받아들일 때 그를 나와 다른 성격, 다른 모습, 다른 사고방식을 가진 존재로 지어내신 주님을 두려워하고 경외하며 존경하는 것이 됩니다. 그가 왜 그러한 사람인지 따지지 않고 나와 다르지만, 그것 때문에 그를 존중해야 합니다. 진심으로 그들을 존중하고 귀중한 나의 형제자매로 받아들일 때, 나와 같이 연약한 그들을 이해하게 될 것

입니다. 이런 자세가 바로 지혜의 시초입니다. 당신 섭리 안에서 우리 모두를 서로 다른 존재로 만드신 하느님의 안배하심을 받아들이는 자세입니다.

2) 하느님 안에서 서로의 다른 점들을 받아들이는, 이와 같은 슬기롭고도 지혜로운 자세는 사랑이 없는 비판이나 비난, 다시 말해서 형제자매들의 결점을 과장하면서까지 비판하는 자세, 자신이 유능한 인물로 인정받기 위해서 그들의 좋은 면을 깎아내리고 비방하는 세속적인 지혜보다 훨씬 현명한 자세입니다. 형제자매들에 대해 사랑이 없는 말이나 불만, 불평을 해 대는 특히 공동생활을 하는 우리 수도자들의 아주 독특하고도 고유한 면인 것 같습니다. 그래서 옛 사막 교부들을 비롯하여 대부분의 수도회 창설자들도 이런 악습에 관해 언급하고 있습니다.

프란치스코 역시 이 악습에 대해 자주 주의를 시켜 주십니다.

> 모든 형제들은 누군가를 중상하거나 논쟁을 벌이지 않도록(2티모 2,14 참조) 조심하고, … 그리고 "남을 중상하지 말 것입니다."(티토 3,2 참조) "중상꾼과 험담꾼은 하느님의 미움을 삽니다"(로마 1,29-30 참조)라고 적혀 있으니, 불평하거나 남을 헐뜯지 말 것입니다.(비인준 규칙 11,1.7-8)

또 사랑으로 가득 차 있는 영혼은 하느님께서 싫어하는 사람을 싫어하는 법인데, 거룩하신 사부님의 경우가 그렇습니다. 그는 어떤 사악한 사람들보다도 비난을 일삼는 형제들에게 유독 치를 떨었습니다. 그러한 형제들은 독약을 혀로 실어 와서 그것으로 다른 형제들을 물들게 한다고 말하곤 하였습니다.

> 악취를 풍기는 입들을 다물지 않으면 많은 형제의 감미로운 향기가 곧 흉악한 냄새로 변할 것입니다. … 비난을 일삼는 형제는 인간의 쓸개요, 사악의 누룩이며, 세상의 치욕거리 … 거짓말이나 하는 형제는 수도원의 추물이요, 공동체의 독이며, 불화를 조장하는 작자가 아니고 무엇인가? … 그러한 형제들은 좋게 보이려고만 하지, 좋아지려고는 하지 않습니다. 그들은 자기를 권력으로 보호해 주는 형제들만을 칭찬합니다. … 그들은 온갖 일들을 비판하지만, 자신은 누구한테 비판받지 않으려 하면서 영적인 사람들처럼 보이려고 합니다. 그들은 거룩하다는 평판을 받지만 그들의 행실은 거룩하지 않습니다.(2첼라노 182-183)

그때나 지금이나 마찬가지입니다. 비난이 많은 공동체 안에는 우리 각자를 각기 다른 존재로 만드신 하느님께 대한 존경심과 사랑이 자리할 수 없습니다. 많은 시간을 기도하면서 보낸다 하더라도 아무 소용이 없습니다. 한 공동체의 영적 수준은 수도자들의 기도생활이나 훌륭한 사목 활동 등이 아니라 그 안에 사랑이 살아 있는가, 없는가에 따라서 평가됩니다. 이웃 사랑은 하느님 사랑의 구체적인 표현이기 때문입니다.

따라서 우리는 다른 형제자매들의 추문들 때문에 분노하지도 말아야 합니다. 오히려 잘못하고 죄지은 형제자매를 부축해 주는 수도자야말로 하느님의 사랑 안에 머무는 참으로 복된 하느님의 종이 되는 것입니다. 하느님이 넘어진 그를 사랑하시는 그 사랑으로 자기 형제자매를 아끼고 함께 마음 아파하면서 그가 다시 일어설 수 있도록 부축해 주는 참된 관계가 형성되도록 해야 합니다. 남의 짐을 져 주는 사랑, 넘어진 형제자매를 부축해 주는 형제애야말로 참으로 창조적인 것입니다. 이와 반대로 온갖 비난과 비방, 중상은 아무 효과가 없을뿐더러 그 결과는 반드시 파괴적입니다. 자기 안에서 사랑을 죽이고 또한 공동체 일치를 위협하는 것이기 때문입니다.

사부님은 이 점에 대해서 아주 날카롭게 주의를 주십니다.

> **모든 형제들, 즉 봉사자요 종들은 물론 다른 형제들도 누구의 죄나 나쁜 표양 때문에 흥분하거나 화내지 않도록 주의할 것입니다. 오히려 "튼튼한 이들에게는 의사가 필요하지 않으나 병든 이들에게는 필요"하기 때문에**(마태 9,12; 마르 2,17 참조)**, 형제들은 최선을 다해 죄를 범한 형제를 영적으로 도와줄 것입니다.**(비인준 규칙 5,7-8)

이렇게 다른 형제자매들을 인내하고 참고 부축해 주는 것이야말로 우리를 하느님의 사랑을 누리는 행복으로 인도해 줍니다. 반대로 사랑이 없는 말이나 비난은 악마의 나라, 악마의 세력 속으로 끌고 가는 것임을 명심해야 합니다.

3) 그러면 매일같이, 분명히 죄라고 말할 수 있는 똑같은 잘못을 범하는 형제자매 앞에서, 그러면서도 고치려고 노력하지도 않는 그런 형제자매 앞에서 우리는 어떻게 해야 합니까? 이럴 때 우리는 예수님의 말씀을 명심해야 합니다. "너희 가운데 죄 없는 자가 먼저 저 여자에게 돌을 던져라."(요한 8,7) 이 말씀처럼 나 자신을 여는 것, 나의 잘못과 연약함을 솔직하게 인정하는 것이야말로 다른 형제자매들의 연약함을 이해하는

가장 좋은 비결이라 하겠습니다.

그러기 위해 우리는 깊은 양심 성찰을 해야 할 것입니다. 나의 연약함 때문에, 성격 때문에, 그리고 때로는 나의 악한 경향 때문에 얼마나 많은 십자가를 남에게 주고 있으며, 얼마나 무거운 짐을 그들의 어깨 위에 올려놓고 있는가를 솔직하게 시인하고 고백한다면, 나와 마찬가지로 연약함을 지닌 나의 형제자매를 조건 없는 사랑으로 받아들일 수 있을 것입니다.

> 자기가 비슷한 경우에 처해 있을 때 자기 자신에게 해 주기를 바라는 것처럼 각 형제에게 자비를 행하고 지니십시오. 어떤 형제의 죄악 때문에 그 형제에게 화를 내지 말고 오히려 온갖 인내와 겸손을 다하여 너그럽게 권고하고 부축하십시오.(2신자 편지 43-44)

"자비를 행하고 지니십시오"라는 표현은 우리가 좋아하지 않는, 그래서 잘 쓰지 않는 표현입니다. 그러나 하느님의 사랑은 이런 자비심으로 표현됩니다. 그러므로 어떤 형제자매를 받아들이는 데 그를 받아들여야 할, 사랑해야 할 모든 이유가 사라져 버린 경우라 할지라도 우리가 그를 받아들이기 위해 해야 할 한 가지 일이 아직 남아 있는 것입니다. 그에게 자비를 베푸는 일, 바로 이것입니다.

권고 19

하느님의 겸손한 종

※

¹ 사람들로부터 천하고 무식하며 멸시받을 자로 취급받을 때와 마찬가지로, 칭찬과 높임을 받을 때도 자기 자신을 더 나은 사람으로 여기지 않는 종은 복됩니다. ² 사실, 인간은 하느님 앞에 있는 그대로이지 그 이상이 아니기 때문입니다. ³ 다른 사람들에 의해 높은 자리에 올랐다가, 자기 의지로 내려오기를 원치 않는 그런 수도자는 불행합니다. ⁴ 그래서 자기 의지로 높은 자리에 있지 않고, 다른 이들의 발아래 있기를 늘 열망하는 "그런 종은 복됩니다."(마태 24,46)

사부님의 권고 말씀들이 내적 가난에 대한 찬가라면, 겸손에 대해 말하지 않을 수 없습니다. 내적 가난과 겸손은 동일한 덕행이기 때문입니다.

현대인은 겸손에 대해서 별로 말을 하지 않고, 겸손의 실천 또한 기피합니다. 인내롭게, 겸손하게 참는 형제자매를 이상하게 생각하고, 심지어는 비웃기도 합니다. 현대인은 겸손을 오히려 비겁한 자세, 무능력한 사람의 자세로 착각하고 있습니다. 하지만 모든 성인은 하느님과 일치된 생활을 하기 위해 겸손을 필수 조건으로 가르쳤습니다. 또한, 성 프란치스코는 누구보다도 자주 겸손을 강조하십니다. 우리 역시 겸손에 대한 잘못된 인식과 이해 부족으로 불편해하고 부담스럽게 느끼는 경우가 자주 있습니다. 겸손을 위선시하여 그저 속마음을 노출하지 않기 위한 하나의 가면으로 생각하는 것입니다.

사부님은 권고 19에서 겸손이 무엇인지, 어떻게 그 덕을 얻을 수 있는지 방법을 제시해 주십니다.

1. 참된 겸손

겸손은 인간 사회에서 대인 관계를 통해 이루어지는 것이지만 그 기초는 무엇보다 하느님과의 관계에 있다는 것을 이 권고 말씀에서 발견할 수 있습니다. 겸손의 기초는 하느님과 나와의 올바른 관계입니다. 이 기초 위에 서 있지 못한 겸손은 불가능하고 위선에 지나지 않는다는 것을 사부님은 아주 분명하게 말씀하십니다.

> **사실, 인간은 하느님 앞에 있는 그대로이지 그 이상이 아니기 때문입니다.**(2절)
>
> **사람들로부터 천하고 무식하며 멸시받을 자로 취급받을 때와 마찬가지로, 칭찬과 높임을 받을 때도 자기 자신을 더 나은 사람으로 여기지 않는 종은 복됩니다.**(1절)

사부님은 여기서 참되게 겸손한 이의 자세를 지적하십니다. 즉 겸손한 수도자는 멸시를 받을 때나 인정을 받을 때나 자기 자신에 대해 똑같이 생각하는 그런 사람입니다. 사부님은 당신의 체험을 바탕으로 하여 교만의 유혹에 대해 말씀하시는 것 같습니다. 청년 시기에는 젊은이들로부터 회개 이후부터는 귀족, 추기경, 그리고 교황에 이르기까지 많은 사람에게 인정받았던 만큼, 누구보다도 이 교만의 유혹을 강하게 느낄 수밖에 없었을 것입니다. 그렇기 때문에 사부님은 겸손에 대한 어떤 이론을 전개하는 것이 아니라 당신의 체험과 실질적인 현실에 바탕을 두고 교만의 유혹을 경계할 것을 주의시키시는 것입니다.

우리는 항상 이런 유혹 안에서 살고 있음을 경험을 통해 이미 알고 있습니다. 다른 형제자매들이 나에 대해 어떻게 생각하고 말하는가에 따라 우리의 행동이 좌우됩니다. 이것은 사실 부끄러운 일이지만 그들이 나에 대해 좋게 생각하고 높이 평가해 주기를 기대하면서, 즉 인정받기 위해서 의식적으로 어떤 행동은 하고 또 어떤 행동은 피합니다. 우리는 칭찬과 높임을 받을 때일수록 자기 마음 안에서 느끼게 되는 감정들을 예리하게 반성해야 합니다. 그러나 우리는 그렇게 하지 않습니다. 나를 인정해 주는 좋은 말을 들을 때 자신을 좋은 수도자, 유능하고 위대한 사람으로 생각하게 되고 자신도 모르게 그 말을 믿게 됩니다. 이것은 결국 자기 자신을 속이는 착각입니다. 사부님이 요구하시는 프란치스칸은 천하고 무식하며 멸시받을 자로 사람들로부터 간주될 때와 마찬가지로 칭찬과 높임을 받을 때도 자기 자신을 더 나은 사람으로 생각하지 않는 그런 사람입니다.

프란치스코의 동료였던 복자 에지디오는 좀 더 구체적으로 남의 칭찬을 믿는 사람을 다음과 같이 빗대어 표현하고 있습니다.

어느 날 누가 에지디오 형제에게 말하기를 "내가 행한 어떤 선행에 대해 칭찬을 받으면, 나는 기분이 좋고 내가 얼마나 위대한 사람인가를 마음속에서 느끼게 됩니다"라고 하자, 에지디오 형제가 대답했습니다. "아주 못생긴 사람이 있다고 가정합시다. 얼굴은 매우 흉하고 옷차림도 남루하며 더럽고 신발도 신지 않은 그의 앞을 지나가는 사람마다 이런 말을 한다고 합시다. '오, 나의 주인님, 만세! 주인님은 놀랄 정도로 매우 부유하고 아름답습니다. 옷차림도 아주 멋있습니다!' 만약 그가 사람들이 하는 이 말을 즐겨 믿는다면 바보가 되는 것이 아니겠습니까?"

그렇습니다. 우리 역시 나를 인정해 주는 남의 말을 그대로 믿고 교만해진다면 바보가 되는 것입니다. 교만과 허영심, 칭찬과 높임을 받으려는 자세는 자기 자신을 숭배하는 것일 뿐, 겸손은 이루어질 수 없습니다. 왜냐하면, 이런 사람은 자신을 있는 그대로 바라보지 못하고 자기에게 아부하는 사람만을 믿음으로써 자신에 대해 눈먼 소경이 되기 때문입니다. 한마디로 참된 겸손은 자신을 있는 그대로 바라볼 줄 아는 것입니다. 우리는 좋은 말을 들을 때마다 절대 필수 조건이라 할 수 있는 날카로운 안목과 비판적인 자세로 받아들여야 할 것입니다. 그렇지 않으면 다른 사람이 해주는 칭찬과 남의 말 앞에서 초연해질 수가 없습니다. 자신에 대한 평가는 자신이 해야 하고 다른 이로부터 영향을 받지 않도록 해야 합니다.

물론 공동생활에서 형제자매들의 장점이나 아름다운 면, 좋은 행동을 발견했을 때 그것을 칭찬해 주고 인정해 주는 한마디 말은 중요합니다. 그러나 나 자신을 반성할 때는 그것들을 과감히 초월해야 합니다. 나에 대한 칭찬 한마디로 내가 변화되는 것이라곤 없습니다. '나는 나 그대로'입니다.

이처럼 자기중심적이고 자신을 숭배하는 교만의 위험을 항상 주의해야 하지만, 이보다 더 위험한 자기 숭배자는 겸손한 사람으로 인정받기 위해 늘 자신을 낮추며 겸손한 척하는 부류의 수도자입니다. 이와 반대로 자신을 있는 그대로 받아들여 자신의 약점은 물론 장점까지도 솔직하게 인정할 줄 아는 사람은 진정 내적으로 가난하고 겸손한 사람입니다. 겸손한 수도자, 좋은 수도자로 인정받기 위해 자신을 낮춘다면 그것은 결국 위선에 지나지 않으며 아무것도 아닙니다.

사실, 인간은 하느님 앞에 있는 그대로이지 그 이상이 아니기 때문입니다.(2절)

사부님은 아주 간단한 표현으로 겸손의 기초를 말씀하십니다. 에지디오 형제도 "창조주와 비하면 인간은 아무것도 아닙니다"라고 했습니다. 그렇습니다. 우리가 겸손 안에서 성장하려면 늘 하느님의 위대하심을 생각하면서 자신의 죄스런 모습을 바라볼 줄 알아야 합니다. 다시 말해 형제자매들과 자신을 비교하지 말아야 합니다. 비교하는 것이야말로 가장 비프란치스칸적인 자세(un-Franciscan)이기 때문입니다.

타인의 생각을 그대로 자신을 평가하는 거울로 삼을 수는 없습니다. 오히려 하느님의 성스러움을 생각하면서, 하느님이 나에게 바라시는 완전함과 거룩함에 자신을 비추어 가며 평가해야 합니다. 그래서 하느님께서도 아브라함에게 "너는 내 앞에서 살아가며 흠 없는 이가 되어라"(창세 17,1)라고 말씀하셨고, 예수님 또한 "하늘의 너희 아버지께서 완전하신 것처럼 너희도 완전한 사람이 되어야 한다"(마태 5,48)라고 말씀하신 것입니다.

다시 한번 강조하고 싶은 것은, 다른 형제자매들이 나에 대해서 어떻게 생각하고 말하는가 하는 그 자체가 결코 결정적인 것이 아니라는 것입니다. 중요한 것은 하느님께서 나를 어떻게 보시는가 하는 것이며, 이것을 항상 자신의 평가 기준으로 삼는다면 우리는 겸손한 사람으로 남게 되고 사부님처럼 자신을 항상 가장 큰 죄인으로 인식하게 될 것입니다. 그는 "사부님, 사부님은 자신을 어떻게 생각하십니까?"라고 물어본 형제에게 "나는 죄인 중에 가장 큰 죄인으로 여겨집니다. 왜냐하면, 하느님께서 어떤 악한을 이만한 큰 사랑으로 보살피셨다면, 아마 그는 나보다 열 배는 영적인 사람이 되었을 것이기 때문입니다"(2첼라노 123)라고 대답하셨습니다.

다시 복자 에지디오의 말을 인용합니다. "그대는 하느님이 행하신 선을 생각하면 머리를 숙여야 하고 또한 그대가 범한 죄를 생각한다면 온 몸을 굽힐 수밖에 없을 것입니다."

그렇습니다. 주님이 얼마나 은혜로우시며 선하신가를 생각함과 동시에 헛되이 보낸 시간과 은혜들을 반성한다면 온갖 교만과 자랑은 저절로 사라질 것입니다. 사부님 말씀처럼, 인간은 하느님 앞에서 있는 그대로이지 그 이상이 아니기 때문입니다.

다른 사람들에 의해 높은 자리에 올랐다가, 자기 의지로 내려오기를 원치 않는 그런 수도자는 불행합니다.(3절)

여기서 말하는 높은 자리란 여러 가지로 생각할 수 있습니다. 그러나 우리가 프란치스칸으로서 확실하게 알아야 할 것은, 어떤 직책이든지 그것은 봉사하기 위한 것일 뿐 결코 지배하기 위한 것도, 나를 높이기 위한 것도 아니라는 점입니다. 일정 기간 맡은 직책을 마치 자기 소유물인 양 애착한다면 사부님 말씀처럼 불행한 수도자가 되고 맙니다. 우리는 "어떤 봉사자나 설교자도 봉사 직분이나 설교의 직책을 자기의 것으로 소유하지 말 것이며, 오히려 어느 때라도 명령을 받았으면 어떤 이의도 제기하지 말고 자기의 직책을 그만둘 것입니다"(비인준 규칙 17,4)라고 하신 말씀대로 살아야 할 것입니다.

공부도 마찬가지입니다. 나중에 더욱 효율적으로 봉사할 수 있도록 하기 위한 것이지 자신을 위한 것이 절대 아닙니다. "사람들 중에서 더 많은 지식을 가진 자로 인정받기 위해서 … 다만 말마디만을 배우기를 열망하는 이들은 문자로 말미암아 죽임을 당한 사람들입니다."(권고 7,2) '죽임을 당한 사람'이란 무서운 표현이며, 나를 칭찬하고 때로는 아첨하기도 하는 다른 형제자매들의 말을 자신의 평가 기준으로 삼는 불행한 수도자와 그 뜻이 일맥상통한다 하겠습니다. 결국, 그런 수도자는 착각 속에서 자신을 속이는 눈먼 사람인 것입니다.

복자 에지디오는 또 이렇게 말씀하십니다. "누가 하느님의 소유인 선을 자기 것으로 소유하면 하느님은 그 선을 도로 가져가실 것이며, 이와 반대로 어떤 선이라도 자기 것으로 하지 않고 전부 다 하느님의 것임을 인정하는 사람에게 하느님은 더 많은 은총을 베풀어주실 것입니다."

교만은 일종의 소유이고 겸손은 모든 좋은 것을 하느님께 돌려 드리는 하나의 포기입니다. 이런 배경을 전제로 할 때 우리는 바리사이와 세리의 기도 자세를 비교하시는 예수님의 아름다운 비유 말씀을 금방 이해할 수 있을 것입니다.

예수님께서는 또 스스로 의롭다고 자신하며 다른 사람들을 업신여기는 자들에게 이 비유를 말씀하셨다. "두 사람이 기도하러 성전에 올라갔다. 한 사람은 바리사이였고 다른 사람은 세리였다. 바리사이는 꼿꼿이 서서 혼잣말로 이렇게 기도하였다. '오, 하느님! 제가 다른 사람들, 강도짓을 하는 자나 불의를 저지르는 자나 간음을 하는 자와 같지 않고 저 세리와도 같지 않으니, 하느님께 감사드립니다. 저는 일주일에 두 번 단식하고 모든 소득의 십일조를 바칩니다.' 그러나 세리는 멀찍이 서서 하늘을 향하여 눈을 들 엄두도 내지 못하고 가슴을 치며 말하였다. '오, 하느님! 이 죄인을 불쌍히 여겨 주십시오.' 내가 너희에게 말한다. 그 바리사이가 아니라 이 세리가 의롭게 되어 집으로 돌아갔다. 누구든지 자신을 높이는 이는 낮아지고 자신을 낮추는 이는 높아질 것이다."(루카 18,9-14)

"제가 다른 사람들과 같지 않고"라는 표현처럼 우리는 자신을 남과 비교하는 바리사이적인 자세를 취할 때가 얼마나 많은지 모릅니다. 또 "자신을 높이는 이는 낮아지고 자신을 낮추는 이는 높아질 것이다"라는 말씀은 크리스천 생활의 원칙이 되고, 크리스천 생활의 본질에 속하는 겸손의 의미를 함축적으로 잘 표현하고 있다고 하겠습니다. 겸손을 머리로는 잘 이해하고 알고 있지만, 생활에서 마음으로부터 받아들이지 않는다면, 좀 심한 표현으로 프란치스칸으로서 교만한 수도자가 된다면 그보다 더 큰 모순과 보기 흉한 모습은 없을 것입니다.

그래서 자기 의지로 높은 자리에 있지 않고, 다른 이들의 발아래 있기를 늘 열망하는 그런 종은 복됩니다.(4절)

사부님께서 3절에서 참된 겸손의 부정적인 면을 말씀하셨다면, 4절에서는 긍정적인 면에 대해 말씀하시면서 겸손을 두 가지 관점에서 설명하십니다.

　　그 한 가지는 높임과 인정받기를 원하지 않는 것입니다. 사부님 말씀처럼 '하느님 앞에 있는 그대로'의 자신을 사람들 앞에서도 드러내는 것입니다. 그 이상을 보이려 하지 않는 것입니다. 겸손한 수도자, 겸손한 프란치스칸은 자기 자신에 대해 솔직한 사람입니다. 따라서 하느님 앞에 서뿐만 아니라, 다른 형제자매들 앞에서도 있는 그대로 자신을 받아들이고 노출시키는 프란치스칸이야말로 복된 수도자요 복된 종이 되는 것입니다. 여기서 높은 자리란 앞에서 말한 대로 여러 가지로 이해할 수 있습니다. 직책이라든가 명예라든가, 또 나에 대한 다른 형제자매들의 인정 등이 그것입니다. 또 한 가지 관점은 겸손한 수도자는 항상 모든 이에게 봉사할 준비가 되어 있다는 것입니다. 사부님 말씀처럼, '겸손하고 작은 자인 프란치스칸'은 '남을 섬기기'를 원하는 것뿐만 아니라 다른 이들의 발아래 있기를 늘 열망합니다. 자신을 다른 형제자매들보다 낮은 자로 인식함으로써 그들은 나에게 어떤 봉사든지 요구할 수 있고, 따라서 나는 거절해서는 안 됨을 당연하게 받아들일 수 있어야 합니다.

　　이런 의미에서 겸손은 남을 섬길 수 있는 용기라고도 표현할 수 있습니다. 남을 섬길 수 있는 용기란 모든 형제자매를 섬기는 용기이며, 다른 이들의 발아래 있기를 늘 열망하는 용기라고 말할 수 있습니다. 이런 겸손은 프란치스칸 영성의 본질에 속하는 덕행입니다. 우리가 늘 이런 겸손 안에서 성장하려는 자세를 지니지 않는다면 참된 프란치스칸이 될 수 없습니다. 사부님이 자주 말씀하시는 "가난과 겸손과 우리 주 예수 그리스도의 거룩한 복음을 실행"(인준 규칙 12,4)하도록 노력하는 자세가 참된 프란치스칸의 자세입니다.

자신은 낮게, 남은 높게 여기면서 다른 이들의 발아래 있기를 열망하기까지는 참으로 대단한 용기가 필요하다 하겠습니다. "나는 섬기는 사람으로 너희 가운데에 있다"(루카 22,27)라고 하신 예수님의 겸손을 본받아야 하겠습니다.

2. 겸손한 생활 자세

사부님의 말씀은 복음 말씀이 그렇듯이 항상 단순하고 간단합니다. 그러면서도 이론이 아닌 현실을 보여 주는 아주 날카롭고도 강한 말씀입니다.

1) 수도생활에서 겸손의 역할, 그 중요성에 대해 생각해 보겠습니다. 사실 겸손은 크리스천 생활 원칙 중의 하나입니다. "너희 가운데에서 가장 작은 사람이야말로 가장 큰사람이다"(루카 9,48)라는 원칙을 생활에서 마음으로부터 받아들이는 것은 힘듭니다. 공동생활에서뿐만 아니라 특히 본당에 가면 대우를 받으려 하고 위선적인 자세 때문에 수녀들이 너무 교만하다는 말을 자주 듣게 됩니다. 잘못 알고 하는 경우도 있겠지만, 그 말 속에는 극히 일부라도 진실이 내포되어 있다고 봅니다. 바오로 사도도 크리스천 생활의 원칙을 이렇게 표현하십니다. "여러분 가운데 자기가 이 세상에서 지혜로운 이라고 생각하는 사람이 있으면, 그가 지혜롭게 되기 위해서는 어리석은 이가 되어야 합니다."(1코린 3,18)

작은 자가 되게 하는 겸손은 사부님에게 매우 중요한 생활 자세입니다. 우리도 크리스천으로서 생활 안에서 겸손을 진지하게 받아들이도록 해야 합니다. 겸손은 있어도 그만, 없어도 그만인 그런 것이 아니고 우리 영성의 핵심적인 본질에 속하는 것이기 때문입니다. 우리가 겸손한 자가 되려고 노력하지 않는다면 이미 프란치스칸이라고 할 수 없습니다. 사부님은 겸손한 수도자를 복된 종으로 부르시지만 교만한 수도자는 불행하다고 저주하십니다. 우리가 잘 알고 있는 것이지만 다시 한번 강조한다면 프란치스칸 정신은 교만한 자세와는 전혀 어울리지 않습니다. 그러므로 겸손하시고 작은 형제였던 사부님을 본받는 우리는 하느님 앞에서, 또 형제자매들 앞에서 참으로 솔직하게 있는 그대로의 자신을 드러내고 있는지 반성해야 할 것입니다. 더 나아가서 다른 모든 이들을 섬기려고 노력하며, 그들의 발아래 있기를 늘 열망하는 자세를 지니고 있는지 반성해야 할 것입니다.

2) 우리는 프란치스칸으로서 참으로 겸손해지고자 노력합니까? 겸손의 덕은 늘 성장하여 가는, 그러면서 늘 작아지는 바로 그것입니다. 에지디오 형제가 이런 말을 했습니다. "자기 것이 아닌 것을 주인에게 돌려준다면 그것을 '겸손의 씨앗'이라고 나는 생각합니다. 즉 하느님의 소유인 모든 좋은 것을 하느님께 돌려 드리면서 자신에게 모든 죄스러운 것을 돌리는 사람은 겸손한 사람입니다."

여기서 에지디오 형제는 중요한 두 가지를 말해 주고 있습니다. "겸손의 씨앗"이라는 표현에서도 알 수 있듯이, 겸손은 늘 성장하는 덕이며 우리가 꾸준히 닦아 나가야 할 덕행입니다. 그리고 겸손이 성장할 수 있는 땅은 바로 '내적 가난'입니다. 우리가 내적으로 가난해질수록 겸손해진다는 것은 자명한 사실입니다.

3) 항상 하느님을 향하는 자세를 취해야 할 것입니다. 다른 형제자매들이 나를 어떻게 보고 평가하는가 하는 것은 중요한 것이 아닙니다. 오히려 하느님이 나를 어떻게 보시는가에 신경을 써야 합니다. 다른 사람들의 마음에 들기보다 하느님 마음에 드는 내가 되도록 노력하고 있는지 반성해야 합니다. 따라서 어떤 의미에서는 남의 말에 무관심해야 합니다. 그들이 칭찬하든지 멸시하든지 그 말에 의해 내가 변하는 것은 아무것도 없습니다. 정말로 내적인 자유를 누려야 합니다. 내적으로 가난한 이에게만 이런 자유가 주어진다는 것을 우리는 확실히 알고 있어야 합니다.

자신을 위해서 아무것도 남겨 두지 않는 프란치스칸은 모든 두려움과 갈등과 속박에서 해방된 사람이고, 따라서 자유로운 사람이 되는 것입니다. 그런 사람은 자신을 남과 비교하지 않습니다. 그의 유일한 관심사는 하느님뿐이며, 그렇기 때문에 늘 하느님께 감사드리는 생활을 하게 됩니다.

4) 우리가 겸손한 자세를 지니게 되면 다른 모든 형제자매를 섬기고자 하는 마음과 용기가 생길 것입니다. 그리하여 "저는 모든 사람의 종이기에 모든 사람을 섬겨야 합니다"(2신자 편지 2)라고 말할 수 있게 될 것입니다.

참되게 겸손한 사람은 "온갖 좋은 것을 하느님께 돌려드리는 사람이며 어떤 것이라도 자신을 위해 묻어 두지 않는 사람"(권고 18 참조)인 것입니다. "그리고 우리의 것이라고는 악습과 죄밖에는 아무것도 없다는 사실을 우리는 확실히 알고 있어야 합니다."(비인준 규칙 17,7)

권고 20

주님 안에서 행복한 수도자와 허울 좋은 수도자

*

¹ 주님의 지극히 거룩한 말씀과 업적 말고 다른 데서는 흐뭇함과 즐거움을 느끼지 못하며, ² 또한 그것들로써 기쁨과 즐거움 가운데 (참조: 시편 50,10) 사람들을 하느님의 사랑에 인도하는 그런 수도자는 복됩니다. ³ 쓸모없고 헛된 말들을 즐겨 하고, 또한 그것들로 사람들을 웃기려는 그런 수도자는 불행합니다.

우리가 생각하는 좋은 수도자란 기도를 많이 하는 사람, 삼대 서원을 충실하게 지키는 사람, 시간과 규칙을 어기지 않는 사람, 성덕에 나아가고자 노력하는 사람, 공동생활을 별문제 없이 해 나가는 사람일 것이며, 우리는 그를 복된 수도자라고 부릅니다.

사부님은 기도, 서원, 공동생활, 사도직 등도 높이 평가하셨지만 이러한 외적인 것들보다 수도자의 내적인 자세, 한마디로 늘 하느님을 향하는 자세를 더 중시하셨습니다.

1. 수도생활은 기쁨을 증거하는 생활입니다

　사부님은 대부분의 다른 권고 말씀에서 사용하시던 복된 종, 불행한 종 대신 여기서는 복된 수도자, 불행한 수도자란 표현을 사용하십니다. 아마도 수도생활에서 특별히 중대한 의미를 지닌 내용을 제시해 주시고자 하는 의도인 것 같습니다.

주님의 지극히 거룩한 말씀과 업적 말고 다른 데서는 흐뭇함과 즐거움을 느끼지 못하며(1절)

　프란치스코가 말씀하시는 참된 수도자, 복된 수도자란 항상 그리스도를 향하는, 그리스도를 바라보는 사람이고, 따라서 그리스도의 말씀과 생활과 업적에 대해 민감한 사람입니다. 수도자란 참된 그리스도인이 되는 바로 그것입니다. 참 그리스도인이 되고자 하는 우리 수도자들은 자기 생활 속에서 할 수 있는 데까지 완전하게 주님의 말씀과 행하심을 받아들여야 합니다. 따라서 수도자는 '그리스도를 사는 사람'으로 표현할 수 있습니다.

　우리는 성사를 통해서, 특히 미사성제를 통해서 주어지는 은총 안에서 이미 그리스도의 생활에 동참하고 있지만, 그리스도와 함께 하는 삶은 생활 속에서 표현되고 성장하여야 합니다. 그리하여 성 바오로처럼 수도자도 "나는 우리 주 예수 그리스도의 십자가 외에는 어떠한 것도 자랑하고 싶지 않습니다. 그리스도의 십자가로 말미암아, 내 쪽에서 보면 세상이 십자가에 못 박혔고 세상 쪽에서 보면 내가 십자가에 못 박혔습니다"(갈라 6,14)라고 외칠 수 있어야 합니다.

결국, 수도생활이란 점차 자기중심주의에서 벗어나는 것과 그리스도가 내 안에서 성장하시는 것으로 요약할 수 있으며, 세례자 요한의 말씀처럼 "그분은 커지셔야 하고 나는 작아져야"(요한 3,30) 하는 과업인 것입니다.

사부님도 우리 프란치스칸 생활을 다음과 같이 표현하십니다. "우리 주 예수 그리스도의 가르침과 발자취를 따르는 것입니다."(비인준 규칙 1,1)

또 바오로 사도가 "나에게는 삶이 곧 그리스도"(필리 1,21)라고 하신 것처럼 사부님도 "나의 하느님, 나의 전부로소이다!"라고 외치면서 그리스도화 되려는 열망과 노력 속에서 사셨습니다. 이 모든 것은 우리 인간 본성과 반대되는 것이므로 힘든 것이 사실입니다. 그러나 바로 그래서 우리는 늘 열렬한 마음으로 복음을 읽고 묵상함으로써 또 하나의 그리스도가 되고자 노력해야 하는 것입니다. 그럴 때 우리는 완전한 그리스도인, 완전한 프란치스칸이 될 수 있습니다. 우리가 진정 예수님을 사랑하는 열렬한 마음을 가지고 있다면 모든 면에서 그분을 닮고자 기쁨 속에서 노력할 것입니다.

우리 중에 누가 "주님의 지극히 거룩한 말씀과 업적 말고 다른 데서는…"라는 부분을 글자 그대로 받아들여 수도자는 말씀과 업적 말고 다른 데서 즐거움과 기쁨을 찾아서는 절대 안 되는 것으로 생각할지도 모르겠습니다. 그러나 사부님은 그런 뜻으로 말씀하신 것이 아닙니다. 사부님 역시 우리와 똑같이 자연 안에서, 인간과의 만남에서, 우정에서, 공동생활 안에서, 일하는 가운데서, 때로는 농담 속에서 흐뭇함과 즐거움을 느끼셨을 것입니다.

권고 11에 이런 말씀이 있습니다. "하느님의 종은 죄 외에 아무것도 못마땅해 해서는 안 됩니다." 따라서 우리는 죄 외의 다른 모든 것에서 흐뭇함과 즐거움, 그리고 만족감을 느낄 수 있어야 합니다. 즉 프란치스코는 모든 것을 하느님의 말씀과 하느님의 업적으로 보실 수 있을 만큼 모든 것을 하느님 안에서 보는 우주적인 신앙의 눈을 지니고 있었습니다. 모든 피조물을 하느님 안에서 보는 신앙의 눈을 지니심으로써 늘 즐거움 안에서 하느님께 감사와 찬미를 드릴 수 있었습니다. 그 가장 대표적인 글이 「태양 형제의 노래」입니다.

> 지극히 높으시고 전능하시고 좋으신 주님,
> 찬미와 영광과 영예와 모든 찬양이 당신의 것이옵고,
> 홀로 지극히 높으신 당신께만 이것들이 속함이 마땅하오니
> 사람은 누구도 당신 이름을 부르기조차 부당하나이다!(태양 노래 1-2)

사부님을 비롯한 프란치스칸 사상가들은 피조물을 단순한 피조물 그 자체로서만 바라보지 않았습니다. 예를 들어, 성 보나벤투라는 피조물을 하느님께 올라가는 계단이며 하느님의 모상으로, 그리고 하느님 사랑의 표현으로 보았습니다.

> **또한, 그것들로써 기쁨과 즐거움 가운데 사람들을 하느님의 사랑에 인도하는 그런 수도자는 복됩니다.**(2절)

여기서 프란치스코는 사람들을 하느님의 사랑에 인도하는 사도적 활동에 대해서 말씀하십니다. 그리스도인이면 자신을 위해서만 사는 것이 아니라 어디까지나 남에 대한 책임감을 느끼면서 살아야 합니다. 즉 사

도직은 수도생활의 본질에 속하는 것이며 사도직이 없는 수도생활이란 상상할 수도 없습니다. 우리는 자신만을 위해서, 자신의 완전함만을 위해서, 자신의 성화만을 위해서 수도자가 된 것은 아닙니다. 『첼라노 전기』의 기록처럼 사부님도 당신이 늘 품고 있던 의문에 대한 하느님의 대답을 클라라 자매와 실베스텔 형제를 통해서 들을 수 있었습니다. "당신은 당신을 위해서만 살 것이 아니라 다른 사람의 선익을 위해서 살아야 합니다."

사도직을 수행하는 방법상의 차이라 하겠는데 직접적인 활동 사도직이 있는가 하면, 단순히 생활 속에서 그리스도를 증거 하는 사도직이 있을 수 있습니다. 사부님은 여기서 크리스천적 생활의 모범을 통한 증거를 가장 중요한 방법으로 보시고 후자를 지적하십니다. "그것들로써 기쁨과 즐거움 가운데 사람들을 하느님의 사랑에 인도하는 그런 수도자는 복됩니다."

사부님은 다른 글에서도 사도직의 첫째 방법으로 증거의 생활을 강조하셨습니다. "한 가지 방법은 말다툼이나 논쟁을 하지 않고 하느님 때문에 모든 인간 피조물에게 아랫사람이 되고 자신들이 그리스도인임을 고백하는 일입니다."(비인준 규칙 16,6)

우리가 수도자로서 다른 사람을 그리스도인이 되게 하려고, 혹은 그리스도인답게 살 수 있게 하려고 그들에게 제공해야 할 도움이란 무엇이겠는가? 기도와 희생도 물론 필요하겠지만, 그러나 무엇보다도 생활의 모범일 것입니다. 큰 공동체의 경우 신자들이 우리 생활을 가까이 볼 기회가 별로 없지만, 분원같이 작은 공동체는 그 생활이 쉽게 드러나기 때문에 어떤 문제가 있으면 신자들이 즉시 알게 됩니다. 그러므로 우리는 예를 들어 본당에서 전례, 교리, 면담, 가정 방문 등을 통해 말씀을 전하는 것도 중요하지만, 그보다 '생활로써 그리스도를 증거'하는 것이 더 중요합니다. 여기서 말하는 생활이란 신앙적인 의미로서만 국한된 것이 아니라, 생활의 모든 면에서 정말 기쁘게 사는 모습을 보여 줄 수 있어야 함을 의미하는 것입니다.

신자는 물론 우리와 접촉하는 모든 사람은 우리가 서로 얼마나 사랑하며, 수도생활을 얼마나 기쁘고 즐겁게 살고 있는지 금방 발견하게 됩니다. 기쁘게 생활하는 수도자야말로 설득력 있는 사람입니다. 그가 수행하는 사도직은 "기쁨과 즐거움 가운데 사람들을 하느님의 사랑에 인도하는" 확신과 안정감을 줌으로써 설득력 있는 사도직이 될 것입니다.

한마디로 수도자는 누구보다도 '그리스도를 고백하는 그리스도의 증인'이 되어야 합니다. 우리에게는 주님의 지극히 거룩한 말씀과 업적에 대한 살아 있는 증인의 생활을 해야 할 책임이 주어져 있습니다. 이런 증거 생활이야말로 프란치스칸 사도직에서 가장 중요한 방법이라 하겠습니다.

쓸모없고 헛된 말들을 즐겨 하고, 또한 그것들로 사람들을 웃기려는 그런 수도자는 불행합니다.(3절)

사부님은 앞서 말씀한 내용을 다시 부정적으로 되풀이하십니다. 즉 하느님의 말씀과 업적이 아닌 다른 데서 기쁨을 찾는 수도자는 그의 모순적인 생활 때문에 불행하다고 말씀하십니다. 헛된 수도자란 표현을 하십니다. 또 쓸모없고 헛된 말이란 표현을 하십니다. 이런 표현은 사실 성경적인 표현입니다. 성경을 보면 쓸데없다, 쓸모없다, 어리석다, 헛되다,

속 비다, 맛을 잃다 등 이와 비슷한 표현들이 자주 나옵니다. 이 표현들의 의미는 본질적으로 하기로 되어 있는 어떤 역할을 제대로 하지 못하는 것을 나타냅니다. 이와 같은 성경적 의미를 생각한다면 권고 20의 내용을 더욱 쉽게 이해할 수 있게 됩니다.

수도자로서 해야 할 역할을 제대로 하지 못한다면, 하느님의 말씀을 기쁘게 삶으로써 다른 이에게 복음을 전하지 못한다면, 그런 수도자는 헛된 수도자에 지나지 않습니다. 또 하느님과 아무 관계도 없는 헛된 말을 즐겨하는 수도자 역시 마찬가지로 쓸모없을 뿐 아니라 수도복만 입은 불행한 수도자일 뿐입니다. 하느님 안에서, 하느님 말씀 안에서 기쁨을 찾아야 함은 크리스천, 특히 수도자라는 신분에서 나오는 중요한 결과이기 때문입니다.

"그것들로 사람들을 웃기려는 그런 수도자는 불행합니다"라고 하신 말씀을 봅시다. 이것은 재미있는 말로 사람들을 즐겁게 해주는 수도자를 말씀하시는 것은 아닙니다. 항상 가볍게 말하는, 진지하게 말할 줄 모르는 부류의 수도자를 지적하시는 것입니다.

> 형제들은 위선자들처럼 겉으로 침통한 표정을 짓거나 찌푸린 얼굴을 하지 않도록 조심할 것이며(마태 6,16 참조), 오히려 "주님 안에서 기뻐하고"(필리 4,4 참조) **명랑하며, 적절히 쾌활한 모습을 보일 것입니다.**(비인준 규칙 7,16)

'항상 명랑하며 적절히 쾌활하게' 바로 이것을 말씀하시는 것입니다. 가볍게 살고 가볍게 말하는 수도자는 하느님의 말씀과 업적 속에서 기쁨을 찾지 못하기 때문에 자기 자신도 만족감을 못 느끼고 불행해지는 것은 물론 동료들에게 쓸모없는 사람이 되고 맙니다. 함께 시간을 보내야 하는 경우 재미있는 친구로 여길지는 모르나 좋은 수도자로서는 받아들여지지 않습니다.

2. 사도직은 봉사직입니다

1) 우리는 주님의 지극히 거룩한 말씀과 업적 속에서 즐거움과 기쁨을 맛보고 느끼며 삽니까? 여기서 우리는 성경 봉독과 영적 독서에 대해 반성해야 합니다. 먼저 어떻게 읽고 있습니까? 의무감에서, 아니면 사랑하는 주님을 더욱더 잘 알고 사랑하기 위해서입니까? 특히 사도직에 종사하는 수녀님들이 범하기 쉬운 것으로 교리 준비 등 남에게 설명해 주기 위해 복음을 읽는다면 아무 쓸모없는 독서가 될 것입니다.

영적 독서에 대해서도 반성할 수 있겠습니다. 수녀님들은 비교적 말씀을 듣는 자세와 배우려는 욕심을 가지고 있습니다만, 남자 수도자들은 책을 별로 잘 보지 않습니다. 그래서 매일같이 영적 독서를 하는 습관을 길러야 합니다. 말씀을 읽으면 읽을수록 말씀에 대한 감미로움과 흥미를 느끼게 되는 것입니다.

2) 우리는 공동체의 형제자매들과 무엇을 대화의 주제로 삼고 있습니까? 우리는 우리가 봉사하는 사람들, 혹은 만나는 사람들과 어떤 이야기를 나누고 있는지 반성해야 합니다. 유감스럽게도 항상 세속적인 것 아니면 일에 대해서만 말하는 경우를 자주 볼 수 있습니다. 수도자들끼리도 서로의 영신 사정에 대해 대화하는 일은 드물고 오히려 영적인 주제가 나오면 그에 따른 영적 대화를 두려워하고 부담스러워하는 모습을

보게 됩니다.

여기서 강조하고 싶은 것은 공동생활에서 영적 대화 시간이 얼마나 중요한가 하는 것입니다. 꼭 정해진 시간뿐만 아니라 수시로 자연스럽게 영적 대화를 나눌 수 있어야 합니다. "마음에 가득 찬 것을 입으로 말하는 법이다"(마태 12,34)라는 말씀이 그대로 우리 생활에 적용됩니다. 주님의 지극히 거룩한 말씀과 업적에 대해서 자주 읽고 묵상하는 사람은 마음으로부터 넘치는 기쁨을 느끼게 되고 자연히 그 기쁨을 말을 통해 표현하게 되는 것입니다. 우리는 의식적으로라도 영적 대화를 나누고자 하는 습관을 길러야 할 것입니다.

3) 기쁨과 즐거움 가운데 하느님의 사랑으로 인도하는 사도직에 대해서 어떻게 생각하며, 어떻게 실천하고 있습니까? 앞에서 말한 대로 사도직은 수도생활의 본질에 속합니다. 이점은 특히 제2차 바티칸 공의회가 아주 분명하게 강조하고 있는 것입니다. 사도직이 없는 수도생활은 존재할 수도 상상할 수도 없습니다. 그런데 사도직을 이행하는 방법에 어떤 문제가 있을 수 있습니다. 수도자들이 사도직으로 많은 봉사 활동을 하는 것이 사실이지만 활동량에 비해 얼마만큼 말씀을 살고 있는지는 반성해 볼 문제입니다. 수도자 중에는 활동하지 않으면 불안해하는 유형의 수도자도 있기 때문에 사부님은 하느님의 말씀을 사는 생활이 먼저 있고 난 다음 활동이 뒤따라야 한다는 것을 지적하시는 것입니다.

예수님도 마르타와 마리아의 비유에서 이에 대해 말씀하셨습니다.

> 그들이 길을 가다가 예수님께서 어떤 마을에 들어가셨다. 그러자 마르타라는 여자가 예수님을 자기 집으로 모셔 들였다. 마르타에

게는 마리아라는 동생이 있었는데, 마리아는 주님의 발치에 앉아 그분의 말씀을 듣고 있었다. 그러나 마르타는 갖가지 시중드는 일로 분주하였다. 그래서 예수님께 다가가, "주님, 제 동생이 저 혼자 시중들게 내버려 두는데도 보고만 계십니까? 저를 도우라고 동생에게 일러 주십시오." 하고 말하였다. 주님께서 마르타에게 대답하셨다. "마르타야, 마르타야! 너는 많은 일을 염려하고 걱정하는구나. 그러나 필요한 것은 한 가지뿐이다. 마리아는 좋은 몫을 선택하였다. 그리고 그것을 빼앗기지 않을 것이다."(루카 10,38-42)

4) 우리는 각 공동체에서 텔레비전을 어떻게 사용하고 있습니까? 우리는 대부분 영적인 대화를 나누는 것을 어려워하기 때문에 가장 쉬운 도피책으로 텔레비전을 택하는 경우가 많습니다. 그 앞에 앉아 있으면 굳이 대화하려고 노력하지 않아도 되며, 부담스럽지 않게 시간을 보낼 수 있기 때문입니다.

5) 공동체 밖에서 이행되는 사도직 외에 우리 각 공동체 안에서 어떻게 주님의 지극히 거룩한 말씀과 업적에 대해 흐뭇함과 즐거움을 느끼고 있으며, 기쁨과 즐거움 가운데 다른 형제자매들을 하느님의 사랑에 인도하고 있습니까? 그들에게 영적인 도움을 제공해 주고 있습니까? 하느님의 이름으로 모인 영신의 형제자매들인 우리는 하느님의 말씀을 기쁘게 실천하는 영적인 생활 모습을 보여 줄 수 있는 공동체가 되어야 할 것입니다.

권고 21

헛되고 수다스러운 수도자

✱

¹ 이야기를 할 때, 어떤 보상을 받을 의도로 자기의 모든 것을 드러내지 않고, "말이 앞서지"(잠언 29,20) 않으며, 오히려 말해야 할 것과 대답해야 할 것을 지혜롭게 준비하는 종은 복됩니다. ² 주님께서 자기에게 보여 주시는 좋은 것들을 마음속에 간직하지 못하고 (참조: 루카 2,19.51) 또 다른 이들에게 행동으로 보여 주기보다는, 오히려 보상을 받을 의도로 사람들에게 말로 보여 주려는 그런 수도자는 불행합니다. ³ 이런 자는 "받을 상을 이미 다 받았고"(마태 6,2.16), 그의 말을 듣는 사람들은 적은 열매를 맺습니다.

프란치스코가 원하신 것은 다름이 아니라 보다 나은 크리스천, 더욱 충실한 주님의 제자가 되는 것이라 요약할 수 있습니다. 따라서 그분의 모든 말씀(특히 권고)에서 스승 예수의 정신, 즉 복음의 정신을 아주 쉽게 발견할 수 있고, 그 내용 역시 우리의 구체적인 상황에 복음을 적용하는 것들로 이루어져 있습니다.

권고 21은 그리스도를 따르는 생활, 즉 크리스천 생활을 위협하는 말의 위험에 대해 말해 주고 있으며, 이것은 특히 수도생활에서 중요한 문제점입니다. 침묵을 지혜롭게 지키는 수도자는 복된 사람이지만 말 많은 수도자는 다른 이들에게 별로 도움을 주지 못하는 불행한 사람이라고 단정하면서 자신을 드러내지 않는 침묵의 중요성과 수다스러움의 위험성을 지적하시고 있습니다.

1. 말에서도 내적으로 가난한 사람이 되어야 합니다

어떤 보상을 받을 의도로 자기의 모든 것을 드러내지 않고, "말이 앞서지"(잠언 29,20) 않으며, 오히려 말해야 할 것과 대답해야 할 것을 지혜롭게 준비하는 종은 복됩니다.(1절)

권고 21의 첫 번째 문장은 영적 권고의 말씀이라기보다는 해야 할 말과 해서는 안 될 말을 잘 구별하고 조심하면서 예의를 지키라는, 마치 예의의 원칙같이 들립니다. 우리는 수도생활을 하면서 공동체의 시간표에 따라 침묵을 지키면서도, 다른 형제자매에 대한 말을 하지 않는 침묵은 그리 중요시하지 않습니다. 여기서 말씀드리는 자신에 대한 침묵이라는 것은, 솔직하지 말아야 한다거나 자신을 드러내지 말고 자신을 방어하면서 숨기라는 의미의 침묵이 아니라, 자신의 장점과 자신이 행한 어떤 일을 말로 자랑하지 말 것을 주의시켜 주시는 것입니다.

프란치스칸이라면 "나는 나다"라고 말할 용기가 있는 사람입니다. 하나도 보탤 것도 없고 숨길 것도 없습니다. 있는 그대로 나는 나입니다. 부끄러워할 것도 없고 자랑할 것도 없습니다.

자신에 대해 말을 즐겨 하는 수도자, 늘 화제의 주인공이 되려는 수도자, 기꺼이 무대에 나서는 수도자, 이런 유형의 수도자는 자기중심으로 살고 있다는 것을 드러내는 동시에 아직 내적으로 가난한 사람이 되지 못했다는 것을, 그가 하는 수많은 말로 증거하는 것입니다.

그렇습니다. 그런 사람은 어떤 보상을 받을 목적으로 이야기합니다. 자신의 능력, 해박한 지식수준, 그러나 더욱 불행한 일은 성덕에서 자신이 얼마나 뛰어난 사람인가를 인정받으려 하는 것입니다. 그래서 늘 자기가 한 일에 대해, 혹은 일을 할 수 있는 능력에 대해, 혹은 자기가 배운 분야에 대해, 또 다른 자매와 문제가 생겼을 때 나는 얼마나 인내심이 많은 사람인가에 대해 쉴 새 없이 입을 가볍게 놀리는 것입니다. 항상 가볍게 이야기하는 수도자는 재미있는 사람으로 보이기 위해 헛된 노력을 많이 하는 사람입니다. 좋은 일을 했을 때도 말을 하지 않고서는 못 견디고 꼭 말을 해야만 합니다.

수다쟁이는 비밀을 지킬 줄 모릅니다. 함부로 입을 가볍게 놀립니다. 그리고 경우에 따라 과장하기도 하고 사실과 다르게 말하기도 한 자신의 말을 자꾸 반복함으로써 자신도 모르게 그것을 사실처럼 믿어 버리게 됩니다.

이런 사람은 항상 이야기의 중심이 되고 싶어서 자기 혼자 말을 독점하거나, 아니면 다른 형제자매들이 자기에 관해 이야기하는 것을 좋아합니다. 나쁜 말이라도 좋습니다. 중요한 것은 내가 이야기의 중심이 된다는 것뿐입니다.

이런 사람은 참된 프란치스칸이라 할 수 없습니다. 이런 경우에 우리는 단순히 성격적으로 말이 많은 사람이라고 그냥 넘겨서는 안 됩니다. 이것은 성격 문제이기 이전에 삶을 사는 자세의 문제이기 때문입니다.

즉 나의 생활 안에서 이루어지는 모든 좋은 일이 하느님의 선물이라는 그런 의식 속에서 사는 프란치스칸은 진정한 프란치스칸이며 내적으로 가난한 사람입니다.

그러므로 참된 프란치스칸은 말할 때도 자기가 말해야 할 것과 대답해야 할 것을 지혜롭게 미리 생각하면서, 즉 자기가 하는 그 말이 자신에게 영광을 돌리는 것인지 하느님께 영광을 되돌려 드리는 것인지 미리 생각하면서 말을 하는 사람입니다. 우리는 하느님께 찬미와 영광이 되는 말만을 하도록 노력하면서, 하느님의 절대적 소유권을 인정하지 않는 듯한 말들은 가능한 피해야 할 것입니다. 말과 행동에서 항상 하느님께 돌려드리는 사람은 바로 참된 프란치스칸입니다.

주님께서 자기에게 보여 주시는 좋은 것들을 마음속에 간직하지 못하고(루카 2,19.51 참조) **또 다른 이들에게 행동으로 보여 주기보다는, 오히려 보상을 받을 의도로 사람들에게 말로 보여 주려는 그런 수도자는 불행합니다. 이런 자는 "받을 상을 이미 다 받았고"**(마태 6,2.16), **그의 말을 듣는 사람들은 적은 열매를 맺습니다.**(2-3절)

이 둘째 부분에서 프란치스코는 위와 같은 내용을 좀 더 강한 어조로 훈계하시듯 말씀하십니다. "이 모든 일을 마음속에 간직하고 곰곰이 되새긴"(루카 2,19) 마리아처럼 자기중심에서 해방된 사람, 내적으로 가난한 사람, 그리고 마음의 자유를 누리는 사람만이 주님이 베풀어 주시는 선물들을 마음속에 간직할 수 있습니다. 모든 좋은 것은 하느님의 소유임을 행동으로 인정하면서 하느님의 선물과 은총에 감사하는 마음으로 살도록 해야 하겠습니다.

권고 21의 중심이 되는 말은 보상을 받을 목적, 바로 그것입니다. 이는 예수님이 산상 설교에서 하신 말씀이기도 합니다.

> **너희는 기도할 때에 위선자들처럼 해서는 안 된다. 그들은 사람들에게 드러내 보이려고 회당과 한길 모퉁이에 서서 기도하기를 좋아한다. 내가 진실로 너희에게 말한다. 그들은 자기들이 받을 상을 이미 받았다. … 너는 단식할 때 머리에 기름을 바르고 얼굴을 씻어라. 그리하여 네가 단식한다는 것을 사람들에게 드러내 보이지 말고, 숨어 계신 네 아버지께 보여라.** (마태 6,5.17-18)

남에게 보이기 위해 기도하고 단식하는 위선자들처럼 하느님이 주시는 어떤 선물이나 능력, 은혜를 인정받기 위해 말로 자랑하는 사람은 받을 상을 다 받았을 뿐만 아니라 그의 말을 듣는 사람 역시 아무런 결실을 얻지 못합니다. 그의 말은 하느님 중심이 아니고 자기중심이기 때문에 다른 이들에게 아무 쓸모도 없습니다.

2. 하느님의 선물을 행동으로 보여 주도록 합시다

예수님이 복음에서 하느님 나라에 대해서 여러 가지로 비유 말씀을 하시듯이 사부님 역시 다른 권고 말씀에서도 자주 말씀하셨던 복된 종에 대해 다시 설명하고 있습니다.

하느님의 종이 된다는 것은 하느님의 절대적인 소유권, 주권을 인정하는 외적, 내적 가난과 밀접하게 연결되고 있습니다. 이런 가난을 통해 하느님의 통치권과 하느님 나라를 건설할 수 있기 때문입니다. 이러한 외적, 내적 가난은 '살아 있는 이들의 땅으로'(시편 142; 인준 규칙 6,5) 즉 하느님의 나라로 인도해 줍니다.

우리는 수도자로서 서원식을 통해 결혼 생활과 재산 소유, 자기 의지 같은 큰 것은 포기했으면서도 오히려 작은 것은 포기하지 못합니다. 즉 수도생활을 하면서도, 수도원 안에 살면서도 자기중심으로 자기 왕국을 만드는 것을 포기해야 하고 자신에게서 벗어나야 합니다. 우리는 자신을 위해서 아무것도 남겨 두지 말아야 합니다. "아무도 두 주인을 섬길 수 없다"(마태 6,24)는 말씀과 같이, 자기 자신과 하느님을 동시에 섬길 수는 없습니다. 프란치스코는 이 권고 말씀에서 무엇보다 말에서도 가난한 사람이 될 것을 요구하십니다. 우리가 늘 자문해야 할 것은, 나라는 존재가 왜 그렇게도 중요하며 자신에 대해 침묵하는 것이 왜 그렇게도 힘든 일인가 하는 것입니다.

1) 우리는 왜 그렇게 말을 많이 합니까? 말을 하지 않고 침묵을 지키는 것이 그렇게 힘든 일입니까? 우리 대부분은 이 세상 모든 존재 가운데 자신을 제일 중요한 존재로 여깁니다. 말을 많이 하는 이유도 결국은 자신을 드러내기 위한 것에 지나지 않습니다. 다른 이들의 관심을 끌고 인정받기 위한 것입니다. 만약 내가 그런 사람이라면 하느님이 다스리시는 하느님의 종이 아니라 나를 섬기는 나의 노예입니다. 나 자신과 나의 영광을 찾는 것이므로 하느님의 나라, 하느님의 통치권은 내 안에서 이루어질 수 없습니다.

2) 우리는 크리스천으로서 말을 하는 데 있어서 훈련과 연습이 필요합니다. 즉 말해야 할 것과 대답해야 할 것을 지혜롭게 미리 생각해야 합

니다. 이러한 지혜를 얻기 위한 전제 조건으로 가난이 요구됩니다. 즉 하느님께 모든 영광을 돌리는 내적인 자세, 영의 가난입니다. 모든 일에서 자신을 내세우려 하지 않고, 무엇보다도 하느님과 그분의 영광을 먼저 찾는 자세가 참된 프란치스칸의 자세입니다.

3) 오늘날 우리는 대화에 관해서 이야기를 많이 합니다. 제2차 바티칸 공의회에서도 장상과 아랫사람, 동료 간의 대화에 대해 언급할 만큼 오늘날 공동생활에서 대화는 절대적으로 필요할 뿐만 아니라 그만큼 중요한 위치를 차지하고 있습니다. 그러나 한편으로는 이렇게 대화의 중요성을 강조하면서도 다른 한편으로는 우리 대부분이 진정한 의미의 대화를 할 줄 모르는 것이 사실입니다. 솔직한 대화를 한다는 것은 그만큼 힘듭니다.

수도원에서 대화하는 것을 보면 우리는 상대방의 말을 들을 줄 모릅니다. 한꺼번에 동시에 이야기를 한다거나, 아니면 아무 말도 하지 않거나, 아니면 다른 형제자매가 하는 이야기에 대해 어떻게 대답해야 할 것인가 하는 것만을 생각하는 경우가 대부분이기 때문입니다. 대화하면서 서로 도와주고, 오해가 있으면 서로 풀어나가며, 감정과 선입견보다는 사랑과 도움을 주고받으려는 자세가 바로 가난한 이의 자세입니다. 상대방의 말에 대한 대답을 찾는 자세가 아니라 듣는 자세가 되어야 할 것입니다. 신뢰의 자세로 상대방의 말을 듣고 말할 때 참된 공동체를 창조할 수 있습니다.

4) 우리는 주님이 주시는 선물들을 다른 이들에게 행동으로 보여 주어야 하겠습니다. 행동! 여기서 말씀해 주시는 것은 말보다는 행동이 우선적이며 중요하다는 것입니다. 우리는 아름다운 말보다 우리의 행동,

우리의 생활이 더 강한 설득력이 있다는 것을 확실히 알아야 합니다.

이것은 공동생활뿐만 아니라 우리 사도직에서도 마찬가지입니다. 말보다는 행동이 중요한 것이고, 사람들이 우리 생활 안에서 하느님을 섬기는 하느님의 종의 모습을 쉽게 발견할 수 있어야 합니다. 이 가르침을 성 안토니오는 이렇게 표현하였습니다.

> 성령으로 가득 찬 사람은 여러 가지의 말로 말합니다. 이 여러 가지의 말이란 우리가 주님 때문에 포기한 것을 증거 하는 것입니다. 즉 겸손과 가난, 인내와 순명이 바로 그것입니다. 다른 이들이 우리 안에서 이런 덕행들을 발견할 때 우리는 그들에게 말을 하는 것입니다. 또 우리가 행동으로 무엇을 보여 줄 때 비로소 우리의 말도 설득력이 있게 되는 것입니다. 그러므로 나는 여러분에게 부탁합니다. 우리들의 생활이 아름다운 말로 가득 차 있다 해도 아무 것도 보여 주지 못한다면 그것은 행동이 빈 것입니다. 그리하여 예수님의 저주를 받게 될 것입니다. 그분은 잎사귀만 무성하고 아무 열매도 없는 무화과나무를 저주하셨던 것입니다.(마태 21,19 참조)

권고 22

잘못을 고침

✳

¹ 다른 사람이 해 주는 훈계와 문책과 꾸지람을 마치 본인이 자기 자신에게 하듯이 인내로이 견디어 내는 종은 복됩니다. ² 꾸지람을 듣고는 그 꾸지람을 넓은 마음으로 받아들이고, 부끄러운 마음으로 순종하며, 겸허히 고백하고, 기꺼이 보속하는 종은 복됩니다. ³ 자신을 변명하는 데 빠르지 않고, 자기 탓이 아닌 죄에 대해서도 부끄러움과 꾸지람을 겸손히 참아 받는 종은 복됩니다.

사부님 말씀 중 가장 순수한 말씀이 바로 영적 권고입니다. 사전에 특별한 준비 없이 형제들이 모인 자리에서 하신 말씀들이기 때문에 그분의 정신을 가장 잘 드러내고 있으며, 따라서 자주 읽는 것이 좋습니다. 권고 22에서는 잘못하여 충고를 듣게 될 때 우리가 취해야 할 자세에 대해 말씀하십니다.

프란치스코는 죄를 가난과 연관지어 이해하셨습니다. 죄란 하느님의 선물을, 그분의 주권을 받아들이지 않고 자기 소유로 하려는 바로 그것입니다.

우리가 죄를 범할 때마다 그 죄의 밑바닥에는 자기 자신을 소유하려는, 하느님의 뜻이 아닌 자기주장대로 자기가 주인이 되어 생활하려는 욕망이 숨어 있습니다. 아담과 하와를 유혹하는 악마의 이야기가 이를 잘 설명해 주고 있습니다. "너희가 그것을 먹는 날, 너희 눈이 열려 하느님처럼 되어서 선과 악을 알게 될 줄을 하느님께서 아시고…"(창세 3,5)라는 악마의 꾐에 빠짐으로써 원조들의 눈은 어두워지고 맙니다. 이처럼 죄의 결과는 눈이 어두워지는 것이고, 따라서 하느님의 빛으로 보지 못함으로써 자신은 물론 다른 사람들도 제대로 보지 못하게 되는 결과를 가져오는 것입니다. 자신과 자신의 생활을 하느님의 눈으로 바라보지 못할 때 진실한 나, 있는 그대로의 나를 올바르게 알 수 없으므로 우리는 착각과 과대평가를 하게 됩니다.

이렇게 우리는 잘못할 때 맹인이 됨으로써 하느님의 길을 걷지 않고 그릇된 자기의 길을 걷게 됩니다. 아담과 하와의 죄를 사부님의 다음 기도문과 비교해 보면, 그분의 깊은 뜻을 더 잘 알게 될 것입니다.

> 오, 높으시고 영광스러운 하느님, 제 마음의 어두움을 비추어 주소서. 주님, 당신의 거룩하고 참된 명命을 실천할 수 있도록(십자가 기도)

여기서 우리는 자기들 눈이 밝아져서 하느님처럼 되고자 했던 아담과 하와의 불순종과는 정반대의 자세를 지니신 사부님을 볼 수 있습니다. 이런 배경 속에서 권고 22를 이해한다면 그 깊은 뜻을 쉽게 파악할 수 있을 것입니다.

사부님은 여기서 세 번씩이나 복된 종이라는 표현을 쓰십니다. 훈계, 문책, 꾸지람을 들을 때, 복된 종이라 하는 것은 좀 이상하게 들립니다. 그러나 하느님께로 가는 올바른 길을 제시해 주는 형제자매가 나에게 주어졌다는 것은 얼마나 다행스럽고 복된 일인가 하는 의미에서 정말 하느님의 복된 종이라고 말씀하시는 것입니다.

장상이나 동료, 후배 등 나를 꾸짖는 사람은 나에게 관심이 있고 나를 도와주고 싶은 마음을 지니고 있는 사람입니다. 그들이야말로 나를 사랑하는 형제자매들이고, 우리는 누구나 충고해 주는 이런 이들이 필요하지만 그들을 나의 경쟁자로 생각하게 되는 것 또한 사실입니다. 내 중심에서 벗어나도록, 자신으로부터 해방되도록, 모든 것을 하느님의 빛과 사랑 속에서 바라볼 수 있도록 나를 도와주는 고마운 형제자매가 우리 모두에게 필요합니다.

따라서 우리는 어떤 훈계나 꾸지람을 들을 때 그것을 겸손되이 참아 견디는 어려움을 생각하기보다 오히려 그런 고마운 형제자매가 주어진 것을 다행으로 여기고 그의 말을 듣는 복된 종이 되어야 합니다.

1. 자신에게 훈계와 문책, 꾸지람을 해야 합니다

다른 사람이 해 주는 훈계와 문책과 꾸지람을 마치 본인이 자기 자신에게 하듯이 인내로이 견디어 내는 종은 복됩니다.(1절)

이 말씀에서 먼저 생각할 수 있는 것은 우리는 각자 자신에게 훈계와 문책, 꾸지람을 해야 한다는 것입니다. 자신의 생활을 날카롭게 판단, 평가하라는 것입니다. 자아비판을 통해 솔직하게 자기 잘못과 나쁜 습관을 시인하는 양심 성찰이 필요합니다. 그렇게 할 때 우리는 하느님 나라에 대해 개방된 마음을 지니게 될 것입니다. 그러나 우리는 이런 솔직한 평가를 하지 않기 때문에 객관적인 있는 그대로의 나 자신을 알기 어렵고, 따라서 다른 이들의 훈계나 문책, 꾸지람을 인내심으로 받아들일 수밖에 없는 것입니다. 바로 여기에 문제점이 있습니다.

공동생활에는 반드시 훈계와 문책, 꾸지람이 있어야 하고 그런 훈계나 양심 성찰, 생활 평가 등이 공동체 생활에 대단히 큰 역할을 한다고 주장하는 형제자매들이 있게 마련입니다. 그러나 문제는 훈계의 대상입니다.

사실 다른 형제자매에게 충고해 주기 위해서는 대단한 용기가 필요합니다. 좋은 마음으로 잘못을 지적해 줄 때 오히려 자존심 상해하고 인격적인 공격을 받는 것으로 생각하는 것이 우리 인간의 본성입니다. 우리는 본성적으로 자기방어의 자세가 있기에 충고 한마디만 들어도 모욕으로, 공격으로 받아들이게 됩니다. 이것은 아직도 자기중심으로 살고 있기 때문에 충고를 통해 나를 도와주려는 그들의 도움을 거절해 버리고 마는 것입니다. 그런 사람은 복된 사람이 될 수 없습니다. 복된 사람이란 하느님과의 평화, 그리고 자신과의 화해 속에서 사는 사람이고, 하느님의 사랑 속에서 살면서 크리스천 생활의 복음적 요구를 받아들이며 하느님 나라에 참여하는 사람이기 때문입니다. 이런 복된 사람이 되려면 우리 생활의 모든 장애물을 없애야 하고, 이런 장애물을 헐어버리는 데 큰 도움이 되는 훈계와 문책과 꾸지람을 "본인이 자기 자신에게 하듯이" 인내롭게 받아들여야 합니다.

우리는 하느님 앞에서 양심 성찰할 때 솔직합니다. 그러나 하느님께 고백한 것과 똑같은 말을 다른 사람들에게서 들을 때는 받아들이지 못합니다. 하느님 앞에서 겸손되이 자신을 책망했으면서도 그러합니다. 이처럼 사부님은 공동체 생활의 현실적인 면을 지적하고 계십니다.

공동체 안에는 여러 부류의 사람들이 있을 수 있는데, 다른 형제자매에 대해 지나친 관심을 가지고 자주 충고해 주는 사람도 그중의 하나입니다. 그런 충고는 사랑에서 나온 것이 아니라 간섭하려는 마음에서 마치 공동체의 재판장처럼 책망과 꾸지람을 즐기는 것에 불과합니다. 그런 사람일수록 똑같은 충고를 받게 되면 견디지 못하고 흥분합니다. 사부님은 "견디어 내는 종은 복됩니다"라고 말씀하십니다. 즉 다른 사람이 해주는 훈계와 문책, 꾸지람을 인내심으로 견디도록 노력할 것을 장려해 주시는 것입니다. 이렇게 훈계를 들을 때 인내심으로 견디어 내는 사람은 물론 견디도록 노력하는 형제자매 역시 똑같이 복된 프란치스칸이 되는 것입니다.

훈계의 문제점을 사부님의 정신에 비추어 보면, 우리의 잘못을 깨우쳐 주고 바른 길을 가르쳐 주면서 이미 지상에서부터 복된 사람이 되게 하는 그런 형제자매에 대해 우리는 고마움을 느껴야 합니다. 반면에 우리는 우리를 지나칠 정도로 인정하고 칭찬하며 때로는 아부도 서슴지 않는 그런 형제자매를 오히려 두려워해야 합니다. 인정받을 때가 가장 위험한 때라는 것을 잊지 말아야 합니다. 우리는 본성적으로 나를 인정하고 칭찬해 주는 말을 즐겁게 듣지만, 그러나 내가 하느님 앞에서 성장하는 데 그런 말들은 오히려 방해되는 것입니다.

> 꾸지람을 듣고는 그 꾸지람을 넓은 마음으로 받아들이고, 부끄러운 마음으로 순종하며, 겸허히 고백하고, 기꺼이 보속하는 종은 복됩니다.(2절)

1절에 이어 두 번째로 넓은 마음으로 받아들이고, 순종하며, 고백하고, 보속하는 것에 대해 말씀하십니다.

책망은 상대방을 도와주려는 마음이 그 전제 조건이 되어야 합니다. 우리가 다른 형제자매를 책망할 수 있는 유일한 마음가짐은 그들이 그릇된 길에서 돌아서게 하려는 것이어야 합니다. 이런 마음으로 하는 책망, 훈계는 우리 크리스쳔 사랑의 가장 어려운 면이면서도 진실한 사랑이라고 하겠습니다.

공동체 안에서 책임을 맡은 경우, 이런 훈계는 당사자와 공동체를 위하여 책임자로서 해야 할 의무이지만 너무 힘들어서 잘 하지 않습니다. 본인 앞에서 조용히 훈계해 주기보다 뒤에서 비판하는 비겁한 행동을 잘합니다. 책임자뿐만 아니라 같은 동료로서도 이렇게 훈계를 피하고 하지 않을 때, 개인과 공동체 모두 큰 손해를 보게 됩니다. 그럴 때마다 우리는 이렇게 말을 합니다. "평화를 위해서, 싸우기 싫어서 말하지 않았다." 그러나 그것은 거짓말입니다.

여기에 좋은 의미로 이해되는 유교 사상도 적용할 수 있겠습니다. 그다지 적합한 표현은 아니지만, 선배, 언니로서 권리만 주장하고 다른 자매를 억누르는 그런 마음에서가 아니라 정말로 도와주고 싶은 마음에서 종이면서 선배, 언니가 될 수 있는 것 또한 사랑의 큰 봉사라고 생각합니다.

사부님은 책망하는 사람보다 책망 듣는 사람의 자세에 대해서 말씀해 주시고 계십니다. 먼저 '넓은 마음으로 받아들여야' 합니다. 여기서 프란치스코는 '넓은'이라는 표현을 강조하십니다. 잘못이 있을 경우 그것을 인정하는 자세의 문제인 것입니다.

사부님 말씀의 의도는 힘들게 용기를 내어서 나를 도와주고자 하는 형제자매가 나를 도와줄 수 있도록 기꺼운 자세로 나의 잘못, 그릇된 습관, 성격적인 결함에 대해 듣고 싶어 하는 태도를 보여야 한다는 것입니다. 넓은 마음으로 받아들이지 못하고 책망과 충고를 들을 때마다 화내고 분개한다면 얼마 가지 않아서 누구도 그에게 도움이 될 수 있는 말을 한마디도 안 하게 될 것입니다.

대하기 쉬운 사람이 되는 것, 즉 다른 형제자매들이 대하기 쉬운 사람이 되었을 때 나는 복된 사람이 되는 것입니다.

두 번째로 "부끄러운 마음으로 순종하며"라고 말씀하십니다. 넓은 마음으로 받아들이려는 외적인 표현은 순종하는 것입니다. 셋째 자세는 겸허히 고백하고, 즉 내적으로 뉘우치고 받아들였다는 마음을 겸손하게 표현하는 것입니다. 이렇게 '넓은 마음으로 받아들이고, 부끄러운 마음으로 순종하며, 겸허히 고백하는 사람은 기꺼이 보속할' 것입니다. 이런 사람은 이미 잘못에서 일어선 사람이고 다시는 같은 잘못을 되풀이하지 않도록 주의함은 물론, 자기가 할 수 있는 데까지 변화되고자 노력하는 사람입니다. 그럼으로써 바른 길, 하느님의 길, 프란치스칸의 길을 걷는 복된 종이 될 것입니다. 그리고 늘 하느님의 평화 속에서, 형제들과의 일치 속에서, 자기 자신과의 화해 속에서 사는 복된 종이 될 것입니다.

자신을 변명하는 데 빠르지 않고, 자기 탓이 아닌 죄에 대해서도 부끄러움과 꾸지람을 겸손히 참아 받는 종은 복됩니다. (3절)

여기서는 서로 다른 두 가지, 즉 변명하는 것과 잘못이 없는데도 꾸지람을 듣는 경우에 대해 말씀하십니다.

사부님의 이 말씀은 변명하지 말라는 것도, 자기의 견해를 밝히지 말라는 것도 아닙니다. 여기서 말씀하시는 것은 꾸지람을 듣는 자세입니다. 다른 형제자매가 나에게 어떤 지적을 할 때 우리는 흔히 그의 말은 듣지 않고 그 말에 어떻게 대답할 것인가만을 생각합니다. 그것은 상대방의 말을 듣는 바른 자세가 아닙니다. 꾸지람을 들을 때뿐만이 아니라 그룹 대화, 공동체 평가, 생활 반성 등의 자리에서 대부분의 사람은 상대방의 말을 듣지 않습니다. 자신이 대답해야 할 말에만 신경을 씁니다. 그렇기 때문에 상대방의 말을 오해하게 되고, 개인적인 것이든 공동체적인 것이든 간에 수도자의 대화가 길어지게 됩니다.

　우리는 꾸지람을 들을 때 신앙의 눈 안에서 그 형제자매를 통해 나를 책망하시는 사랑의 아버지이신 하느님의 말씀인 양 존경심을 갖고 들어야 합니다. 변명할 것부터 찾는 사람은 자신에 대한 지나친 관심 때문에 하느님이 다른 이들을 통해 지적해 주시는 것을 듣는 데 폐쇄되어 있습니다. 이와 반대로 다른 형제자매를 도구 삼아 나에게 말씀하시려는 바를 유심히 끝까지 듣는 사람은 하느님의 뜻만을 찾고 있기에 복된 종이 됩니다. 물론 상대방의 지적이 다 옳지는 않다고 하더라도 우리는 우선 그의 말을 들어야 합니다. 그 말의 객관성 여부를 판단, 평가하는 것은 그다음 일입니다. 중요한 것은 '선입견 없이 듣는 자세' 바로 그것입니다. 공동생활을 하다 보면 우리는 서로 서로에 대해 잘 알게 됩니다. 따라서 어떤 대화를 할 때도 상대방이 할 말을 미리 알 수 있는 경우도 많고 그러다 보면 상대방의 말에 주의를 기울이지 않게 됩니다.

　"자기 탓이 아닌 죄에 대해서도 부끄러움과 꾸지람을 겸손히 참아 받는", 이 말씀은 인간적인 본성을 거스르는, 따라서 실천하기 힘든 지나친 요구라고 생각하기 쉽습니다. 우리는 이런 말을 할 때가 있습니다.

"잘못이 없으면서도 말 한마디 못하고 끝까지 참는 저 자매는 성인인지 바보인지 모르겠다." 사부님의 말씀은 바로 그런 바보가 되라는 것입니다. 수도원은 단순히 여러 사람이 모여 사는 일반 사회가 아니라 그리스도의 이름으로 모인 공동체라는 점을 명심해야 합니다.

억울한 일이나 박해를 당하는 것도 우리 크리스천 생활의 일부입니다. 예수님도 말씀하십니다. "'종은 주인보다 높지 않다'고 내가 너희에게 한 말을 기억하여라. 사람들이 나를 박해하였으면 너희도 박해할 것이고….".(요한 15,20) "누구든지 내 뒤를 따라오려면, 자신을 버리고 제 십자가를 지고 나를 따라야 한다."(마태 16,24)

우리가 수도자로서 또 프란치스칸으로서 우리 자신을 주님께 봉헌했다면, 정말 우리의 몸을 그리스도께 내맡겼다면 이 정도의 박해나 오해, 십자가는 마땅히 각오해야 할 것입니다. 따라서 권고 22에서 묘사하시는 종은 하느님 나라를 전체적으로 받아들이는 복된 종, 자신을 완전히 극복한 종, 하느님 나라를 위하여 자유를 얻는 복된 종이 되는 것입니다.

2. 훈계를 기꺼이 받아들이도록 합시다

사부님은 형제적 훈계에 대해 말씀하시면서 서로 간에 해주어야 할 훈계를 기꺼이 받아들이라고 하시는 것입니다. 예수님도 형제적 훈계에 대해 말씀하십니다. "네 형제가 너에게 죄를 짓거든, 가서 단둘이 만나 그를 타일러라. 그가 네 말을 들으면 네가 그 형제를 얻은 것이다."(마태 18,15) 형제적 훈계는 이 아름다운 말씀을 기초로 하고 있습니다.

예수님의 이 말씀에서 우리가 반성해야 할 것은 공동체 생활의 현실

안에서 이 말씀을 어떻게 실천으로 옮기고 있는가 하는 것입니다. 앞에서 말한 대로 형제적 훈계는 사랑의 봉사입니다. 그렇다면 우리는 이 사랑의 봉사를 위하여 요구되는 형제적 훈계를 실질적으로 어떻게 실천하고 있습니까?

우리는 대부분 다른 형제자매가 잘못 사는 모습을 볼 때 그들을 위해 예수님의 말씀을 실행하려 하기보다 오히려 살인자 카인의 말을 따르곤 합니다. "제가 아우를 지키는 사람입니까?"(창세 4,9) 카인의 이런 자세처럼 형제자매들을 사랑으로 훈계해야 할 책임을 무관심 속에서 회피하는 것입니다. 한마디로 용기가 없는 것입니다. 그렇다면 왜 그런 용기가 없습니까?

문제는 공동체의 분위기입니다. 대부분의 공동체는, 다시 얻기 위해 잘못을 타일러 주라는 예수님의 말씀을 실천할 수 있는 분위기가 조성되어 있지 않은 것이 사실입니다. 서로 자연스럽게 훈계해 줄 수 있는 분위기가 될 때, 하느님께 가는 데 개인의 잘못된 판단이나 공동체의 올바르지 못한 방향을 쉽게 수정하여 바른 궤도를 따라 나아갈 수 있게 될 것입니다. 서로 간의 훈계 의무는 예수님의 말씀 때문만이 아니라 무엇보다 그 형제자매에 대한 사랑 때문에 실천해야 합니다. 이렇게 훈계는 순수한 동기로, 즉 사랑 때문에 해야 할 뿐만 아니라 꾸지람을 듣는 상대방이 느낄 수 있도록 그를 진심으로 사랑하는 자세로 해야 합니다.

그러나 대부분의 경우 우리는 그렇지 못합니다. 한마디로 공격하는 자세를 취하기 일쑤입니다. 그럼으로써 말이 나오기 전부터 벌써 상대방이 나의 말을 받아들이지 못하게 만들어 버립니다. 그런 상대방의 모습에 나 또한 불만을 품게 됩니다. 그러나 잘못은 훈계하는 나의 자세에 있는 것입니다. 솔직한 것은 항상 유익한 것이며 훈계할 때 역시 솔직해야 합니다. 그 사람을 올바른 길로 인도하는 마음으로 지적할 것만 지적하도록 해야 합니다. 거친 말이라든가 무시하는 말, 공격적인 자세 등은 피해야 합니다. 그러기 위해서는 상대방이 나의 말을 받아들일 수 있도록 하는 기술도 필요합니다. 그러나 무엇보다 중요한 것은 나의 자세입니다. 상대방이 내가 자기를 사랑한다는 것을 느낄 수 있도록 행동으로 드러내야 합니다.

그러므로 "살아 계신 하느님의 손에 떨어지는 것은 무서운 일(히브 10,31)이기에 여러분은 여러분의 영혼과 형제들의 영혼을 돌보십시오."(비인준 규칙 5,1) 우리는 자신과 형제들의 영혼을 잘 돌보라는 사부님의 이 말씀을 명심해야 할 것입니다. 사부님이 권고 22에서 요구하시는 자세, 즉 하기 어려운 훈계의 의무를 상대방이 나에게 더욱더 쉽고 효과적으로 해줄 수 있도록 그를 기쁘게 맞으며 겸손하게 듣는 그런 자세를 취하는 형제자매야말로 참으로 복된 종임이 틀림없습니다.

우리는 충고나 꾸지람, 어떤 지적을 받게 될 때 신앙인으로서, 아무 소유 없는 프란치스칸으로서 상대방의 그 말 속에서 하느님의 목소리를 알아들어야 합니다. 인간적으로 기분 나쁜 그 말 속에서 하느님을, 하느님의 손길을 발견할 줄 알아야 합니다. 우리가 잘못된 길을 걸을까 봐 우리에게 관심을 두고 사랑하시는 아버지를 그 안에서 발견해야 합니다.

사부님께서 부정적으로 말씀하시지는 않았지만, 그 말씀과는 반대로, 다른 형제자매들의 충고 속에서 하느님의 목소리를 듣지 못하는 이들은 참으로 불행한 사람이라 할 수 있습니다. 자기 둘레에 담을 쌓음으로써 아무도 그를 도와줄 수 없고, 오히려 외로움과 불행만을 맛보게 될 것입니다. 그러므로 우리는 항상 충고와 책망, 꾸지람을 하느님의 음성으로 받아들이는 복된 형제자매가 되기 위해 노력해야 할 것입니다.

권고 23

겸 손

*

¹ 자기의 주인들과 함께 있을 때처럼, 자기의 아랫사람들과 함께 있을 때도 겸손한 종은 복됩니다. ² 언제나 교정矯正의 채찍 밑에 머무는 종은 복됩니다. ³ 자신의 모든 잘못을 내적으로 통회하고, 외적으로 고백하며, 행동으로 보속함으로써 회개하는 데에 지체하지 않는 이는 "충성스럽고 슬기로운 종"입니다. (마태 24,45)

사부님은 영적 권고 이외의 다른 글에서도 형제애와 함께 직접 간접으로 겸손을 그 주제로 다루고 있습니다. 이렇게 자주 말씀하시는 이유는 겸손, 즉 '내적인 가난과 형제애'야말로 프란치스칸 생활의 본질에 속하는 요소들이기 때문이며, 따라서 우리가 모두 개인적으로나 공동체적으로 갖추어야 할 자세이기 때문입니다. '서로서로 형제자매가 되는 것, 작은 자가 되는 것'이 바로 프란치스칸이 되는 것입니다. 우리가 서로 사랑할 때, 다른 형제자매에 대해 진정한 관심을 가질 때, 즉 하느님이 나에게 선물로 주신 형제자매들을 순수한 사랑 안에서 받아들일 때 비로소 우리는 서로 형제자매가 되는 것입니다. 작은 자 역시 사부님 말씀처럼 우리 주 예수 그리스도의 가난과 겸손을 본받을 때만 가능합니다.

우리는 하느님께 향한 사랑 때문에 모든 이들에게 예속된 종이 되어야 합니다. 권고 23에서는 바로 이런 내적 가난과 서로 간의 봉사 정신에 대해서 말씀하십니다. 사부님은 여기서 세 번씩이나 복된 종이란 표현을 사용하면서 세 가지 관점에서 참된 겸손을 설명하십니다.

첫째, 아랫사람과 윗사람 모두에게 똑같이 겸손한 자
둘째, 충고의 채찍 밑에 머무는 자
셋째, 잘못을 솔직하게 인정하는 자

이것이 바로 우리가 지녀야 할 복된 종으로서의 자세입니다.

1. 겸손이란 봉사의 정신입니다

> 자기의 주인들과 함께 있을 때처럼, 자기의 아랫사람들과 함께 있을 때도 겸손한 종은 복됩니다.(1절)

원죄 이후 인간의 마음 안에는 하느님과 같은 존재가 되려는, 그럼으로써 다른 사람을 지배하려는 욕망이 강하게 자리하게 되었습니다. 하느님과 같은 존재가 되려고 하는 그 마음 안에는 지배욕이 내포되어 있습니다. 이처럼 그릇된 인간 본성과는 반대로 예수님은 새 인간이 가져야 할 새로운 정신을 요구하십니다.

> 너희도 알다시피 다른 민족들의 통치자들은 백성 위에 군림하고, 고관들은 백성에게 세도를 부린다. 그러나 너희는 그래서는 안 된

다. 너희 가운데에서 높은 사람이 되려는 이는 너희를 섬기는 사람이 되어야 한다. 또한 너희 가운데에서 첫째가 되려는 이는 너희의 종이 되어야 한다. 사람의 아들도 섬김을 받으러 온 것이 아니라 섬기러 왔고, 또 많은 이들의 몸값으로 자기 목숨을 바치러 왔다.(마태 20,25-28)

이 말씀에서 우리는 지상의 나라와 하느님 나라는 서로 대조적임을 쉽게 알 수 있습니다. 지상의 나라는 권력으로 지배하는 데 반해 하느님 나라는 목숨을 바치기까지의 사랑과 봉사로 이루어지는 나라입니다. 다른 사람들을 자기 뜻대로 지배하고 권력으로 내리누르려는 곳에는 하느님 나라가 결코 이루어질 수 없습니다. 그곳에서는 사람들 서로서로 원수가 될 뿐입니다. "집안 식구가 바로 원수가 된다"(마태 10,36)라는 예수님 말씀도 있습니다.

그러나 하느님의 통치권을 받아들이고 하느님 나라에 속해 있는 사람들은 그와 정반대가 되어야 합니다. 그들은 하느님 나라에서 그리스도를 따르는 그리스도인이기에 항상 섬기려는 정신으로 살아야 하고, 자신을 두고 "섬김을 받으러 온 것이 아니라 섬기러 왔고"(마태 20,28) "섬기는 사람으로 너희 가운데에 있다"(루카 22,27)라고 말씀하시는 예수님의 충실한 제자가 되도록 해야 합니다.

'섬김과 봉사'로 드러나고 표현되는 겸손은, 겸손하신 예수님의 제자라는 표시가 됩니다. 바오로 사도도 말씀하십니다. "사랑받는 자녀답게 하느님을 본받는 사람이 되십시오."(에페 5,1) 이 말씀처럼 겸손은 모든 피조물의 주인이면서도, 겸손 자체이신 하느님을 닮는 표시가 됩니다. 프란치스코는 라 베르나 산에서 오상을 받으신 후 놀라운 가운데, "당신은 선이시고 모든 선이시며 으뜸선이시고 살아 계시며 참되신 주 하느님이시나이다"라고 찬미의 기도를 바친 다음에 "당신은 지혜이시나이다. 당신은 겸손이시나이다"(하느님 찬미 5-7)라고 기도하셨습니다. 전문가들에 의하면 이 기도문은 오상을 받으신 직후에 쓰셨다고 합니다.

사실 윗사람에게 겸손하게 봉사하는 것은 그렇게 힘든 일도 아니고 반드시 겸손도 아닙니다. 경우에 따라서는 아부가 될 수도 있고, 자신을 보호하려는 세속적인 지혜가 될 수도 있습니다. 그러나 아랫사람들을 겸손과 봉사의 자세로 대하기란 참으로 어렵습니다. 주님이시면서 심부름하는 사람이 되신 예수님의 제자인 우리는 그분의 겸손하신 섬김을 본받아야만 할 것입니다. 그래야만 공동체 안에서뿐만 아니라 밖에서도 모든 이에게 작은 자로 다가갈 수 있을 것입니다. 서로서로 겸손하게 봉사하고 섬김으로써 하느님 아버지 자녀들의 공동체를 건설하고 성장시켜 나가야 합니다. 그럼으로써 하느님의 축복을 받는 복된 종이 되는 것입니다.

언제나 교정矯正의 채찍 밑에 머무는 종은 복됩니다.(2절)

하느님을 닮고 예수 그리스도를 본받아 남을 섬기고자 하는 용기는 늘 자신을 부정할 것을 요구합니다. 다시 말해 참으로 예수님을 따르기 위해서는 용기가 필요하며, 그 용기란 자신을 부정하고 자신을 끊어 버리는 것을 의미합니다.

형제적인 봉사는 우리 인간의 본성적인 것이 아니기 때문에 자신을 다스릴 채찍이 필요합니다. 라틴어 원문 자체가 좀 애매한 표현이긴 하지만, '교정의 채찍'이라고 번역된 이 말은 '자제의 채찍'으로도 표현할 수 있습니다. 그러므로 이 두 가지 의미로 알고 있는 것이 좋습니다. 우리는 타락한 인간의 본성을 지니고 있기 때문에 상대방이 나를 대하는 그대로 나 역시 그를 대하게 됩니다. '이는 이로, 눈은 눈으로' 갚는 것이 인간의 본성입니다. 그러나 우리는 그리스도인으로서, 특히 프란치스칸으로서 새로운 가치관을 지녀야 합니다. 프란치스코의 말씀처럼 언제나 채찍 밑에 머물고자 하는 가치관을 가져야 합니다. 다른 형제자매로부터 충고의 말을 들을 줄 알아야 하고, 모든 이의 종인 프란치스칸으로서 모든 이에게 봉사할 수 있어야 하며, 모든 이에게 예속됨으로써 어떤 요구도 하지 않는 것은 물론 오히려 그들을 위해서 자신의 시간과 능력을 바칠 줄 알아야 합니다.

한마디로 자기중심에서 벗어나야 합니다. 자기중심에서 벗어나 자유로운 사람이 되는 것은 우리 프란치스칸 영성의 핵심입니다. 예수님도 말씀하셨습니다. "누구든지 내 뒤를 따라오려면, 자신을 버리고 제 십자가를 지고 나를 따라야 한다."(마태 16,24) 자신을 버리는 것은 언제 어디서나 잘못을 고치는 채찍 밑에 머무는 것입니다. 특히 공동생활에서 매일같이 자신을 극복하고 양보하며 다른 형제자매들에게 관심을 가짐으로써 자기를 버리는 자세를 배우게 되는 것입니다.

하느님을 사랑하는 그 사랑은 바로 형제적 봉사와 형제에 대한 사랑에서 표현되는 것입니다. 솔직하게 말하면 하느님 사랑은 쉬워도, 형제 사랑은 어렵습니다. 하느님께 대한 나의 사랑은 성체 앞에 무릎 꿇고 기도하면서 표현되기보다 형제자매들을 사랑하는 것으로 표현됩니다. 기도하기는 쉬워도 사람을 사랑하는 것은 더 어려운 것이 사실이지만, 하느님 사랑의 기준은 바로 형제에 대한 사랑임을 확실하게 알아야 합니다. 그럼으로써 다른 이들에게 봉사할 수 있는 것을 은혜로 여기게 될 것이고 그러한 형제적 봉사 안에서 아무도 빼앗아 갈 수 없는 기쁨을 맛보게 될 것입니다. 사랑은 영원하기 때문입니다.(1코린 13 참조)

> 자신의 모든 잘못을 내적으로 통회하고, 외적으로 고백하며, 행동으로 보속함으로써 회개하는 데에 지체하지 않는 이는 충성스럽고 슬기로운 종입니다.(3절)

사부님이 1-2절에서 요구하시는 자세는 참으로 복음적인 자세이지만 실생활에서 실천하기란 참으로 힘이 듭니다. 따라서 계속된 회개를 필요로 하며 이것이 그 첫째 조건이 됩니다. 하느님을 향하게 하는 회개는 무엇보다도 마음 안에서 이루어지며, 마음을 바꾸는 것입니다. 사부님 말씀대로 잘못을 저지를 때마다 내적으로 통회하는 것입니다. 마음속 깊이 그 잘못을 뉘우치는 것입니다.

공동체 생활을 하는 우리에게 개인의 잘못이 어떤 의미에서 공동체적인 의미를 지닐 수도 있고, 때로는 개인의 잘못으로 공동체에 손해를 끼치는 때도 있을 것입니다. 그렇기 때문에 우리는 우리의 잘못을 솔직하게 인정하고 시인해야 합니다. 사부님 말씀대로 '외적으로 고백해야' 할 필요가 있습니다. 우리는 하느님 앞에서 우리의 죄를 고백하는 것처럼 형제자매들 앞에서도 솔직하게 자기 잘못을 고백해야 합니다. 고해사제 앞에서 "제 탓이오, 제 탓이오, 저의 큰 탓이옵니다"라고 말하는 것처럼 공동체 앞에서도 잘못을 인정할 줄 아는 겸손하고도 내적으로 가난한 사람이 되는 것이 둘째 조건이라 하겠습니다.

셋째 조건은 '행동으로 보속하는 것'입니다. 외적으로 자기 잘못을 솔직하게 인정하고 고백한다면 행동으로 보속하는 것이 더욱 쉬워질 것입니다.

우리는 이 세 가지 내적 통회, 외적 고백, 그리고 행동적인 보속을 실행하는데 지체하지 말아야 하며 자신을 늘 질책하는 겸손한 자가 되도록 해야 할 것입니다. 겸손한 자는 충성스럽고 슬기로운 자이기 때문에 자신은 물론 공동체에 하느님의 축복을 가져다줍니다. 하느님은 성모의 노래에서처럼 "통치자들을 왕좌에서 끌어내리시고 비천한 이들을 들어 높이시는"(루카 1,52) 분이시기 때문입니다. 한마디로 권고 23은 프란치스칸 생활과 영성의 핵심인 작은 자가 될 것을 지적하고 있습니다.

2. 섬기는 자가 되도록 합시다

권고 23은 고루한 중세기의 말처럼 들릴 수도 있겠지만, 그때와 마찬가지로 오늘날 우리에게도 가치 있는 말씀임이 틀림없습니다. 이 말씀은 수도 공동체 안에서 장상들과 아랫사람들과의 관계뿐 아니라 우리 서로 간의 관계에도 적용됩니다.

> **자기의 주인들과 함께 있을 때처럼, 자기의 아랫사람들과 함께 있을 때도 겸손한 종은 복됩니다.**(1절)

우리는 공동생활을 하면서 여러 가지로 자신이 다른 형제자매보다 월등히 뛰어나게 느껴질 때 자신을 그보다 윗사람으로 생각하게 됩니다. 예를 들어 지식이라든가 재능, 화술, 혹은 매력적인 성격 등으로 해서 나의 도움을 필요로 하는 형제자매가 있다면 그는 나의 아랫사람이 됩니다. 또 같은 혹은 다른 어떤 분야에서 나보다 더 많은 능력을 갖추고 있는 형제자매가 있으면 그의 도움이 필요한 나는 그의 아랫사람이 됩니다. 이 두 경우, 즉 나보다 능력이 있는 형제자매와 없는 형제자매를 똑같이 봉사하는 마음으로 대하는가, 즉 어떻게 행동하느냐가 관건입니다.

영으로 가난한 사람은 모든 능력과 탈렌트가 하느님의 선물이고 우리는 그 선물을 관리하는 관리자라는 것을 알고 인정하는 사람입니다. 따라서 우리 각자는 하느님께로부터 받은 선물에 대해 똑같이 책임을 느끼고 있음을 깊이 인식해야 합니다. 영으로 가난한 사람은 자기가 받은 능력으로 교만해지지 않고 오히려 그것을 다른 이를 위해서 겸손하게 봉사할 줄 아는 사람입니다. 다른 형제자매의 뛰어난 능력을 볼 때 슬퍼하거나 질투하지 않으며,(권고 8 참조) 모든 일에서 하느님께 영광을 되돌려 드리는 사람입니다.

우리는 기도할 때 감사와 찬미를 드리면서 아주 쉽게 하느님께 영광을 돌려 드립니다. 그러나 무엇보다도 모든 이에 대한 형제적 봉사로 표현되는 사랑으로 하느님께 영광을 돌려 드려야 합니다. 주님은 모든 면에서 항상 우리의 중심이 되시기 때문입니다. 이런 의미에서 영으로 가난한 자는 자신이 속한 공동체에 주님의 축복을 가져다주는 것입니다.

언제나 교정矯正의 채찍 밑에 머무는 종은 복됩니다.(2절)

이 말은 "새 인간은 자기를 창조하신 분의 모상에 따라 끊임없이 새로워지면서 참지식에 이르게 됩니다"(콜로 3,10)라고 하신 말씀이 그 배경이 됩니다. 우리는 바오로 사도의 이 말씀처럼 세례를 통해 낡은 인간을 벗고 새 인간으로 갈아입었습니다. 항상 새 인간으로 살기 위해서는 계속된 노력과 채찍질, 그리고 연습이 필요합니다. 즉 자신을 억제하는 자제력과 함께 잘못을 고치는 채찍 밑에 머무르면서 겸손하게 생활하고자 노력하는 자세와 그에 따른 연습이 필요한 것입니다. 여기서 사용하시는 "언제나 … 머문다"는 표현에서 생각할 수 있는 것은 공동생활에 필요한 자제력, 남의 충고를 듣는 것, 규칙, 그리고 공동생활 그 자체라 하겠습니다. 미약한 사람들이 모여 사는 공동체인만큼 우리는 서로 받아들임을 배워 익혀야 합니다. 나를 사랑과 겸손 안에서 성장시켜 주는 곳이라는, 더욱 긍정적인 관점에서 공동체를 바라볼 줄 알아야 합니다.

> **자신의 모든 잘못을 내적으로 통회하고, 외적으로 고백하며, 행동으로 보속함으로써 회개하는 데에 지체하지 않는 이는 충성스럽고 슬기로운 종입니다.**(3절)

옛 인간은 지배욕에 집착하는 교만한 사람이므로 분명히 잘못했음에도 불구하고 자신의 잘못을 인정하려 하지 않습니다. 잘못을 쾌히 인정하지 않는 반면에 자신의 정당함을 변명하는 데는 누구보다도 재빠릅니다.(권고 22 참조)

교만한 사람의 마음속에는 내적인 통회나 뉘우치는 기색이 전혀 없습니다. 외적인 고백은 물론 행동으로 보속할 마음은 더욱 없습니다. 이와 반대로 자신의 잘못을 변명하지 않고 온전한 겸손 속에서 잘못을 인정하는 사람은 하느님의 통치권을 받아들이고 하느님 나라에 사는 하느님의 복된 자녀가 되는 것입니다. 그들은 하느님 자녀들의 공동체를 건설하는 것입니다.

여기서 말하고자 하는 것은 우리의 잘못까지도 긍정적으로 바라볼 줄 알아야 한다는 것입니다. 잘못과 죄를 통해서도 선행이 이루어질 수 있기 때문입니다. 우리는 자신의 잘못을 뉘우치는 연약한 사람이지만 바로 그 연약함을 통해서 하느님 나라가 건설되는 것입니다. 우리는 결점을 안고 사는 사람들이고 따라서 모든 잘못을 피할 수는 없습니다. 그러나 그때마다 뉘우치고 솔직하게 고백하며 행동으로 속죄하는 충성스럽고도 슬기로운 종이 되어야 합니다. 그럼으로써 우리 각자 안에, 그리고 공동체 안에 하느님의 나라를 성장시켜 나가야 합니다. 우리의 허물과 죄에 대한 고백은 너그러우시고 용서하시는 하느님이심을 믿는, 그분께 대한 신앙 고백이 되기 때문입니다.

겸손은 쓰레기통에 비유할 수 있습니다. 우리는 방마다 쓰레기통을 비치해 둡니다. 쓰레기통은 아무런 역할도 하지 않는 것 같지만, 그 안에 온갖 지저분한 것들을 받아 넣음으로써 쾌적한 생활환경을 제공해 주는 중요한 역할을 하고 있습니다.

사부님의 말씀을 이렇게 표현할 수 있을지 모르겠지만, 우리 공동체마다 쓰레기통의 역할을 하는 형제자매가 한 사람이라도 있다면 그 공동체는 하느님의 축복을 받는 아름다운 공동체가 될 것입니다. 우리는 모두 쓰레기통처럼 남의 눈에 잘 띄지 않는, 그러면서도 누구든지 자신의 더러움을 쉽게 던져 버릴 수 있고 대하기가 쉬운 사람이 되어야 할 것입니다. 이것이 프란치스칸 겸손의 전부는 아니라 하더라도 아주 중요한 부분임은 틀림없습니다.

권고 24/25

참된 사랑

*

형제가 건강하여 보답해 줄 수 있을 때 그 형제를 사랑하는 만큼, 형제가 앓고 있어 보답을 받을 수 없을 때도 그만큼 형제를 사랑하는 종은 복됩니다.(권고 24)

자기에게서 멀리 떨어져 있을 때에도 자기와 함께 있을 때처럼 형제를 사랑하고 존경하며, 그 형제 앞에서 사랑 때문에 말할 수 없는 것을 그 형제 뒤에서도 그에 대하여 말하지 않는 종은 복됩니다.(권고 25)

오래된 사본들은 권고 24, 25를 각각 구별하여 전해 주고 있고, 이 두 권고의 제목을 '형제들의 참된 사랑'으로 하는 사본들도 많습니다. 사실상 이 두 권고는 그 내용이 동일하기 때문에 여기서는 하나로 묶어서 보기로 하겠습니다.

권고 23에서 프란치스칸이 지녀야 할 '작은 자'로서의 겸손에 대해 살펴보았듯이 수도규칙에도 이와 비슷한 글이 나옵니다. "모두가 똑같이 작은 형제들이라 부를 것입니다."(비인준 규칙 6,3) 이 간단한 문장 속에 하느님이 프란치스칸의 카리스마로 선물해 주신 생활의 핵심이 잘 표현되어 있습니다. 우리 서로 작은 자가 되고, 작은 형제가 되는 것, 이것으로 우리의 영성을 요약할 수 있겠습니다.

이 문장은 또 우리의 각 공동체 안에서 우리가 해야 할 역할, 교회 안에서 프란치스칸으로서 어떻게 살아야 하는가를 제시해 줍니다. 즉 교회 안에서 예수님의 해방적인 가난과 구속적인 겸손을 보여 주어야 할 프란치스칸 공동체의 역할에 대해 말씀하십니다. 사부님은 가난에 대해서도 자주 말씀하시지만, 형제애에 대해서는 그보다 더 자주 언급하십니다. 그만큼 서로 형제가 된다는 것을 중요시하시는 것입니다.

1. 이기심 없는 사람

사부님은 권고 24, 25에서도 복된 종이라는 표현을 사용하십니다. 이 두 권고의 내용은 우리가 잘 아는 것이지만 하느님 나라와 관련된 내용이므로 가볍게 읽어서는 안 될 것입니다. 복된 종이란 하느님의 종으로서 하느님이 그에게 원하시는 것을 행하는 사람입니다.

> **행복하여라, 주인이 돌아와서 볼 때에 그렇게 일하고 있는 종!**(마태 24,46)

우리가 하느님의 뜻을 따르지 않는 생활을 할 때는 그분이 정하신 질서를 파괴하는 것이며 따라서 불행하게 됩니다. 그러나 하느님이 원하시는 대로 행하는 사람의 마음속에는 그분이 다스리시는 하느님 나라가 이루어지고 그 사람은 복된 사람이 되는 것입니다.

인간과 하느님의 관계는 아버지와 자녀, 주인과 종의 관계입니다. 따라서 우리가 하느님의 뜻과 모든 계명을 충실하게 따를 때 하느님 나라가 이루어지는 것입니다. 이런 의미에서 하느님께 대한 자녀다운 순명은 성덕의 핵심이 되는 것입니다. 즉 모든 계명 중에서도 가장 큰 계명인 동시에 자기중심으로 사는 사람에게는 가장 어려운 계명이기도 한 사랑의 계명을 지킴으로써 우리는 성화 되는 것입니다.

내가 너희에게 새 계명을 준다. 서로 사랑하여라. 내가 너희를 사랑한 것처럼 너희도 서로 사랑하여라.(요한 13,34)

이것이 바로 첫째가는 새로운 계명입니다. 우리가 서로 사랑의 봉사를 할 때 이 계명을 지키고 예수님을 본받는 진정한 그리스도인이 되는 것입니다. 그뿐만 아니라 유일하신 아버지의 한 자녀로서 참된 크리스천 공동체를 창조하는 것입니다.

너희의 아버지는 오직 한 분, 하늘에 계신 그분뿐이시다.(마태 23,9)

우리의 이런 형제적인 유대, 형제적인 사랑은 하느님의 새로운 백성의 표시가 됩니다. "너희가 서로 사랑하면, 모든 사람이 그것을 보고 너희가 내 제자라는 것을 알게 될 것이다"(요한 13,35)라는 말씀에서 우리가 반성해야 할 것은 과연 사람들이 우리의 공동생활을 보고 우리가 그분의 제자라는 것을 발견할 수 있겠는가 하는 것입니다. 또 교회 안에서 우리 프란치스칸들이 해야 할 일 역시 겸손하게 살면서 형제적인 사랑을 보여 주는, 곧 하느님 나라의 표시가 되는 것이라 하겠습니다.

사랑 없이는 하느님 나라가 이루어질 수 없습니다. 여기서 요구되는 사랑은 참되고 진실하며 이기심이 없는 사랑, 일상의 구체적인 생활 속에서 실천되는 형제애입니다. 형제애는 형제자매들을 아주 구체적으로 사랑하는 것이며, 서로 간의 관계 안에서 행동으로 표현되어야 합니다. 그렇기 때문에 사부님은 권고 24, 25에서 우리가 형제애를 드러내야 할 아주 구체적인 경우를 지적해 주십니다.

형제가 건강하여 보답해 줄 수 있을 때 그 형제를 사랑하는 만큼, 형제가 앓고 있어 보답을 받을 수 없을 때도 그만큼 형제를 사랑하는 종은 복됩니다.(권고 24)

사부님은 여기서 형제애 실천의 원리 원칙을 제시해 주십니다. 자신의 이익이나 어떤 보답을 찾지도 바라지도 않는 이기심 없는 사랑이야말로 진실한 형제애임을 말씀하십니다.

형제애 실천에서도 우리는 인간적인 본성으로 자신을 먼저 찾는 경향이 있습니다. 나중에 나도 도움을 받을 수 있을 것이라는 계산부터 앞서는 때가 많습니다. 어떤 보답을 바라고 다른 자매를 도와주고 사랑한다면, 그리하여 상대방이 나의 도움을 고마워하고 감사의 말을 해주기를 기대했다가 그 말을 듣지 못했을 때 섭섭한 마음을 가지게 된다면 나의 사랑이 진실한 사랑이 아니었음이 드러나는 것이라 하겠습니다.

이와 마찬가지로 과거에 어려웠던 어떤 형제자매를 도와주었기 때문에 그로부터 도움을 받는 것을 당연시하고 따라서 그의 도움을 기대하고 요구한다면 나의 사랑이 보답을 바라고 실천한 사랑이며 이기적인 사랑이었음을 보여 주는 것이라 하겠습니다.

프란치스코가 제시해 주시는 사랑의 원리 원칙은 우리 생활의 많은 면에 적용됩니다. 우리는 많은 경우, 보답을 받지 못한 불만을 노골적으로 터뜨리기보다는 마음속으로 서글프고 섭섭하게 생각합니다. '왜 내가 항상 이런 힘든 일을 맡아야 하나? 알아주는 사람도 없는데…' 하면서 맡은 소임은 자신에게 아무 이익도 도움도 안 된다는 불만을 품게 됩니다. 나에게 이익이 되고 도움이 되는 것, 즉 보답을 바라는 바로 여기에 문제가 있는 것입니다.

그러나 "내가 너희를 사랑한 것처럼 너희도 서로 사랑하여라"(요한 13,34)라고 하시면서 당신이 먼저 보여 주시고 우리에게 요구하시는 사랑은 이기심이 없는 사랑입니다. 이러한 이기심이 없는 사랑, 아무 보답도 바라지 않는 사랑은 우리 프란치스칸들의 고유한 특징입니다. 다시 말해 모든 면에서 소유 없이 살아야 하는 프란치스칸은 형제자매를 사랑하는 일에서도 자신을 위해서는 아무것도 남겨 두지 않는 그런 사랑을 해야 합니다. 이런 의미에서 권고 23은 이 두 권고의 내용을 보충해 주고 있다고 하겠습니다.

이렇게 하느님이 우리 마음속에 부어주신 사랑, 성사와 기도를 통해 부어 주시는 그 사랑은 매일의 생활 안에서 표현되어야 합니다. 사부님은 이에 대해 권고 24에서 정신적, 육체적으로 앓고 있는 형제들을 예로 들어 아주 구체적으로 말씀하시지만 비단 그것뿐만이 아니라 우리 생활 모든 면에 적용되는 것입니다. 아무것도 바라지도 기대하지도 않으면서 실천하는 형제애가 필요합니다. 특히 우리는 악한 이들, 그리고 나를 괴롭히는 그런 사람에게까지도 관심을 두고 마음을 써 주는 법을 배워 익혀야 합니다. 사부님은 이것에 대해서 다음과 같이 말씀하십니다.

> 그대가 주 하느님을 사랑하는 데에 방해되는 것이든, 또 형제들이나 다른 사람들이 그대를 때리면서까지 방해하든, 이 모든 것을 은총으로 받아들여야 합니다. 그리고 그대는 이런 것들을 원하고, 다른 것은 원하지 마십시오. 그리고 이것이 그대가 따라야 할 주 하느님의 참된 순종이요 나의 참된 순종이 됩니다. 나는 이것이야말로 참된 순종임을 확실히 알고 있기 때문입니다. 그리고 그대에게 이런 것들을 하는 이들을 사랑하십시오. 그리고 주님께서 그대에게 주시는 것이 아니면, 그들에게서 다른 것을 바라지 마십시오. 그리고 이러한 상황에서 그들을 사랑하고 그들이 더 훌륭한 그리스도인들이었으면 하고 바라지 마십시오. (봉사자 편지 2-7)

이기심이 없는 곳에 하느님이 계십니다. 따라서 우리는 하느님의 사랑 받는 복된 종이 되기 위해서 모든 형제자매를 차별 없이 받아들이고 사랑해야 합니다. 굳이 차별해야 한다면 나와 맞지 않고 나를 괴롭히는 형제자매를 더 사랑하는 것, 바로 이런 경우에만 차별 대우와 특별한 사랑이 정당화되는 것입니다. 예수님도 말씀하십니다. "너희는 원수를 사랑하여라. 그리고 너희를 박해하는 자들을 위하여 기도하여라." (마태 5,44)

> 자기에게서 멀리 떨어져 있을 때에도 자기와 함께 있을 때처럼 형제를 사랑하고 존경하며, 그 형제 앞에서 사랑 때문에 말할 수 없는 것을 그 형제 뒤에서도 그에 대하여 말하지 않는 종은 복됩니다. (권고 25)

사부님은 여기에서 형제의 존경에 대해 말씀하십니다. 수도규칙에도 비슷한 내용이 나옵니다. "어디에 있든지 또 어느 곳에서 만나든지 형제들은 서로 영적으로 정성껏 대하며, 불평불만 없이 서로 존경해야 합니다."(비인준 규칙 7,15)

형제를 존경하는 것, 이것이 형제적 사랑의 핵심입니다. 크리스천 사랑의 신비에서도 형제자매를 존경하는 것이 가장 깊은 사랑이라고 말할 수 있습니다. 형제자매를 존경하는 사랑이야말로 우리 모두 안에 살아 계시는 주님께 대한 존경에서 나오는 것이기 때문입니다. 다시 말해서 우리는 주님을 사랑하고 존경하기 때문에, 주님이 그 안에 살아 계시기 때문에, 형제자매들을 사랑하고 존경해야 합니다. 우리 모두 안에 주님이 계시다는 것, 우리는 하느님의 이름으로 모인 공동체이면서도 이 사실을 하나의 교리 지식으로 알고 있을 뿐 너무나 쉽게 잊고 사는 경우가 많습니다. 그렇기 때문에 인간적인 관계에 머무르면서 서로 간에 문제와 충돌, 마찰이 생기는 것입니다. 우리는 성당에 들어오면 먼저 성체 안에 현존하시는 주님께 무릎 꿇고 엎드려 절합니다. 그러나 역시 주님이 현존하시는 나의 형제자매 앞에서는 그와 같은 존경심을 갖지 못합니다. 또 어떤 형제자매가 앞에 있을 때보다 멀리 떨어져 있을 때는 존경하는 마음을 가지기가 더욱 힘든 일입니다. 우리가 어떤 사람 앞에서 사랑으로 말을 할 용기가 없다면, 그 사람 뒤에 가서 사랑이 없는 말로 잔인하게 그를 판단하고 단죄하는 악습은 반드시 고쳐야만 합니다. 우리는 이런 일들로 서로 상처를 주고받지 않도록 조심해야 합니다. 사부님은 늘 그러시듯 여기서도 이 점에 대해 단순하게 말씀하십니다. "그 형제 앞에서 사랑 때문에 말할 수 없는 것을 그 형제 뒤에서도 그에 대하여 말하지 않는 좋은 복됩니다." 우리 프란치스칸 공동체 안에 존재할 수 있는 악습과 비겁한 행동을 지적해 주심과 아울러 그런 일을 하지 않는 형제자매를 복된 종으로 축복하시는 것입니다.

우리는 사랑으로 말할 수 없는 논쟁을 피해야 합니다.

> 그리고 모든 형제들은 누군가를 중상하거나 논쟁을 벌이지 않도록(참조: 2티모 2,14) 조심하고, 오히려 주님께서 형제들에게 은총을 주실 때마다 침묵을 지키도록 힘쓸 것입니다. 형제들끼리 혹은 다른 사람들과 말다툼하지 말 것이며, 오히려 "저는 쓸모없는 종입니다"(루카 17,10) 하고 겸손하게 대답하도록 할 것입니다. 그리고 "자기 형제에게 성을 내는 자는 누구나 재판에 넘겨지며, 자기 형제에게 '바보!'라고 하는 자는 최고 의회에 넘겨지고, '멍청이!'라고 하는 자는 불붙는 지옥에 넘겨질 것이니"(마태 5,22) 성을 내지 말 것입니다. 그리고 "이것이 나의 계명이다. 내가 너희를 사랑한 것처럼 너희도 서로 사랑하여라"(요한 15,12) 하고 주님께서 말씀하신 대로 서로 사랑할 것입니다. 그리고 "우리는 말과 혀로 사랑하지 말고 행동으로 진리 안에서 사랑합시다"(1요한 3,18)라고 사도가 말하듯이 서로 간에 지니고 있는 사랑을 행동으로 보여 줄 것입니다.(참조: 야고 2,18) 그리고 "남을 중상하지 말 것입니다."(티토 3,2) "중상꾼과 험담꾼은 하느님의 미움을 삽니다"(로마 1,29-30)라고 적혀 있으니, 불평하거나 남을 헐뜯지 말 것입니다. 그리고 "모든 사람을 언제나 온유하게 대하면서"(티토 3,2) 온순해야 합니다. 판단하지 말고, 단죄하지 말 것입니다.(비인준 규칙 11,1-10)

서로 헐뜯고 말로 논쟁하는 것은 물론, 특히 뒤에서 사랑이 없는 말을 하는 것을 피해야 합니다. 그러므로 우리 각자 안에 그리고 우리 각 공동체 안에 하느님의 사랑이 성장하고 하느님의 나라가 임하게 될 것입니다.

2. 매일 일상생활 안에서 형제애를 실천하도록 합시다

1) 자신을 위해서 아무것도 남겨 두지 않는 사람이 되어야 합니다. 하느님이 자유롭게 사용하실 수 있는 도구가 되도록 내적으로 가난한 사람이 되어야 합니다.

2) 우리는 서로 자유스런 사랑을 지니도록 해야 합니다. 고마움이나 인정, 그 어떤 보답도 바라지 않는 사랑을 해야 합니다. 건강한 사람이나 능력이 있는 형제자매들을 우리의 사랑에 참여시키는 것처럼 약한 형제자매 역시 똑같이 사랑해야 합니다. 이처럼 차별 없는 사랑을 지닌 이기심이 없는 사람은 작은 자가 될 것을 그 전제 조건으로 하고 있습니다.

3) 형제자매들을 존경하도록 해야 합니다. 성체 안에 현존하시는 그리스도를 존경하는 것처럼 나의 형제자매들 안에 현존하시는 그리스도를 존경해야 합니다. 그리스도는 특히 가난한 사람, 약한 사람, 보잘것없는 사람 안에 특별한 의미로 현존하십니다.

> 내가 진실로 너희에게 말한다. 너희가 내 형제들인 이 가장 작은 이들 가운데 한 사람에게 해 준 것이 바로 나에게 해 준 것이다.(마태 25,40)

사부님은 권고 25에서 특히 그 형제자매가 없는 자리에서 존경하는 사랑을 보존할 것을 분명하게 요구하고 계십니다.

권고 24, 25에서 아주 구체적인 두 가지의 예를 들면서 말씀해 주시는 것처럼, 바로 이런 구체적인 일상생활 안에서 우리의 형제애가 실천되고 성장하여야 합니다. "우리가 받은 성령을 통하여 하느님의 사랑이 우리 마음에 부어졌기 때문입니다"(로마 5,5)라는 바오로 사도의 말씀처럼, 사랑의 영이신 성령의 자유로운 도구가 되어야 할 것입니다.

권고 26

하느님의 종들은
성직자들을 존경할 것입니다

*

¹ 거룩한 로마 교회의 규범에 따라 바르게 생활하는 성직자들에게 믿음을 지니는 하느님의 종은 복됩니다. ² 하지만, 이들을 업신여기는 자들은 불행합니다. 비록, 그들이 죄인들이라 하더라도, 주님 자신만이 이들에 대한 심판을 당신 자신에게 유보留保하시기에 아무도 이들을 심판하지 말아야 합니다. ³ 그들 자신도 받아 모시며 그들만이 다른 이들에게 나누어 주는, 우리 주 예수 그리스도의 지극히 거룩하신 몸과 피에 봉사하는 그들의 직분이 다른 모든 것보다 더 큰 것이기에, ⁴ 이들에게 죄를 짓는 자는 이 세상의 다른 모든 사람에게 죄를 짓는 것보다 그만큼 더 큰 죄를 짓는 것이기 때문입니다.

사부 성 프란치스코의 말씀과 생활기를 읽어 보면 모든 면에서 복음을 따르는, 복음적인 생활을 하려는 그분의 강한 원의와 뜨거운 열망을 금세 발견하게 됩니다. 인간이 되신 하느님의 아들 예수님이 말씀과 모범으로 보여 주신 복음의 생활을 자기 것으로 하려는 열렬한 마음을 강하게 느낄 수 있습니다.

인준받은 수도규칙과 인준받지 않은 수도규칙의 첫마디부터 프란치스칸 생활이 어떤 생활인가를 단순하면서도 분명하게 밝히고 있습니다. "이 형제들의 수도규칙과 생활은 순종 안에, 정결 안에, 소유 없이 살면서 우리 주 예수 그리스도의 가르침과 발자취를 따르는 것입니다."(비인준규칙 1,1) "작은 형제들의 수도규칙과 생활은 이러합니다. 즉 순종 안에, 소유 없이, 정결 안에 살면서 우리 주 예수 그리스도의 거룩한 복음을 실행하는 것입니다."(인준 규칙 1,1)

한마디로 모든 권고의 유일한 주제는 바로 복음의 생활입니다. 구체적인 상황에 복음을 적용시켜 그대로 따르는 생활입니다.

그러나 프란치스코는 당시의 많은 이단자와는 달리 복음적인 생활을 마음대로 해석하지도 또 그렇게 살지도 않으셨습니다. 중세기의 많은 이단자는 복음적 생활을 하려는 고결한 이상을 가지고 있었지만, 복음을 마음대로 해석하고 교회를 비판함으로써 결과적으로 교회와 대립하였고 사상에서도 오류에 빠지고 말았습니다. 사부님 역시 복음적 생활이라는 이상에서는 그들과 뜻을 같이했지만, 그러나 교회 안에서가 아니면 복음적인 생활을 할 수 없음을, 그 유일한 장소는 바로 교회뿐임을 알고 있었던 점이 이단들과 다른 점이었습니다. 그렇기 때문에 이단들과 교회와의 충돌을 보면서 형제 중에 이단에 떨어질 사람이 있을 수도 있음을 우려한 나머지 사부님은 당신의 마지막 글인 유언에서까지 이 문제를 다루고 있는 것입니다. "성품聖品으로 말미암아, 거룩한 로마 교회의 관습에 따라 생활하는…."(유언 6)

사부님은 이처럼 "거룩한 복음에 따라 살아야 한다"라는 표현과 함께 "거룩한 로마 교회의 관습에 따라 살아야 한다"는 것을 강조하십니다.

1. 교회에 대한 사랑은 교회 봉사자들에 대한 사랑으로 표현되어야 합니다

사제들에 대한 신앙심과 존경심에 대한 사부님의 말씀은 그분이 제2차 바티칸 공의회 이전, 즉 중세기의 사람이라는 점을 감안할 때 이해하기가 훨씬 쉬울 것입니다.

사부님의 교회에 대한 개념은 어머니인 교회(Ecclesia Mater)입니다. 교회는 성사를 통해서 생명을 부어 주는 어머니로, 또한 하느님의 말씀을 통해서 교육을 해 주는 어머니입니다. 그렇기 때문에 우리를 낳아 주고 기르며 교육하는 어머니인 교회에 대한 우리의 자세는 당연히 자녀다운 순명의 자세여야 합니다. 이렇게 볼 때, 교회가 보존하고 있는 하느님의 말씀과 성사의 봉사자들에 대한 사부님의 존경의 자세를 쉽게 이해할 수 있을 것입니다.

사부님은 성직자들을 사랑하고 존경하며 그들에게 순명함으로써 교회에 대한 당신의 사랑과 존경, 그리고 순명을 아주 구체적으로 표현하고 실천하셨습니다. 이런 관점에서 우리는 교황과 교황의 대리자로서 보호자인 추기경들에 대한 프란치스코의 절대적인 순명을 이해하게 됩니다.

> 프란치스코 형제와 이 수도회의 머리가 될 형제는 누구나 인노첸시오 교황님과 그의 후계자들에게 순종과 존경을 서약할 것입니다.(비인준 규칙 머리말 3)
>
> 프란치스코 형제는 호노리오 교황님과, 교회법에 따라 선출되는 그의 후계자들과 로마 교회에 순종과 존경을 약속합니다.(인준 규칙 1,2)

또 추기경과 사제에 대한 사부님의 존경의 태도 역시 이해할 수 있습니다. "성직자들을 존경하고 공경해야 합니다."(2신자 편지 33) "만일 그들이 나를 박해한다 해도 나는 그들에게 달려가기를 원합니다."(유언 6)

프란치스코는 이처럼 성직자들과의 일치를 통해서 이루어지는 교회와의 긴밀한 일치 속에서, "형제들은 거룩한 교회의 발아래 항상 매여 순종하고, 가톨릭 '믿음의 기초 위에 굳건히 서서'(콜로 1,23 참조) 우리가 굳게 서약한 가난과 겸손과 우리 주 예수 그리스도의 거룩한 복음을 실행할"(인준 규칙 12,4) 것을 간절히 바라셨던 것입니다. 권고 26도 하느님의 말씀과 성체의 봉사자인 사제들 안에서 교회를 발견하시는 사부님의 자세에 대해 말해 주고 있습니다.

> 거룩한 로마 교회의 규범에 따라 바르게 생활하는 성직자들에게 믿음을 지니는 하느님의 종은 복됩니다. 하지만, 이들을 업신여기는 자들은 불행합니다.(1-2절)

사부님은 여기서 복된 종과 불행한 사람을 대조하고 있습니다. 하느님의 복된 종이 되려면 주님이 당신의 영광과 인간의 구원을 위해 세우신 교회를 사랑해야 하고 존경해야만 합니다. 따라서 말씀과 성체의 봉사자들을 사랑하며 존경해야 합니다. 교회가 바로 그들을 통해서 하느님의 말씀을 전하고 생명과 은총을 낳아 주는 성사를 집행하기 때문입니다. 우리가 깊이 생각해야 할 것은 왜 성직자들을 존경해야 하는지 그 이유입니다. 그것은 사제가 지니고 있는 개인적인 성덕이나 공로, 매력적인 인품 등 이런 것들이 아니라 그들이 받은 '품' 때문이라고 사부님은 이유를 밝히십니다.

신자들이 사제에 대해서 가져야 할 신앙심을 위해서 사제 또한 로마 교회의 관습에 따라 올바르게 생활해야 하는 것은 지극히 당연하고도 중요한 것입니다. 다만 우리로서는 사제의 성품성사를 믿는 자세가 필요하다 하겠습니다. 사부님은 유언에서 사제들에 대한 당신의 신앙심을 이렇게 표현하십니다. "사제들을 마치 나의 주인인 듯 두려워하고 사랑하며 존경하기를 원합니다. 그리고 그들 안에서 나는 하느님의 아들을 알아보고, 또 그들이 나의 주인이므로, 그들 안에서 죄를 보고 싶지 않습니다."(유언 8-9) 우리는 사제의 개인 생활을 떠나서 주님이 보내 주신, 파견하신 주님의 대리자로 그들을 보도록 해야 합니다. 예수님의 말씀도 있습니다. "너희 말을 듣는 이는 내 말을 듣는 사람이고, 너희를 물리치는 자는 나를 물리치는 사람이며, 나를 물리치는 자는 나를 보내신 분을 물리치는 사람이다."(루카 10,16)

우리는 주님을 믿는 신앙인이므로 사제에 대해 신앙심을 가질 때 우리는 복된 종이 되는 것입니다. 이와 반대로 "사제들을 업신여기는 자들은 불행합니다" 하고 말씀하십니다. 주님이 보내 주신 그들 안에서 주님을 발견하지도, 만나지도 못하고 따라서 주님을 믿지 않고 업신여기는 것이기 때문입니다.

> **비록, 그들이 죄인들이라 하더라도, 주님 자신만이 이들에 대한 심판을 당신 자신에게 유보留保하시기에 아무도 이들을 심판하지 말아야 합니다.**(2절)

사부님은 "비록 그들이 죄인들이라 하더라도 … 아무도 이들을 심판하지 말아야 합니다"라고 하셨지만, 어떤 사제가 현실적으로 하지 말아야 할 생활을 할 때, 그에게 신앙심과 존경심을 갖기란 참으로 어려울 것입니다. 이런 사제를 사부님은 "가엾은 사제들"(유언 7)로 표현하실 뿐 아니라, 권고 26에서도 "비록 그들이 죄인들이라 하더라도"라는 표현을 사용하고 계십니다.

그렇습니다. 사제들 역시 우리와 마찬가지로 결점도 있고 죄도 범하는 인간일 따름입니다. 사부님 시대 당시 성직계의 부패는 우리가 상상할 수 없을 만큼 극심한 것이었습니다. 그러나 사부님은 이런 인간적인 결점들을 초월해서 하느님을 발견하는 신앙의 눈을 가지고 있었습니다. "그들 안에서 나는 하느님의 아들을 알아보고, 또 그들이 나의 주인이므로, 그들 안에서 죄를 보고 싶지 않습니다."(유언 9)

사부님은 이런 신앙심을 갖고 있었기 때문에 사제를 판단하지 않으셨습니다. "내가 여러분에게 심판을 받든지 세상 법정에서 심판을 받든지, 나에게는 조금도 문제가 되지 않습니다. … 나를 심판하시는 분은 주님이십니다."(1코린 4,3-4) 바오로 사도의 이러한 말씀처럼 프란치스코도 사람을 판단하는 하느님의 권한을 당신 것으로 하지 않으십니다.(권고 11 참조) 사부님 시대의 성직계 부패를 생각할 때 사부님의 이런 순수함, 아니 순수함이라기보다는 참으로 영웅적인 신앙심에 놀라지 않을 수 없습니다.

사부님이 사제들에 대한 사랑과 존경심에 대해 비교적으로 많이 말씀하시는 것은, 그만큼 당신도 사랑과 존경의 자세를 지니기가 어렵다는 것을 반증해 주는 것이라고도 하겠습니다. 그 당시 성직계에 문제가 되었던 것은 다음 두 가지인데 사제의 개인적인 문제라기보다는 성직계 전체의 문제였습니다. 즉 니콜라오 이단과 시몬 이단이 그것입니다. 니콜라오 이단은 사제의 독신 생활을 거부했고, 시몬 이단은 성직과 성물을 매매했습니다. 거의 온 교직계가 그렇게 부패해 있었습니다. 이에 대해 사부님은 "주님 자신만이 이들에 대한 심판을 당신 자신에게 유보_{留保}하시기에" 하면서 간접적으로나마 성직자들의 책임도 지적해 주고 있습니다. 사제들의 잘못된 생활을 정당화하는 것은 아니지만 우리는 다만 그들을 그리스도의 대리자로서 순수한 신앙심으로 대해야 할 뿐입니다. 예수님도 말씀하십니다. "많이 주신 사람에게는 많이 요구하시고, 많이 맡기신 사람에게는 그만큼 더 청구하신다."(루카 12,48) 이 말씀처럼 하느님은 사제들을 더 엄하게 심판하실 것입니다. 그러나 우리는 그들을 판단해서는 안 되고 받아들이는 자세를 가져야 합니다.

> 그들 자신도 받아 모시며 그들만이 다른 이들에게 나누어 주는, 우리 주 예수 그리스도의 지극히 거룩하신 몸과 피에 봉사하는 그들의 직분이 다른 모든 것보다 더 큰 것이기에, 이들에게 죄를 짓는 자는 이 세상의 다른 모든 사람에게 죄를 짓는 것보다 그만큼 더 큰 죄를 짓는 것이기 때문입니다.(3-4절)

사부님은 사제들에 대한 판단을 금하는 앞의 내용을 다시 반복하면서 그 이유를 제시하십니다. 그 이유는 바로 그들의 직분 때문입니다. 하느님의 말씀을 전하고 미사성제를 드리고, 우리 주 예수 그리스도의 지극히 거룩하신 몸과 피를 다른 이들에게 분배해 주는 직분을 가지고 있기 때문에 우리는 사제를 존경하고 사랑해야 합니다. 유언에서도 같은 이유를 표현하십니다. "내가 이렇게 하는 이유는, 사제 자신들도 받아 모시고 사제들만이 다른 이들에게 나누어 주는 주님의 지극히 거룩한 몸과 피가 아니고서는 이 세상에서 하느님의 지극히 높으신 아들을 내

육신의 눈으로 결코 보지 못하기 때문입니다."(유언 10)

사제의 위대함은 그리스도가 먼저 거행하신 미사성제를 하느님 백성의 대표자로서 거행하기 때문입니다. 사제는 성사, 특히 미사를 집행할 때 그리스도의 대리자가 되고 그리스도와 하나가 됩니다. 그리스도는 사제의 입을 통해서 말씀하십니다. 그래서 사부님은 사제 안에서 그리스도를 알아뵙고 사제를 판단하는 것이 가장 큰 교만이며 "이들에게 죄를 짓는 자는 이 세상의 다른 모든 사람에게 죄를 짓는 것보다 그만큼 더 큰 죄를 짓는 것이기 때문"이라고 말씀하시는 것입니다.

2. 사제들을 그들의 직분 때문에 존경하도록 합시다

권고 26은 프란치스코 시대의 역사적인 배경 속에서 이해해야 합니다. 그 당시 이단들은 사제직을 부정하거나 아니면 잘못 사는 사제가 거행하는 성사는 무효하다고 했습니다. 그들은 또 하느님은 그런 사제들의 미사보다는 열심한 평신도를 통해서 더 많은 은총을 주신다고 주장했습니다. 프란치스코는 유언에서 이런 이단적인 사상을 반박하고 있습니다. "사제들만이 다른 이들에게 나누어 주는 주님의 지극히 거룩한 몸과 피가 아니고서는 이 세상에서 하느님의 지극히 높으신 아들을 내 육신의 눈으로 결코 보지 못하기 때문입니다."(유언 10)

오늘날 우리 교회 안에도 사제직을 부정하거나 잘못 사는 사제들의 미사를 무효로 할 정도는 아니라 하더라도 사제품, 즉 사제의 직분보다 구체적인 사제의 인간성이나 능력, 성덕을 더 높이 평가하는 위험이 도사리고 있습니다. 열심히 살고 능력도 있으며 친절한 사제는 쉽게 받아들여 존경하고 사랑하는 반면, 인간적으로 부족한 면이 있고 생활에도 잘못이 있는 사제는 멸시하고 심하게는 미워할 수도 있습니다. 이것은 극단적인 경우이지만 자기 본당 신부가 보기 싫어서 다른 본당으로 미사 참례하러 가는 신자들도 가끔 볼 수 있는 게 우리의 현실입니다.

우리는 사제의 결점이나 잘못, 인간적인 약점을 발견하는 데 특별히 날카로운 눈을 지니고 있습니다. 따라서 사제를 쉽게 판단하고 단죄합니다. 사부님은 우리에게 인간의 눈이 아닌 신앙의 눈을 가질 것을 요구하십니다. 우리는 사부님처럼 사제들에 대한 존경심과 신앙심, 그리고 사랑의 태도를 보이도록 노력해야 합니다. 그것은 곧 사제 안에서 발견하고 만나게 되는 주님께 대한 신앙심이요, 사랑입니다. 사부님은 이것을 하느님이 주신 선물로 보고 있습니다. "성품聖品으로 말미암아, 거룩한 로마 교회의 관습에 따라 생활하는 사제들에 대한 큰 믿음을 주님께서 나에게 주셨고 또한 지금도 주시기에, 만일 그들이 나를 박해한다 해도 나는 그들에게 달려가기를 원합니다."(유언 6)

우리는 사제들의 권위 의식이 너무 지나치다는 말을 많이 합니다. 그러나 우리가 잊지 말아야 할 것은 그들의 권위와 권한은 바로 하느님으로부터 받은 것이라는 점입니다. 대부분의 사제는 하느님으로부터 위임받은 이런 권한과 자신의 결점 사이에서 갈등을 느끼며 삽니다. 바오로 사도의 말씀이 여기에 해당된다 하겠습니다. "우리는 이 보물을 질그릇 속에 지니고 있습니다. 그 엄청난 힘은 하느님의 것으로, 우리에게서 나오는 힘이 아님을 보여 주시려는 것입니다."(2코린 4,7) 이 말씀처럼 사제는 자신의 직분과 실생활 사이에서 갈등을 느끼며 사는 것입니다.

사제를 만날 때는 사제라는 그의 직분과 실생활을 구별해야 합니다. 물론 사제에게도 올바르게 살아야 할 크나큰 책임이 있습니다. 그러나 우리가 해야 할 것은 사제 안에서 신앙의 눈으로 주님을 발견하는 것, 그 것뿐입니다. 사제이면서 동시에 인간이라는 갈등 속에서 생활하는 사제 들에 대한 이해심과 받아들이는 자세가 필요합니다. 특히 사제를 판단하 거나 멸시, 또는 단죄하기보다는 오히려 기도와 희생을 통해서 그들을 도와주어야 합니다. 공동체 안에서와 마찬가지로 사제들에 대해서도 사 랑이 없는 말은 피하도록 해야 합니다. 첼라노의 글로 끝맺겠습니다.

> 한 재속 사제가 있었는데, 그는 극악한 죄로 악명이 높았으며, 많 은 사람에게서 경멸을 받았다. 바로 그 사제에게 형제들은 가끔 죄를 고백하였는데 형제들도 여러 사람을 통하여 그의 큰 죄를 알 게 되었지만 조금도 그것을 믿으려 하지 않았고, 그로 말미암아서 여느 때처럼 그에게 그들의 죄를 고백하기를 꺼리는 법이 없었다. 그리고 그들은 그에게 의당 바쳐야 할 존경심을 거절하는 법이 없 었다. 하루는 바로 그 사제인지 아니면 다른 사제인지 어떤 사제 가 한 형제에게 말하였다. "보시오. 형제여, 위선자가 되지 마시 오!" 그 형제는 사제의 말을 듣고 즉시 자신을 위선자라고 여겼다. 이 일로 인하여 그는 심한 비탄에 빠져서 밤낮으로 울었다. … 형 제들은 그를 위로하여 그런 말을 믿지 말라고 충고하였다. 그러나 그는 형제들에게 말하였다. "무슨 말입니까? 형제들이여, 이 말을 한 사람은 바로 사제입니다. 사제가 거짓말을 할 수 있단 말입니 까? 사제는 거짓을 말할 수 없으니, 우리는 그 말이 옳다고 믿어 야 합니다."(1첼라노 46)

여기서 볼 수 있는 초기 형제들의 사제에 대한 전적인 신뢰의 자세, 그것이 바로 우리의 자세가 되어야 할 것입니다.

권고 27

악습을 몰아내는 덕

*

¹ 사랑과 지혜가 있는 곳에
　두려움도 무지도 없습니다.

² 인내와 겸손이 있는 곳에
　분노도 동요動搖도 없습니다.

³ 기쁨과 더불어 가난이 있는 곳에
　탐욕도 인색도 없습니다.

⁴ 고요와 묵상이 있는 곳에
　걱정도 방황도 없습니다.

⁵ "자기 집을 지킴에"(루카 11,21) 주님의 두려움이 있는 곳에
　원수가 들어갈 곳이 없습니다.

⁶ 자비와 신중함이 있는 곳에
　지나침도 완고함도 없습니다.

　　권고 27은 특수한 성격을 지니고 있습니다. 이 글은 프란치스코가 작성한 찬미의 노래 형식에 속합니다. 찬미의 노래 중 가장 많이 알려진 것

은 「태양 형제의 노래」이며, 사부님은 이외에도 여러 가지 찬미의 글을 작성하셨습니다. 예를 들면 성모님께 대한 프란치스코의 깊은 신심이 잘 나타나 있는 「복되신 동정 마리아께 드리는 인사」, 프란치스칸 설교 방식에서 대표적인 글인 인준받지 않은 수도규칙 21장, 그리고 권고 27과 내용상으로 가까운 「덕들에게 바치는 인사」가 그것입니다.

이 모든 글이 라틴어 원문에서 Laudes, 즉 찬미의 노래로 불리는 것은 우연이 아닙니다. 이 글들은 프란치스코와 초기 형제들이 백성들에게 설교할 때 크리스천의 기본적인 덕행들을 어떻게 설명해 주었는가를 잘 보여 주며, 한마디로 그 시대 형제들의 구체적인 사도직 이행 방법이 담겨 있다 하겠습니다. 그렇기 때문에 이런 종류의 글들은 특수한 형태를 지니게 됩니다. 이 글은 아주 짧은 문장으로 덕과 악습을 두 개씩 나란히 병행시켜 암기와 이해를 쉽게 하도록 하고 있습니다. 따라서 읽어 나가면서 프란치스코가 덕행들에 대해 어떻게 가르치셨는지 그 방법을 즉시 알 수 있고, 또 권고 말씀들을 통해서 자기 형제들의 마음속에 심어 주신 내용이 무엇인지 요약해 줍니다.

1. 하느님의 사랑으로 인도하는 덕들

각 덕에 대한 사부님의 개념을 보려면 그분의 다른 글들을 보아야 합니다. 여기서는 무엇보다도 덕행들 서로 간의 관계에 대해서 말씀하고 계십니다. 이와 함께 각 덕행과 반대되는 악습에 대해서도 말씀하십니다. 악습을 몰아내는 덕이란 덕행들의 능력과 힘을 뜻합니다.

사랑과 지혜가 있는 곳에 두려움도 무지도 없습니다. (1절)

이 글에 나열된 여러 덕행 중에 맨 먼저 사랑이 나옵니다. 모든 덕행 중에 사랑이 첫째로 나온다는 것은 우연이 아닙니다. 크리스천 생활은 사랑이라는 한마디로 요약될 수 있기 때문입니다. 사랑은 모든 덕행 중에 첫째가는 것이며 가장 높고 그 뿌리이면서 완성입니다. 사랑 없이는 어떤 크리스천 덕행도 있을 수 없습니다.

그러면 크리스천 사랑이란 무엇입니까? 사부님에 의하면 그것은 하느님 사랑에 대한 인간의 응답입니다. 이것을 잘 말해 주는 이야기가 있습니다.

> 어느 가난한 사람 하나가 하느님의 사랑으로 동냥을 요구했을 때, 그는 가진 것이 전혀 없었던 적이 있었다. 남이 눈치 채지 못하도록 가위를 집어 들고 그는 신속하게 자기의 속바지를 자르려고 했다. 형제들이 그를 말리지 않았으면 그렇게 했을 테지만 형제들이 말리는 통에 뜻을 못 이루고 그 대신 형제들에게서 다른 물건을 받아서 그 가난한 사람에게 주었다. 그가 말하였다. "우리를 무척이나 사랑하신 그분의 사랑을 한없이 사랑해야 합니다."(2첼라노 196)

그렇습니다. 헤아릴 수도 이해할 수도 없는 하느님의 사랑은 우리에게 그 응답을 요구하십니다. 우리가 남을 사랑해야 하는 것도 하느님이 그를 사랑하시기 때문입니다. 그 밖의 다른 이유는 없습니다. 따라서 우리가 하느님을, 그분의 사랑을 알면 알수록 더욱더 다른 사람들을 사랑하게 될 것입니다. 하느님의 사랑은 창조 사업이나 구원 사업, 자연 등 매일매일 우리 모두를 위해 이루시는 업적을 통해 나타납니다. 이토록 우리를 사랑하시는 하느님을 인식하면 할수록 그분을 더욱 사랑하게 될 것입니다. 이것을 하느님을 아는 지식이라고 합니다. 그러므로 사부님도 권고 27, 1절에서 사랑 다음에 지혜(지식)에 대해서 말씀하시는 것입니다. 그러나 하느님께 대한 우리의 인식이나 지식은 그것으로 끝나는 것이 아니라 성경적인 의미로서 알아들어야 합니다. 즉 지혜란 하느님과의 일치로 인도하는 덕입니다.

하느님을 맛보는 것, 하느님을 체험하는 것, 이것이 바로 지혜입니다. 다시 말해서 하느님을 마음으로 알고, 나의 생활 속에서 체험하는 것입니다. 그래서 사부님의 말씀처럼 사랑과 지혜가 있는 곳에, 즉 하느님을 알고 체험하는, 하느님의 사랑을 맛보는 사람의 마음 안에는 두려움도 무지도 없게 되는 것입니다. 마찬가지로 하느님을 알고 체험하며 그분 사랑을 맛보고 있는 공동체 역시 두려움과 무지가 없습니다. 우리가 하느님을 체험하는 지혜와 함께 그분을 사랑하는 사랑을 지니고 있을 때, 우리 마음에는 두려움과 무지가 들어설 자리가 없게 되는 것입니다.

두려움이 없다는 표현은 하느님의 한없는 사랑을 알고 있기에 그분을 무서워하지 않는다는 의미로서, 자녀다운 마음으로 하느님을 신뢰한다는 뜻으로도 이해할 수 있습니다. 그리고 무지가 없다는 것은 하느님을 향하는, 하느님을 늘 바라보는 눈을 지니고 있기에 하느님을 안다는 의미로서 하느님과 그분의 거룩한 활동에 개방되어 있다는 뜻으로 이해할 수 있습니다. 무지는 온갖 무관심의 뿌리가 되며 우리가 정말 마음으로 하느님을 알고 하느님을 체험했다면 그분께 무관심할 수는 없을 것입니다. 오히려 사부님 말씀처럼, 우리를 무척이나 사랑하신 그분의 사랑을 한없이 사랑하려는 사랑의 응답을 하려는 자세가 될 것입니다.

그러면 하느님 사랑에 대한 우리의 응답은 언제 어떻게 표현되고 있습니까? 그것은 형제자매들과의 만남에서 구체적으로 이루어지고 표현됩니다. 예수님이 가장 사랑하시던 제자 요한은 분명히 말하고 있습니다. "하느님께서 우리를 이렇게 사랑하셨으니 우리도 서로 사랑해야 합니다."(1요한 4,11) 그는 노년에 이르러서도 주님의 말씀을 잊지 않고 다음과 같이 기록하고 있습니다. "내가 너희에게 새 계명을 준다. 서로 사랑하여라. 내가 너희를 사랑한 것처럼 너희도 서로 사랑하여라."(요한 13,34)

사부님도 하느님께 대한 우리 사랑은 바로 형제자매가 되는 인간 사랑에서 표현된다는 것을 확실히 알고 있었습니다. 그래서 돌아가시기 직전 유언에서 이렇게 묘사하십니다. "주님께서 나 프란치스코 형제에게 이렇게 회개를 시작하도록 해 주셨습니다. 죄 중에 있었기에 나에게는 나병 환자들을 보는 것이 쓰디쓴 일이었습니다. 그런데 주님 친히 나를 그들 가운데로 이끄셨고 나는 그들과 함께 지내면서 자비를 실행하였습니다."(유언 1-2)

우리 서로 간에 지니는 그런 사랑 안에서 하느님의 크신 사랑을 맛보게 되고, 다시 말해서 남과 나의 삶을 나누는 인간적 만남에서 생명 자체이신 하느님을 체험하게 되는 것입니다. 그래서 다시 지혜를 생각하면서 이러한 체험을 통해서 참된 지혜가 어디에 있는지 알게 되는 것입니다.

인내와 겸손이 있는 곳에 분노도 동요動搖도 없습니다.(2절)

분노와 동요를 몰아내는 덕행은 바로 인내와 겸손입니다. 사부님은 겸손에 대해서 비교적 많은 말씀을 하고 있습니다. 그것은 작은 자로서 우리 프란치스칸들이 생활 안에서 지녀야 할 의무이기도 합니다. 하느님 나라를 건설하기 위해 교회 안에서 해야 할 가장 중요한 역할이라 생각됩니다.

그 당시 우골리노 추기경이 교회의 쇄신과 개혁을 위해 우리 형제들을 좋은 의미에서 이용하려고 했을 때, 즉 형제들 가운데서 주교를 임명하려고 했을 때, 사부님 대답은 이러했습니다. "나의 형제들은 작은 자들이라 불리고 있습니다. 그러므로 그들은 감히 큰 사람이 되려고 하지 않습니다. 그들의 성소는 그들을 낮은 자리에 머무르도록 가르치고 있으며, 겸손하신 그리스도의 발자취를 따르기를 가르치고 있습니다. 때문에 마지막에 그들은 성인들의 빛 안에서 다른 이들보다 높여질 것입니다. 만약 주교님께서 그들이 하느님의 교회를 위해서 열매를 따기를 기대하신다면, 그들을 붙잡아 그들이 마다해도 낮은 자리로 그들을 끌어내리십시오."(2첼라노 148)

이 자리에 함께 있던 성 도미니코는 이와는 정반대로 필요하면 자기 형제들을 주교나 교황 대사로 임명하셔도 괜찮다는 태도를 보였습니다. 사부님이 살아 계실 때 도미니코회의 많은 회원은 주교가 되었지만 우리 회에서는 단 한 명밖에 없었습니다. 그것도 우리 회밖에 없었던 북아프리카 모로코에서의 일입니다.

인내와 겸손이 없으면 쉽게 분노하게 됩니다. 즉 자기 자신의 노예, 자기 성격의 노예가 되고 맙니다. 자기 성격을 이기지 못하고 오히려 자신을 다스리는 것보다 다스림을 당하면서 분노와 동요를 초래합니다. "하느님 나라는 너희 마음속에 있다"라는 말씀처럼, 나의 생활 안에서 내가 나를 지배하는 한, 하느님 나라는 그 생활 안에 임하실 수 없습니다.

여기서 1절과 연결해, 사랑과 지혜를 얻기 위해서 가장 효과적인 것은 바로 인내와 겸손임을 다시 한번 강조하고 싶습니다. 분노와 동요는 사랑과 지혜를 존재하지 못하게 만들어 버립니다. 사부님이 말씀하시는 것처럼 "분노와 흥분은 자신과 다른 사람들의 사랑을 방해하는"(인준 규칙

7,3) 것이 됩니다.

하느님 나라란 바로 사랑의 나라이기 때문에 분노와 동요를 하지 않고 인내와 겸손 속에 머무를 때 우리는 하느님 나라를 건설하게 되는 것입니다. 첼라노의 기록처럼 교회를 위해서 열매를 맺는 것입니다. 큰 사람이 되려고 하지 않고 낮은 자리에 머무르려 할 때 우리는 오히려 교회 안에서 해야 할 역할을 다하게 되는 것입니다. 활동보다도 우리 생활의 모범이 더 중요하기 때문입니다. "어떤 형제의 죄악 때문에 그 형제에게 화를 내지 말고 오히려 온갖 인내와 겸손을 다하여 너그럽게 권고하고 부축하십시오. … 우리는 절대로 다른 사람들 위에 있기를 바라서는 아니 되며, 오히려 하느님 때문에 모든 인간 피조물의 종이요 아랫사람이 되어야 합니다."(2신자 편지 44.47)

인내와 겸손, 사랑과 지혜가 우리 생활 속에서 풍부히 자라날 때 하느님 나라가 우리 안에도 임하실 것입니다. 결론적으로 우리는 하느님 나라가 건설되는 데 "서로 남의 짐을 져 주십시오. 그러면 그리스도의 율법을 완수"(갈라 6,2)하는 인내를 지니도록 노력해야 합니다. 또 당신을 본보기로 보여 주시면서 하신 예수님의 말씀도 있습니다. "나는 섬기는 사람으로 너희 가운데에 있다."(루카 22,27)

우리 가운데 계시는 그리스도의 모범을 따라 우리는 서로 봉사하고 섬기며 아끼고 돕도록 노력해야 합니다. 우리가 다른 형제자매에게 무엇을 바라거나 요구하지 않고 오히려 그리스도처럼 심부름하고 봉사하려는 자세를 가질 때 분노도 동요도 없는 하느님 나라, 생명과 평화의 나라인 그리스도의 나라가 임하게 될 것입니다.

기쁨과 더불어 가난이 있는 곳에 탐욕도 인색도 없습니다.(3절)

탐내는 것, 욕심내는 것은 분노나 동요와 마찬가지로 사랑을 파괴합니다. 그래서 탐욕은 하느님 나라를 반대하는 일곱 가지 죄(교만, 탐욕, 사음, 질투, 탐식, 분노, 태만) 중의 하나가 됩니다. "사실 너의 보물이 있는 곳에 너의 마음도 있다"(마태 6,21)라고 예수님도 말씀하셨습니다. 여기서 사부님은 가난에 대해 말씀하십니다. 가난은 그 자체로 인간을 탐욕과 욕심에서 해방해 주는 것은 아닙니다. 자기의 가난을 슬퍼하는 사람, 가난을 짐처럼 생각하는 사람, 가난하면서도 탐욕과 욕심이 많은 사람은 아직 자신을 벗어나지 못하고 해방되지 못한 사람입니다.

따라서 무엇보다도 중요한 것은 영의 가난입니다. 가진 것이 없이 살면서도 마음으로 욕심이 많은 사람의 마음에는 하느님 나라가 이루어질 수 없습니다. "기쁨과 더불어 가난이 있는 곳에"라고 하신 것처럼 가난은 기쁨과 함께 존재해야 합니다. 「참되고 완전한 기쁨」이란 글에서 당신의 체험을 묘사하고 있는 사부님처럼 그리스도를 따르는 사람은 바로 그런 가난을 통해서 기쁨을 맛보아야 합니다.

> 이러한 경우 만약 내가 인내를 가지고 마음의 평정을 잃지 않는다면, 바로 여기에 참된 기쁨이 있고 또한 참된 덕도 영혼의 구원도 있다고 나는 형제에게 말합니다.(참기쁨 15)

어떤 모양으로든지 가난을 맛보기 시작하면 우리는 기뻐해야 합니다. "천한 사람들과 멸시받는 사람들 가운데에서, 또한 가난한 사람들과 힘없는 사람들, 병자들과 나병 환자들, 그리고 길가에서 구걸하는 사람들 가운데에서 살 때 기뻐해야 합니다."(비인준 규칙 9,2) 이렇게 가난과 기쁨을 함께 지니고 있는 사람은 해방된 사람, 자유로운 사람으로서 자기 자신까지 아낌없이 포기할 수 있을 것입니다. 어떤 의미에서든지 물질적으로나 정신적으로 소외당한 때에도 오히려 기꺼이 인내할 수 있을 것입니다.

이것은 인간의 본성과 너무나 반대되는 것이기 때문에 지나친 요구가 아닌가 생각할 수도 있습니다. 인간적으로 볼 때 "그렇다"라고 긍정적인 대답을 할 수밖에 없겠지만, 그러나 주님을 따르는 그리스도인이라면 '하느님 나라는 영으로 가난한 이들의 소유'라는 것을 알고 받아들여야 합니다.(마태 5,3 참조) 크리스천 가난의 근본적 의의는 하느님의 섭리를 믿는, 따라서 인간에게서 어떤 보답이나 요구를 하지 않고 그저 하느님이 주시는 것, 하느님이 허락하시는 것만을 받아들이는 데 있습니다. "이런 것들을 원하고, 다른 것은 원하지 마십시오. … 그리고 주님께서 그대에게 주시는 것이 아니면, 그들에게서 다른 것을 바라지 마십시오."(봉사자 편지 3.6)

결론적으로 우리는 기쁨과 더불어 가난을 지니고 있을 때, 즉 탐욕도 욕심도 없으며 가지려는 소유욕도 없고, 자신을 위해서 아무것도 남겨두지 않을 때, 우리는 완전히 가난한 사람이 됩니다. 그리하여 하느님은 온갖 욕심과 욕망에서 해방된 이런 사람을 도구 삼아 다른 사람들의 마음 안에 당신의 나라가 임하도록 하실 것입니다. 가난의 감미로움을 느껴 본 사람들은 이미 하느님 나라를 살고 있는 것입니다.

2. 프란치스칸 생활의 근본적 요소들

권고 27의 첫째 구절들의 내용을 보면 프란치스칸 생활의 근본적인 요소들을 요약하고 있습니다. 즉 사랑, 인내, 겸손, 가난으로 이 권고는 우리 프란치스칸 영성과 이상을 노래 형식으로 부를 수 있도록 짧은 몇 마디 말로 요약해 놓고 있습니다.

우리가 프란치스칸으로서 우리들의 생활을 다시 한번 평가하고 살펴볼 수 있는 하나의 거울로 느껴지는 말씀들입니다.

1) 사랑! 우리는 우리 자신들이 하느님을 사랑한다고 생각하고 사랑한다고 말하고 있습니다. 매일 기도하면서 성가를 부르면서 하느님을 사랑한다고 외칩니다. 그런데 주님께 대한 우리의 사랑은 어떤 것인지, 정말 마음에서 우러나오는 열렬하고도 살아 있는 사랑인지 반성해야 하겠습니다. 살아 있는 생생한 사랑, 그 사랑은 우리 생활에 옮겨지는 사랑이어야 하고, 하느님의 놀라우신 사랑에 대한 응답이어야 합니다. 그래서 이러한 사랑은 하느님을 마음으로부터 아는 지혜와 동반할 때에만 가능한 것입니다.

또 한 가지 우리가 자문해야 할 것은 '하느님의 사랑을 충분히 알고 있는가?'입니다. 그분의 사랑을 더욱더 깊이 체험하도록 노력하고 있습니까? 지혜는 하느님의 사랑을 마음으로 아는 것, 체험하는 것입니다. 그렇다면 인류에 대한 하느님의 사랑을 들려주고 있는 성경, 구원의 역사를 기록하고 있는 하느님의 말씀, 구세주 예수 그리스도의 육화 신비와 생애, 그분의 행위, 아름다운 비유 말씀들, 십자가의 죽음과 영광스러운 부활 등을 전해 주는 복음을 우리는 어떤 자세로 읽으며 듣고 있습니까?

우리가 복음을 읽어야 하는 동기는 하느님의 사랑이 얼마나 크고 위대한 것인가를 알고 깨닫기 위한 것입니다. 헤아릴 수 없는 사랑 안에서 기뻐하고, 그 사랑에 감사하는 마음을 성장시키기 위한 것이 그 동기가 되어야 합니다.

복음 묵상 또한 그리스도의 생애와 말씀, 행위와 죽음과 부활에 나타나는 하느님의 사랑을 더욱 깊게 느끼기 위한 것입니다. 우리가 하느님의 사랑을 더욱 깊이 알고, 또 우리 마음속에 감사의 정이 더 깊어질수록 우리 안에서도 참된 지혜가 성장하게 될 것이고 우리 사랑도 열렬해질 것입니다.

이와 마찬가지로 우리가 정말로 하느님의 사랑을 체험한다면 우리가 받은 그 사랑을 형제자매들과 함께 나누어야 합니다. 서로 사랑을 주고받는 나눔 속에서 형제자매들 간의 사랑이 성장하고 꽃피며 열매 맺게 됩니다. 바오로 사도도 말씀합니다. "사랑받는 자녀답게 하느님을 본받는 사람이 되십시오. 그리스도께서 우리를 사랑하시고 또 우리를 위하여 당신 자신을 하느님께 바치는 향기로운 예물과 제물로 내놓으신 것처럼, 여러분도 사랑 안에서 살아가십시오."(에페 5,1-2) 하느님의 사랑을 체험하고 있기에 사랑의 생활을 하면서 하느님을 닮고, 형제자매를 사랑함에서 그리스도를 본받는 것입니다.

공동체적으로나 개인적으로 하느님께 대한 우리의 사랑이 진실한 것인지 아닌지를 평가하는 기준은 바로 이웃에 대한 사랑입니다. 이웃 사랑은 주님께 대한 우리 사랑의 표현이며 이러한 사랑은 행동으로 나타나야 합니다. 사랑은 느낌이 아니라 행동입니다. 프란치스코의 말씀처럼 이런 사람은 온갖 두려움과 무지, 인간적인 지혜를 몰아냅니다. 또한, 권고 말씀들이 거의 다 공동생활에 대한 내용들이기 때문에 특히 이런 사랑은 함께 사는 형제자매들, 또는 내가 봉사하는 사람들을 아껴 주는 기쁨이나 아픔 등 모든 것을 함께 나누는, 그들에 대해 따뜻한 관심을 두는, 한마디로 그들을 하느님이 나에게 주신 선물로 받아들이고 고마워하는 자세, 공동생활에 어려움이 있더라도 사랑하는 데 지칠 줄 모르는 그런 자세로써 표현됩니다.

2) 인내! 하느님을 닮고 그리스도를 본받는 형제애는 특히 우리가 공동생활을 하면서 서로 간에 지녀야 할 인내심에서 표현됩니다. 남을 위해서 무엇을 해주는 것보다 우리의 현실에서는 그를 참아 주는 일이 더 중요합니다. 우선 각 공동체는 많은 결점과 약점을 안고 있는 연약한 이들이 모여 사는 공동체임을 솔직하게 인정해야 합니다.

현대인들은 한마디로 인내심이 없습니다. 그 이유는 여러 가지의 스트레스 때문에 신경질적인 체질을 갖게 되었기 때문입니다. 예를 들면 성당 옆자리에 있는 형제자매의 숨 쉬는 소리가 너무 신경에 거슬려서 기도를 못 하는 경우가 그것입니다. 수도자들까지도 너무 여유 없는 생활을 하는 것이 오늘의 현실입니다. 우리는 쉽게 분노하고 흥분합니다. 인내와 겸손이 없을 때 개인의 사랑이 무너지는 것은 물론이고, 서로 상처를 주고받음으로써 어딘가 불안한 공동생활을 하게 됩니다. 그러므로 다른 어느 때보다도 인내심이 필요한 시대가 오늘입니다. 서로 다른 성격과 능력, 재능의 소유자이지만 그리스도 사랑 안에 모인 형제자매들이라는 것을 인정하고 서로를 받아들이는 것이 필요합니다. 다른 형제자매들이 나와 다르다는 것을 인정하고 받아들이는 것이 지혜의 시초입니다.

이렇게 인내는 사랑 실천에서 아주 중요한 부분입니다. 프란치스코의 말씀처럼 "분노와 흥분은 자신과 다른 사람들의 사랑을 방해하므로"(인준 규칙 7,3) 화내거나 흥분하지 않도록 조심해야 할 것입니다.

3) 겸손! 형제애가 하느님 사랑을 닮는 것이라면, 그것은 겸손으로

표현되어야 합니다. 이런 겸손은 그리스도처럼 모든 이들을 섬기는 심부름꾼, 종이 되게 합니다.

> 귀부인이신 거룩한 가난이여, 주님께서 당신의 자매인 거룩한 겸손과 함께 당신을 지켜 주시기를! … 거룩한 겸손은 교만과 이 세상의 모든 사람을 부끄럽게 하고 이와 마찬가지로 세상에 있는 온갖 것들을 부끄럽게 합니다.(덕 인사 2.12)

이와 같이 겸손은 공동생활을 위협하는 모든 장애물과 이기심을 부끄럽게 하고 몰아내는 역할을 합니다. 마음이 겸손한 사람은 자신을 찾지 않고 이웃을 찾습니다. 우리는 이 점에 대해 당신 자신을 심부름꾼이라고 하신 그리스도의 겸손을 닮으려고 노력하고 있는지 반성해야 합니다.

4) 가난! 사랑과 인내와 겸손의 기초는 바로 가난입니다. '가난은 모든 덕행의 기초이고 그 방패입니다.' 자신을 위해서는 아무것도 원하지 않고 항상 사랑 안에서 자신을 내주려는 자세, 또 감사 속에서 남을 받아들이려는 자세, 이것이 바로 내적인 가난의 표현입니다. 이런 가난 속에서 자신으로부터 해방된 사람만이 탐욕과 욕심을 모르고 분노와 동요도 멀리하면서 온갖 두려움에서 자유로워질 것입니다. 하느님을 위해서 해방된 사람으로 만들어 줄 것입니다.

가난의 참 의미를 안다면 부를 얻고자 노력하는 사회 사람들처럼 가난을 얻기 위해 열심히 노력하게 될 것입니다. 가난은 우리를 구원하시기 위해 예수님이 걸으신 길이기 때문입니다. 이렇게 우리도 그리스도와 일치하기 위하여 가난의 길을 걸어야 할 것입니다. 사부님 말씀대로 기쁨과 더불어 가난이 있는 곳에는 이미 하느님 나라가 분명히 임하신 것입니다.

이미 권고 27, 1부에서 크리스천 생활, 그리고 특별한 의미에서 프란치스칸 생활에서의 본질적인 세 가지의 요소, 즉 사랑과 지혜, 인내와 겸손, 그리고 기쁨과 가난에 대한 가르침을 보면서 이 세 가지가 프란치스칸 생활에서 얼마나 중요한가를 묵상했습니다. 이 권고의 말씀뿐만 아니라 다른 모든 권고의 말씀을 통해서 프란치스코의 유일한 관심사는 우리를 참된 크리스천 생활로 이끌어 주는 것입니다. 따라서 우리 역시 그 말씀대로 실천하는 지혜로운 자가 되어야 하겠습니다.

4절부터 프란치스코는 새로운 주제를 소개하는데, 이는 특히 오늘날 더 중요성을 지니고 있는 주제들입니다.

고요와 묵상이 있는 곳에 걱정도 방황도 없습니다.(4절)

4절에서는 수도생활(프란치스칸 생활)에서 매우 중요하면서도 상반된 두 가지, 즉 고요와 묵상, 걱정과 방황을 대조시키며 말씀하십니다. 우리는 수도생활을 말할 때 여러 가지 표현을 합니다. 하느님께 봉헌된 생활이라든가 공의회의 말씀처럼 지극히 사랑하는 하느님께 전적으로 봉헌된 생활, 하느님과의 일치된 생활, 세상 구원과 교회 건설을 위한 생활 등 여러 가지 표현을 사용하지만 한마디로 하느님을 향하는, 하느님을 중심으로 하는 생활로 표현할 수 있습니다. 하느님을 중심으로 하는 생활이기 때문에 걱정도 방황도 없는 가운데서 고요와 묵상으로 영위되는 생활입니다.

하느님과 일치된 생활, 봉헌된 생활인 수도생활 안에 고요함이 없고 시끄러움이, 걱정과 방황만이 존재하고 있다면 개인적으로도 공동체적으로도 그 봉헌된 생활은 뿌리까지 위협을 받는 것이라 하겠습니다.

하느님은 평온함, 고요함의 하느님이시며 변하지 않는 분이십니다. 따라서 우리가 하느님께 가까워질수록, 그분과 더 밀접하게 일치될수록 우리의 마음도 고요해지면서 안정감을 느끼게 됩니다. 프란치스코는 라 베르나 산에서 오상을 받으실 정도로 그리스도와 열렬한 사랑 속에서 일치되신 후 다음과 같이 아름다운 기도문을 작성하셨습니다. "당신은 아름다움이시나이다. 당신은 안전함이시나이다. 당신은 고요이시나이다. … 당신은 보호자이시나이다(시편 30,5). 당신은 수호자요 방어자이시나이다. 당신은 힘이시나이다(시편 42,2 참조). 당신은 피난처이시나이다."(하느님 찬미 8.12-13)

우리도 시편을 통해 "야훼는 나의 힘, 나의 방패"라고 노래하는 것처럼 주님 안에서 고요함과 안정감을 찾아야 합니다.

이와 반대로 하느님과 멀어질수록 근심과 분심, 불안감을 느끼게 됩니다. 많은 수도자가 여러 가지 일로 분주한 가운데 내적 평화가 없고 안정감이 없는 불안 속에서 살고 있습니다. 우리는 정신이 없다는 말을 자주 합니다. 그것은 곧 중심이 없다는 뜻입니다. 하느님 없이 사는 것이라고도 표현할 수 있습니다. 여기서 말씀하시는 것은 활동 위주의 생활에 대한 지적입니다. 계속되는 활동의 소용돌이 속에서 빠져나갈 수도 없고 자신을 방어할 수도 없는 지나친 활동에 대해서 반성해야 할 것입니다.

수도자를 포함한 현대인들은 바쁘게 살다가 할 일 없이 한가해지면 오히려 불안해합니다. 그들이 못 견뎌 하는 것은 바로 침묵입니다. 그 좋은 예로, 학생들은 공부할 때 귀에 이어폰을 꽂고 음악을 들으면서 공부합니다. 침묵을 견디지 못하기 때문입니다.

이러한 근심과 분심, 불안감의 치유 방법으로서 묵상을 제시해 주십니다. 우리는 묵상 속에서 고요함과 평화와 안정감을 얻을 수 있고 또 얻어야 합니다.

그런데 일반적으로 묵상이라 함은 묵묵히 침묵 중에 마음속으로 하느님을 생각하면서 마음속으로 기도하는 것을 뜻합니다. 즉 하느님 앞에서 우리 생활을 다시 한번 평가하면서 그분을 바라보는 것입니다. 묵상은 고요함을 그 전제 조건으로 하는 동시에 다른 한편으로는 고요함을 이루게 해줍니다. 묵상할 때 우리는 침묵 속에서 자신을 하느님께 내맡김으로써 그분의 말씀 안에서 휴식을 취하고 새로워지기 때문입니다. 한마디로 묵상을 통해 하느님은 또다시 우리 생활의 중심이 되시는 것입니다. 따라서 묵상 시간, 성체 조배 시간을 통해 하루를 하느님과 일치시키며 살 수 있는 은총이 주어지는 것입니다. "나는 내가 사랑하는 이를 찾았네. 나 그이를 붙잡고 놓지 않았네. 내 어머니의 집으로, 나를 잉태하신 분의 방으로 인도할 때까지."(아가 3,4) 이와 같은 주님께 대한 열렬한 사랑을 지녀야 합니다.

강조하고 싶은 것은 활동할 때 기도하는 마음가짐과 기도 시간을 가져야 한다는 것입니다. 오늘의 수도자들은 자신을 잊어버릴 정도로 지나치게 일에 매달리고 있습니다. 그런 현상을 비판적으로 보게 되는 것은 과연 어떤 마음으로 활동하고 있는가가 문제 되기 때문입니다. 정말 남을 도우려는, 주님을 전하려는 그런 마음만은 아닌 것 같습니다. 우리가 기도 가운데에서보다 일 가운데서 보람과 만족을 느끼고 인정도 받기 때문에 그렇게 하는 경우도 많이 있습니다. 그래서 균형이 필요한 것입니다. 옛 교부들의 표현처럼, 기도는 하느님 안에서 쉬는 일입니다. 그런데도 우리는 하느님 안에서 쉬기보다 활동 속에서 자신을 얻고자 하는 경향이 더 큽니다. 그렇기 때문에 사부님의 이 말씀은 특히 오늘날 우리에게 더 큰 의미가 있는 것입니다.

우리가 이런 고요함이나 내적 침묵을 잃을 때 기도가 무거운 짐이 되고 우리의 활동 역시 그 내적인 힘을 잃을 것입니다. 이렇게 한번 활동주의에 빠져 버리면 헤어 나오기가 거의 불가능합니다. 활동의 맛을 본 사람은 짠맛을 잃은 소금처럼 하느님의 맛을 잃게 되기 쉽습니다.

우리의 전교나 봉사 활동은 내가 알고 있고 체험한 주님을 전하는 것입니다. 그리고 그분의 사랑을 행동으로 증거하는 것입니다. 그럴 때 우리의 모든 일과 활동은 살아 있고 힘이 넘치는 활동이 될 것입니다. 크리스천으로서, 프란치스칸으로서 우리의 사도적 활동은 바로 하느님께 대한 이 체험에서 생기는 것이어야 합니다. 그렇지 않으면 그저 입으로만 전하는 교리일 뿐입니다.

자기 집을 지킴에(루카 11,21 참조) 주님의 두려움이 있는 곳에 원수가 들어갈 곳이 없습니다.(5절)

주님의 두려움이라는 이 표현은 성경적인 의미로 알아들어야 합니다. 즉 하느님은 왕이시며 주님이시라는 것입니다. 절대적 주권을 가지시는 주님이십니다. 그래서 우리가 주인이신 하느님을 두려워하며 경외한다는 것은 만물, 만민에 대한 그분의 주권을 받아들인다는 것을 의미하는 동시에 늘 머리를 숙여 그분을 경배하고 흠숭한다는 것과 뿐만 아니라 그분의 뜻에 무조건 순종한다는 것을 의미합니다.

따라서 주님의 두려움은 가난과 순명을 요구합니다. 모든 것의 주인이시며 소유자이시기 때문에 두려워하는 마음과 감사하는 마음으로 주님이 주신 선물을 간직하는 가난이 요구되고, 또한 하느님의 뜻을 따르며 그 뜻대로 당신의 선물을 사용하는 순종이 요구되는 것입니다.

"자기 집을 지킴에"라는 말씀에서 집은 하느님의 성전인 우리 각자와, 특별한 의미에서 주님이 현존하시는 각 공동체, 그리고 그리스도의 신비체인 교회 등 여러 가지 뜻으로 알아들을 수 있습니다. 어떻게 이해하든 그것은 하느님의 나라, 하느님의 통치권을 의미합니다. 하느님 나라가 임하시는 첫째 조건은 그분께 대한 두려움입니다. 우리가 가난과 순종 안에 머무는 한 하느님의 나라는 내 마음과 나의 공동체 안에 임하십니다. 그럼으로써 우리 모든 형제자매가 하느님을 섬기는 종처럼, 하느님을 사랑하는 아들딸처럼 고요한 묵상 속에서 그분을 흠숭하면서 살게 될 것입니다.

"원수가 들어갈 곳이 없습니다." 왜냐하면, 하느님은 당신을 두려워하고 섬기며 사랑하는 모든 이들을 지켜 주시고 보호하시기 때문입니다. 시편에서 노래하는 것처럼 "지혜의 근원은 주님을 경외함이니 그것들을 행하는 이들은 빼어난 슬기를 얻으리라. 그분에 대한 찬양은 영원히 존속한다."(시편 111)

'주님을 두려워함은 지혜의 근원인 것입니다.' 그래서 이런 사람은 주님을 경외하고 존경하며 두려워하는 마음에서, 원수가 침입할까 봐 하느님의 성전인 자기 집을 항상 지킵니다. 원수의 침입을 막아내기 위해 자기 집을 하느님의 성전으로 알고 항상 하느님을 섬기는 하느님의 종으로서 늘 자신을 방어합니다.

주님께 대한 이런 두려움을 갖기 위해서는 반드시 고요함과 묵상이 요구되고, 기도 속에서 하느님을 만나지 못하면 우리 생활 속에서 하느님을 생각하지 않게 될 것입니다. 기도하지 않으면 그 날 일 역시 제대로 되지 않습니다. 외적으로 일은 하지만 정말 하느님을 위한 하루가 되지 않는 것입니다.

자비와 신중함이 있는 곳에 지나침도 완고함도 없습니다.(6절)

실제로 6절의 내용은 1절과 똑같습니다. 1절의 사랑이 6절에서 자비로, 1절의 지혜가 6절에서 신중함으로 표현되었을 뿐 같은 내용입니다. 덕들을 찬미하는 권고 27은 사랑이란 말로 시작되고 자비란 말로 끝납니다.

자비와 신중함이 깊은 덕은 즉 분별력입니다. 이 분별력은 참된 사랑의 표시로서 자기에게 잘못하는 사람과 죄인들까지도 받아들이는, 모든 이에게 개방된 사랑이라고 말할 수 있습니다.

내가 너에게 자비를 베푼 것처럼 너도 네 동료에게 자비를 베풀었어야 하지 않느냐?(마태 18,33)

이 말씀은 하느님 나라의 왕이신 하느님 당신이 공포하신 법입니다.

우리는 죄인들이라고 할 때 나와 함께 사는 형제자매들을 생각하면 됩니다. 때에 따라 잘못하고 죄 짓는 그들을 보게 될 때 우리가 해야 할 일은 한 가지, 자비심을 갖는 것뿐입니다. 자비심은 하느님 나라의 기초입니다. 그래서 바오로 사도도 이렇게 말합니다. "사랑받는 자녀답게 하느님을 본받는 사람이 되십시오. 그리스도께서 우리를 사랑하시고 또 우리를 위하여 당신 자신을 하느님께 바치는 향기로운 예물과 제물로 내놓으신 것처럼, 여러분도 사랑 안에서 살아가십시오."(에페 5,1-2)

　죄인인 나에 대한 하느님의 사랑과 자비심을 생각하면서 우리는 다른 이들에게도 그런 자비심을 표현해야 합니다. 프란치스코는 또 이런 놀라운 말을 쓰고 있습니다.

> 얼마나 큰 죄를 지었든, 죄를 지은 형제가 그대의 눈을 바라보고 자비를 청했는데도 그대의 자비를 얻지 못하고 물러서는 형제가 이 세상에 아무도 없도록 하십시오. 나는 그것으로 그대가 주님을 사랑하고 있고 또 그분의 종이며 그대의 종인 나를 사랑하고 있는 것으로 알고 있겠습니다. 그리고 그 형제가 자비를 청하지 않으면 그대는 그가 자비를 원하는지를 물어보십시오. 그리고 그런 다음에도 그가 그대의 눈앞에서 수천 번 죄를 짓더라도, 그를 주님께 이끌기 위하여 나보다 그를 더 사랑하고, 이런 형제들에게 늘 자비를 베푸십시오.(봉사자 편지 9-11)

　잘못 사는 형제자매를 볼 때마다 하느님이 나에게 베풀어 주시는 그 자비를 생각해야 합니다. 하느님은 과거에도 자비를 베풀어 주셨고 지금도 베풀고 계시며 앞으로도 베풀어 주실 뿐만 아니라, 끝 날에 가서 나의 공로가 아니라 순전히 당신 자비 때문에 구원해 주실, 하느님의 그 무한하신 자비심을 생각해야 합니다. 자비, 자비심이란 말은 잘 쓰지 않고 별로 좋아하지 않는 표현이지만 그것은 우리가 베풀어야 하는 사랑의 극치입니다.

　자신에 대해서 하느님의 인내로우신 자비심을 고마워할 줄 모르는 사람이 있다면, 그 고마움을 모르는 것보다 더 큰 배신은 없습니다. 그래서 프란치스코가 이 글에서 "지나침도 완고함도 없습니다"란 말을 쓰는 것입니다. 고집 센 사람, 마음이 굳은 사람에게 하느님의 사랑은 제외될 수밖에 없기 때문입니다.

우리가 어떤 구체적인 형제애를, 그 형제자매를 더는 사랑해야 할 이유가 하나도 없을 때라도, 그를 사랑해야 할 이유가 하나 남아 있다면 그것은 바로 자비심입니다. 우리가 모두 자비의 하느님이신 그분의 아들딸이기 때문에 형제자매같이 서로 간에 자비로운 마음을 지녀야 하고, 너그럽고 어지신 아버지의 마음을 닮아야 합니다. 예수님의 말씀처럼 "너희 아버지께서 자비하신 것처럼 너희도 자비로운 사람이 되어야"(루카 6,36) 하겠습니다.

권고 28

선善을 잃지 않도록 감춥시다

*

¹ 주님께서 자기에게 보여 주시는 좋은 것들을 "하늘에 쌓아 두며"(마태 6,20), 그것을 보상받을 의도로 사람들에게 드러내려 하지 않는 종은 복됩니다. ² 지극히 높으신 분께서 친히 당신 마음에 드는 사람이라면 누구에게나 당신 종의 업적들을 드러내실 것이기 때문입니다. ³ 주님의 비밀을 "자기 마음속에 간직하는"(루카 2,19.51) 종은 복됩니다.

이미 우리가 본 것과 같이 권고의 말씀 속에서 발견하게 되는 사부님의 계속된 염려는 우리가 하느님 앞에서 지녀야 할 올바른 자세입니다. 이 모든 거룩한 권고의 말씀을 통해서 프란치스코는 이미 시작된 하느님의 나라에서 우리가 하느님의 자녀로서, 또한 하느님의 종으로서 어떻게 생활해야 하는가를 말씀하셨습니다. 모든 권고의 말씀 속에서 그분의 유일한 관심사는 주님이신 하느님이 또다시 우리의 중심이 되시고, 우리 생활의 심장이 되는 것입니다.

그는 우리 생활의 모든 면에서 모든 일이 결국 가난과 겸손 또는 순종과 사랑 안에서 하느님을 섬기기 위한 것이 되어야 한다는 것을 가르치는데 지칠 줄을 모르십니다. 하느님이 나와 우리 공동체의 중심이 되시기 위해서는 그분의 은총이 필요하지만, 우리의 협력도 있어야 합니다. 따라서 주님께서 우리 각자에게 주시는 은총에 대한 개방된 마음이 필요합니다. 회칙의 가장 중요한 부분에서 "주님의 영과 그 영의 거룩한 활동을 마음에 간직하고"(Habere Spiritum Dominiet Sanctam Eius Operationem)(인준 규칙 10,8) 라고 표현하고 있으며, 또 이와 같은 의미로 권고 28에서도 "주님의 비밀을 자기 마음속에 간직하는"(루카 2,19.51) 표현을 사용하십니다.

나의 모든 것은 주님이 주시는 선물이요 비밀이며 은총이기 때문에 우리가 해야 할 일은 그것을 고맙게 받아들이고 잘 간직함은 물론, 그 선물을 우리의 것으로 소유하지 않는 것입니다.

권고 28의 말씀으로 프란치스코는 우리 각자와 공동체를 위협하는 어떤 위험에 대해 지적해 주십니다. 이런 위험은 특히 열심히 생활하고자 하는 형제자매들에게 더욱 크다 하겠습니다. 다시 말해서 열심히 사는 것도 하느님의 은혜이며 선물이기 때문에 우리는 그 은총과 선물을 다른 사람들에게 드러내지 말아야 합니다. 특히 영신생활이라든가 기도생활이 잘 될 때 더욱 주의해야 합니다.

사부님은 당신의 마지막 권고에서 진정 영으로 가난한 프란치스칸을 "주님의 비밀을 자기 마음속에 간직하는 종은 복됩니다" 하고 축복하십니다. 이 축복은 '모든 이 안에서 모든 것이 되시는 하느님'의 축복입니다.

1. 나의 영신생활은 하느님의 업적입니다

사부님은 다른 권고 말씀에서 다루셨던 같은 주제에 대해 권고 28에서 다시 말씀하십니다. 그중 하나만 인용하겠습니다.

> "행복하여라, 영으로 가난한 사람들! 하늘나라가 그들의 것이다."(마태 5,3) 여러 가지의 기도와 일에 열중하면서 자기 몸에 많은 극기와 고행을 행하지만, 자기 육신에 해가 될 것 같은 말 한마디에, 혹은 자기가 빼앗길 것 같은 그 무엇에 걸려 넘어져 내내 흥분하는 사람들이 많습니다. 이런 이들은 영으로 가난한 사람들이 아닙니다. 진정 영으로 가난한 사람은 자기 자신을 미워하고(참조: 루카 14,26) 자기 뺨을 치는(참조: 마태 5,39) 사람들을 사랑하기 때문입니다.(권고 14)

인간은 원죄 이후 그 무엇인가를 소유하려는 성향을 지니고 있습니다. 하느님이 당신 은총으로 우리를 통해서 말씀하시고 행하시는 선을 하느님께 돌려 드리지 않고 자기 것으로 하려는 소유욕이 그것입니다.

사부님은 인간의 죄를 특히 가난과 관련지어 이해하십니다. 사부님에게 죄란 어떤 것을 자기 것으로 만드는 것을 의미합니다. 자기 것으로 함으로써 하느님께 돌려 드려야 할 영광을 자기 자신에게 돌리는 결과를 초래하는 것입니다. 이에 대해 사부님은 회칙을 통해 우리에게 간절히 말씀하십니다.

> 어떤 때 하느님께서 여러분 안에서 그리고 여러분을 통해서 행하시거나 말씀하시고 이루시는 좋은 말과 일에 대해서, 더 나아가 어떤 선에 대해서도 자랑하지 말고, 스스로 기뻐하지 말며, 마음속으

로 자기 자신을 높이지 않도록 하십시오. 주님께서 말씀하시는 대로, "영(靈)들이 복종하는 것을 기뻐하지 마십시오."(루카 10,20) 그리고 우리의 것이라고는 악습과 죄밖에는 아무것도 없다는 사실을 우리는 확실히 알고 있어야 합니다.(비인준 규칙 17,6-7)

주님께서 자기에게 보여 주시는 좋은 것들을 "하늘에 쌓아 두며"(마태 6,20 참조), 그것을 보상받을 의도로 사람들에게 드러내려 하지 않는 종은 복됩니다.(1절)

사부님은 권고 28을 "주님께서 자기에게 보여 주시는 좋은 것들을 하늘에 쌓아 두는 종은 복됩니다"라고 시작하시면서 당신이 자주 사용하시는 하느님의 복된 종이란 표현을 마지막 권고에서도 사용하십니다. 하느님의 소유인 모든 좋은 것을 주님께로 되돌려 드리는 사람은 복된 사람이고, 하느님의 소유를 자기 것으로 하지 않는 사람 역시 복된 사람입니다.

프란치스코는 우리 생활 안에서 이루어지는 모든 좋은 일, 모든 좋은 선은 하느님의 선물임을 확신하셨고, 따라서 권고 26을 제외한 다른 권고들을 통해서 이 사실을 반복해서 상기시켜 주십니다. 여기서는 한 가지를 더 보충하시는데 "주님께서 자기에게 보여 주시는 좋은 것들을 하늘에 쌓아 두어야 한다"는 것입니다. 다시 말해서, 주님께서 지금 이 지상에서 베풀어주시는 은총은 영생의 보증 내지는 영원한 보상의 보증이기 때문에 하늘에 쌓아 두어야 한다는 것입니다. 따라서 우리는 영생과 영원한 보상에 대한 희망을 지니고 이 지상에 우리 것으로 쌓아 두는 것이 있어서는 안 될 것입니다.

프란치스코는 영신생활에서, 특히 무엇보다도 기도생활에서 이 중요한 진리를 깨닫게 하려는 의도로 이 말씀을 하시는 것이며 권고 28에서 잘 설명해 주고 계십니다.

"하느님의 종이 기도 중에 주님께로부터 새로운 위로를 받았을 때, 하느님의 종은 기도를 마치기 전에 눈을 하늘로 향하고 두 손을 합장하여 주님께 이렇게 말해야 합니다. '주님, 당신이 하늘로부터 이 죄 많은 부당한 자에게 보내주신 위로와 감미로움을 이제 당신께 돌려드리오니 저를 위하여 보관해 두십시오. 저는 당신의 보물 도둑이기 때문입니다.' 그리고 이렇게 말하시오. '이 세상에 있을 동안에는 저에게서 당신의 좋은 것들을 모두 가져가십시오. 내세의 저를 위하여 그것을 보관해 두십시오!'" 그가 또 말하였다. "그리고 기도하고 나올 때에는 마치 새로운 은총을 받지 못한 사람처럼 사람들에게 보잘것없는 자신을 보일 것이며, 한 죄인으로 보이도록 할 것입니다." 그는 말하곤 하였다. "어떤 사람은 하찮은 상급을 받으려 하다가 고귀한 것을 잃는 수가 있습니다. 그렇게 하여 은혜를 베푸시는 하느님의 감정을 쉽게 상해 드립니다. 그러면 하느님은 은혜를 다시 베풀 마음이 사라지십니다." 그러므로 그는 기도하러 일어날 때 아무도 모르게 살그머니 소리를 죽여 일어나는 습관이 있었다. 그래서 동료들 가운데 아무도 그가 일어나 기도하고 있는 것을 모르곤 하였다. 그러나 밤에 잠자리에 들 때에는 소리가 들렸다. 아주 시끄러운 소리를 낼 때도 있었다. 그가 쉬러 가고 있다는 것을 모든 형제가 눈치 채게 하기 위해서였다.(2첼라노 99)

사부님의 이러한 모범과 표현들은 마지막 권고에서 "선을 잃지 않도록 감춥시다"라고 강조하시면서 얼마나 중요시하셨는지를 보여 주고 있습니다. 그래서 그는 계속 "보상받을 의도로 사람들에게 드러내려 하지 않는 종은 복됩니다"(1절)라고 말씀하십니다.

프란치스코는 늘 자랑하려는 인간의 성향에 대해, 따라서 하느님이 베풀어주신 은총까지도 그것이 하느님의 선물이라는 것을 잊어버리고 자기의 것인 양 인정을 받고 칭찬을 들으려는 마음에서, 즉 "보상받을 의도로 드러내려" 하는 인간이 늘 받는 유혹에 대해 누구보다도 잘 알고 있었습니다.

"나는 기도가 잘 됩니다. 분심도 들지 않고.", "나는 희생하는 것도 그리 힘들지 않습니다.", "나는 쉽게 이것저것을 할 수 있습니다.", "왜 그렇게 힘듭니까?"라는 표현들은 열심 하다는 인정을 받기 위한 것입니다. 이와 같은 표현들이 너무나 유치하기 때문에 우리는 외적으로는 잘 표시하지 않습니다만, 자신의 영신생활의 높은 수준을 인정받으려는 마음에서 말이나 행동을 하는 때도 있으며, 그런 마음 자세를 취하는 때도 없지 않아 있습니다. 어떻게 하든 다른 형제자매들이 나의 성덕과 덕행에 대해 높은 평가를 하게 하는 것이 중요한 문제라 생각하는 것입니다. 프란치스코는 이런 것을 도둑질이라고 합니다. 따라서 이런 마음을 지닌 사람은 하느님의 보배를 도둑질하는 도둑으로 보십니다. 하느님의 것인 은총을 자기 것으로 소유하려는 것이기 때문입니다.

인정을 받으려는 이러한 정신은 "하늘나라가 약속되어 있는 복된 사람들인 마음이 가난한 사람"(참조: 마태 5,3)의 정신과는 정반대되는 것입니다. 이런 마음은 아직 자신을 버리지 못했다는 표시이며 기도생활 역시 자신을 위해서, 즉 기도 안에서 자기의 만족감을 찾고 있다는 것을 드러내는 것입니다. 기도생활, 영신생활은 하느님을 향한 생활이어야 함에도 그 생활 안에서까지 자신을 찾는 것이 바로 우리의 현실인지도 모릅니다. 그렇게 되면 하느님의 복된 종이 되지 못하고 오히려 불행을 면치 못하게 되는 것입니다.

그렇기 때문에 이 권고에서 분명하게 할 수 있는 것은 기도나 선행, 즉 신앙생활이란 어떤 기도 시간을 의미하는 것도 아니고 어떤 선행 자체를 의미하는 것도 아니라는 것입니다. 그것은 하느님과 관계를 맺는 것입니다. 하느님과의 관계에서 하느님은 베풀어주시는 입장이고, 인간은 그 은총을 받아들이면서 협력하는 입장입니다. 영신생활, 신앙생활, 기도생활이란 서로 다른 것이 아니고, 좋은 일과 좋은 말을 하게 하시는 분은 하느님이시며, 우리는 그분 손에 쥐어진 도구에 불과하다는 것입니다. 따라서 인간의 입장에서는 사랑과 존경 안에서 하느님의 은총과 활동을 받아들이는 것이라 하겠습니다. 즉 영신생활이란 하느님과의 역동적인 만남입니다.

지극히 높으신 분께서 친히 당신 다음에 드는 사람이라면 누구에게나 당신 종의 업적들을 드러내실 것이기 때문입니다.(2절)

사부님은 이 권고에서 각자가 받은 하느님의 은총을 말하지 않는 자세에 대해 말씀하십니다. 간혹 주님이 베풀어 주신 은총을 다른 사람들에게 드러내려는 동기가, 보상을 받을 목적이 아니고 하느님의 영광과 찬미를 위한 것으로 생각할 수도 있습니다. 하느님이 나에게 이루어 주시는 놀라운 업적들을 다른 사람들에게 알림으로써 하느님의 위대하신 사랑을 함께 기뻐하는 경우도 물론 있을 수 있습니다. 성인들의 자서전이나 영신, 영혼의 일기 등이 그 좋은 예라 하겠습니다. 그러나 사부님은 이것에 대해 이렇게 대답하십니다. "지극히 높으신 분께서 친히 당신 마음에 드는 사람이라면 누구에게나 당신 종의 업적들을 드러내실 것이기 때문입니다."

인간의 심리를 누구보다도 잘 파악하고 있었던 사부님은 단순한 동기로 자신을 드러내는 일이 얼마나 위험한 일인지 잘 알고 있었습니다. 그래서 성인들의 자서전이나 영신, 영혼의 일기에 대해서 별 관심을 가지지 않음은 물론 공감하지도 않으셨을 것으로 생각합니다. 사부님은 다만 하느님이 무엇을 드러내려 하시면 우리의 말이 필요 없다는 것을, 당신이 원하시는 대로 당신이 택하시는 방법으로 얼마든지 드러내실 수 있다는 것을 확신하고 있었습니다.

우리 프란치스칸들은 늘 하느님의 은혜를 입고 사는 '하느님 당신 덕분에' 사는 사람들로서 우리의 유일한 관심사는 하느님이 이루시려고 하시는 업적을 겸손과 순종 안에서 이루어지도록 하는 것입니다. 다시 말하면 하느님이 주시는 은총을 드러내고 아니고는 오직 하느님 손에 달려 있다는 것입니다.

주님의 비밀을 "자기 마음속에 간직하는"(루카 2,19.51 참조) **종은 복됩니다.**(3절)

이 마지막 말씀에서 사부님은 이렇게 결론을 내리십니다. "이 모든 일을 마음속에 간직하고 곰곰이 되새겼다."(루카 2,19.51)

당신이 받으신 모든 은혜에 (성모의) 노래를 부르면서 주님께 되돌려

드리신 하느님의 겸손한 여종 마리아처럼, 우리도 하느님의 것인 은총의 비밀을 고마워하고 기뻐하면서 마음속에 간직하여야 합니다. 이럴 때 하느님의 여종 마리아에게 그랬던 것처럼 하느님의 나라가 우리 각자의 마음속에 또 우리 공동체 안에 이루어질 것입니다. 이와 같은 감사하는 마음과, 가난과 사랑의 응답 속에서 우리도 하느님의 영광에 참여하게 될 것이며, 이러한 감사하는 가난, 기뻐하는 가난이야말로 회칙에서 프란치스코가 말씀하시는 그분의 이상을 우리에게 실현해 줄 것입니다. "하늘나라의 상속자요(야고 2,5 참조) 왕이 되게 하고 … '살아 있는 이들의 땅으로'(시편 142,6 참조) 인도하는 여러분의 몫이 되었으면 합니다."(인준 규칙 6,4-5)

2. 하느님의 비밀을 마음속에 간직하도록 합시다

내적 가난에 대한 프란치스코의 개념과, 내적 가난이 차지하고 있는 위치와 중요성을 우리 가족들 가운데서도 깊이 인식하지 못하는 경우가 없지 않아 있습니다. 한마디로 가난은 물질적, 지상적인 사물의 절약뿐만이 아니라 무엇보다도 하느님 앞에서의 올바른 자세입니다. 가난을 단순히 물질적 경제적인 차원에서만 보는 것은 잘못입니다.

단순히 경제적인 가난만을 강조하게 되면 쉽게 교만에 빠지게 되고 자신의 물질적 가난을 자랑거리로 삼을 수도 있습니다. 마지막 권고를 끝마치면서 몇 가지 구체적이고도 현실적인 자문을 하고 싶습니다.

1) '내적인 가난, 영의 가난'이 우리의 사고방식과 우리 생활의 한 부분이 되었다면 우리가 말하는 가운데 표현되기 마련입니다. 그렇다면 자

신에 대해서 말을 자주 많이 합니까? 형제자매들과 대화할 때, 노골적으로 다른 방식으로 대화의 중심인물이 되려고 합니까? 그렇다면 바로 여기에 '보상받을 의도로' 말을 한다는 위험이 감추어져 있는 것입니다.

자신이 성공한 일과 겪어 본 경험에 대해서 말하지 않고 조용히 침묵 속에서 다른 형제자매의 말을 듣는 자세가 되어 있습니까? 다른 형제자매가 하는 말을 주의 깊게 들어주면서 그 형제자매가 밝히는 어려움이라든가 갈등이라든가 문제점 등을 올바르게 볼 수 있도록 그때그때 필요한 말만을 건네줍니까? 보상을 받으려는 자세가 나의 자세라면 나와 그 형제자매와는 진실한 대화가 될 수도 없고, 그 형제자매에게 아무 도움도 될 수 없을 것입니다. 왜냐하면 자신을 섬기는 자신의 노예는 하느님의 종이 될 수 없기 때문입니다. 따라서 다른 이에게 형제자매적인 도움을 제공해 줄 수 없습니다.

2) 프란치스코가 '정결'에 대해서 비교적 드물게 말씀하시는 것은 사실이지만, 권고 28에서는 바로 '정결'에 대해 말씀하시면서 '깨끗한 마음, 정결한 자세, 맑은 눈'을 가지라고 요구합니다. 우리는 하느님이 선물로 베풀어주신 은총과 능력, 프란치스코의 표현으로는 "주님의 비밀"을 옷을 벗듯이 드러내려는, 또는 더럽히려는 그런 자세를 너무 자주 취하지는 않습니까? 저는 이런 경험을 많이 하고 있습니다. 많은 수도자에게 영적 지도라기보다 말벗이 되어주다 보면 그들을 도와주기 위해서 나에 대한 이야기, 나의 체험을 나누게 되는데 처음 이야기를 시작할 때는 순수한 지향과 도와줄 목적이 있었지만, 이야기하다 보면 보상을 받을 목적, 즉 인정을 받으려는 목적이 되고 마는 그런 일이 자주 있었습니다.

하여튼 하느님이 우리 각자에게 베풀어주시는 '은총과 비밀', 즉 어떤 특별한 '체험'을 드러내는 데는 '지혜'(권고 21 참조)가 필요하고, 그것이 자랑거리가 되어서는 안 되며, 타인의 영신생활을 돕는 순수한 지향과 동기에서만 드러내야 할 것입니다.

3) 우리는 마리아처럼 '주님의 비밀을 자기 마음속에 간직'합니까? 마리아는 어떤 교부의 말에서처럼 "모든 일을 자기 입속에 간직하신 것이 아니라 자기 마음속에 간직하셨습니다." 이렇게 하느님의 종들인 우리는 하느님이 베풀어 주시는 은총과 비밀에 대해 말하기보다는 삶으로 살아야 하겠습니다. 그리고 또 그 은총을 자기 것으로 소유하지 말아야 할 것은 물론 말과 행동으로 모든 선을 하느님께 돌려 드려야 하겠습니다.

> 우리는 지극히 높으시고 지존하신 주 하느님께 모든 좋은 것을 돌려드리고, 모든 좋은 것이 바로 그분의 것임을 깨달으며, 모든 선에 대해 그분께 감사드립시다. 모든 선이 그분에게서 흘러나옵니다. 그리고 모든 선의 주인이시며 홀로 선하신, 지극히 높으시고 지존하시며 홀로 참되신 하느님께서 모든 영예와 존경과 모든 찬미와 찬송과 모든 감사와 모든 영광을 지니시고, 또한 돌려받으시며, 받으시기를 빕니다. (비인준 규칙 17,17-18)

맺는 말

지금까지 우리는 사부님의 권고 말씀을 살펴보면서 우리 생활에 적용해 보았습니다. 형제들을 지도하기 위해 하신 이 권고 말씀들 안에는 초대 프란치스칸 공동체의 생활 체험과 사부님이 복음을 살면서 겪었던 어려운 문제점들, 그리고 그것을 어떻게 해결했는가 하는 솔직한 고백이 그대로 담겨 있습니다.

영적 권고 말씀은 한마디로 '완덕의 거울'입니다. 따라서 우리는 매일 권고 말씀을 하나라도 읽는 습관을 길러 나가야겠습니다. 이렇게 할 때 비로소 프란치스코 성인이 우리의 참 스승이요 참 사부님이 되실 거라 확신합니다.

이 모든 영적 권고 말씀의 가장 좋은 결론은 「참되고 완전한 기쁨」이라고 생각합니다.

> 이러한 경우 만약 내가 인내를 가지고 마음의 평정을 잃지 않는다면, 바로 여기에 참된 기쁨이 있고 또한 참된 덕도 영혼의 구원도 있다고 나는 형제에게 말합니다.(참기쁨 15)